21 世纪高职高专规划教材

# 运动竞赛学

(第 2 版修订本)

陆 红 王志勇 主 编
李小庆 副主编

清华大学出版社
北京交通大学出版社
·北京·

## 内 容 简 介

本书根据《学校体育工作条例》、《全国普通高等学校体育课程教学指导纲要》及《学生体质健康标准》的要求而编写。全书共 11 章,分别介绍运动竞赛的发展历史,我国有关运动竞赛的方针、政策法规,运动竞赛的组织管理及不同项目的编排方法。此外,还简单介绍了计算机在运动竞赛中的应用等。

本书的特点是理论联系实际,实用性强。不仅可作为体育专业的教科书,也可作为普通院校、机关、社会体育指导员、体育爱好者的参考书。

本书封面贴有清华大学出版社防伪标签,无标签者不得销售。
版权所有,侵权必究。侵权举报电话:010-62782989 13501256678 13801310933

## 图书在版编目(CIP)数据

运动竞赛学 / 陆红,王志勇主编. — 2 版. — 北京:清华大学出版社;北京交通大学出版社,2010.9(2018.8 重印)
ISBN 978-7-5121-0279-8

Ⅰ. ① 运⋯　Ⅱ. ① 陆⋯　② 王⋯　Ⅲ. ① 运动竞赛-高等学校:技术学校-教材　Ⅳ. ① G808.2

中国版本图书馆 CIP 数据核字(2010)第 167604 号

责任编辑:吴嫦娥

| | | | | |
|---|---|---|---|---|
| 出版发行: | 清华大学出版社 | 邮编:100084 | 电话:010-62776969 |
| | 北京交通大学出版社 | 邮编:100044 | 电话:010-51686414 |

印　刷　者:三河市兴博印务有限公司
经　　　销:全国新华书店
开　　　本:185×230　印张:15.5　字数:348 千字
版　　　次:2018 年 7 月第 2 版第 1 次修订　2018 年 8 月第 5 次印刷
书　　　号:ISBN 978-7-5121-0279-8/G·106
印　　　数:7 601〜10 000 册　定价:36.00 元

本书如有质量问题,请向北京交通大学出版社质监组反映。对您的意见和批评,我们表示欢迎和感谢。
投诉电话:010-51686043,51686008;传真:010-62225406;E-mail:press@bjtu.edu.cn。

# 出 版 说 明

高职高专教育是我国高等教育的重要组成部分，它的根本任务是培养生产、建设、管理和服务第一线需要的德、智、体、美全面发展的高等技术应用型专门人才，所培养的学生在掌握必要的基础理论和专业知识的基础上，应重点掌握从事本专业领域实际工作的基本知识和职业技能，因而与其对应的教材也必须有自己的体系和特色。

为了适应我国高职高专教育发展及其对教学改革和教材建设的需要，在教育部的指导下，我们在全国范围内组织并成立了"21世纪高职高专教育教材研究与编审委员会"（以下简称"教材研究与编审委员会"）。"教材研究与编审委员会"的成员单位皆为教学改革成效较大、办学特色鲜明、办学实力强的高等专科学校、高等职业学校、成人高等学校及高等院校主办的二级职业技术学院，其中一些学校是国家重点建设的示范性职业技术学院。

为了保证规划教材的出版质量，"教材研究与编审委员会"在全国范围内选聘"21世纪高职高专规划教材编审委员会"（以下简称"教材编审委员会"）成员和征集教材，并要求"教材编审委员会"成员和规划教材的编著者必须是从事高职高专教学第一线的优秀教师或生产第一线的专家。"教材编审委员会"组织各专业的专家、教授对所征集的教材进行评选，对所列选教材进行审定。

目前，"教材研究与编审委员会"计划用2~3年的时间出版各类高职高专教材200种，范围覆盖计算机应用、电子电气、财会与管理、商务英语等专业的主要课程。此次规划教材全部按教育部制定的"高职高专教育基础课程教学基本要求"编写，其中部分教材是教育部《新世纪高职高专教育人才培养模式和教学内容体系改革与建设项目计划》的研究成果。此次规划教材按照突出应用性、实践性和针对性的原则编写并重组系列课程教材结构，力求反映高职高专课程和教学内容体系改革方向；反映当前教学的新内容，突出基础理论知识的应用和实践技能的培养；适应"实践的要求和岗位的需要"，不依照"学科"体系，即贴近岗位，淡化学科；在兼顾理论和实践内容的同时，避免"全"而"深"的面面俱到，基础理论以应用为目的，以"必要、够用"为度；尽量体现新知识、新技术、新工艺、新方法，以利于学生综合素质的形成和科学思维方式与创新能力的培养。

此外，为了使规划教材更具广泛性、科学性、先进性和代表性，我们希望全国从事高职高专教育的院校能够积极加入到"教材研究与编审委员会"中来，推荐"教材编审委员会"成员和有特色的、有创新的教材。同时，希望将教学实践中的意见与建议，及时反馈给我们，以便对已出版的教材不断修订、完善，不断提高教材质量，完善教材体系，为社会奉献更多更新的与高职高专教育配套的高质量教材。

此次所有规划教材由全国重点大学出版社——清华大学出版社与北京交通大学出版社联合出版，适合于各类高等专科学校、高等职业学校、成人高等学校及高等院校主办的二级职业技术学院使用。

21世纪高职高专教育教材研究与编审委员会<br>
2010年8月

# 前　言

竞赛是体育最基本的特征，是达到体育目的的基本途径。国内外运动竞赛活动的空前活跃，各级各类的竞赛层出不穷，特别是2008年奥运会在我国的举办，掀起了强大的竞赛热潮。如何组织好比赛使其达到预期的效果，是组织者十分关注的问题，同时对它的研究也提出了更高的要求。

本书内容主要包括：运动竞赛简介，中外大型运动会简介，我国体育竞赛管理制度，我国运动竞赛中的技术等级制度，组织运动会的一般步骤和方法，田径项目的编排，球类项目的编排，以及各种球类、体操、武术、跆拳道等项目的竞赛组织、记分方法等。书中收集了大量运动竞赛学的新观点、新成果、新方法，理论联系实际，力图使人们了解有关运动竞赛的基本原理及方法，掌握必需的运动竞赛的基本知识、技能，以适应将来工作的需要。

本书作者都是在高等职业学院教学第一线的教师，都是中青年骨干，经常参加各种项目运动会的组织编排工作，积累了丰富的经验。本教材作为讲义已在学校使用多年，现把它作为高职高专教材正式出版。它适用于普通院校体育课，特别是体育职业学院基础理论课的教学，具有较强的实用性。参加编写人员有：陆红（第1、5、6、7章），王志勇（第2、3、4、8章），李小庆（第9、10、11章）。全书由陆红统稿。

本书所讲述的内容涉及项目多，可供不同层次、各级各类运动会的组织和编排者参考。因此，本书不仅是体育院校学生的教科书，也是广大教练员、体育爱好者、工作人员的参考书。对于指导人们成功地参加比赛和有效地组织比赛有着重要的指导意义。它的出版，将有利于体育院校学生和体育工作者系统学习竞赛管理知识，提高理论素质，严格、正确、认真贯彻执行《体育法》，提高我国体育管理水平，促进《全民健身计划》的落实具有重要意义。

本书在编写过程中受到山西体育职业学院闫德义、朱天燕、何阳等领导的大力支持和帮助，在此表示感谢。本书在编写过程中，参考了许多文献，借鉴和吸收了其他同行的研究成果，在此，向各原著作者一并致谢。

由于编写人员的业务水平和理论水平有限，书中存在许多不足之处，恳切希望广大读者批评指正。

编　者<br/>
2010.8

# 目 录

**第1章 运动竞赛简介** ·········································································· (1)
 1.1 运动竞赛的起源 ········································································ (1)
 1.2 运动竞赛发展简况 ···································································· (3)
  1.2.1 古代体育竞赛 ································································· (3)
  1.2.2 近代竞赛 ········································································ (4)
  1.2.3 现代体育竞赛 ································································· (8)
 1.3 运动竞赛学及其类型 ································································ (8)
  1.3.1 运动竞赛学 ···································································· (8)
  1.3.2 我国运动竞赛学发展的现状 ·············································· (9)
  1.3.3 竞赛的类型与我国现行竞赛 ············································ (10)
 1.4 运动竞赛的意义 ······································································ (16)

**第2章 中外大型运动竞赛简介** ······················································· (19)
 2.1 奥林匹克运动会 ······································································ (20)
  2.1.1 古代奥林匹克运动会 ······················································ (20)
  2.1.2 现代奥林匹克运动会 ······················································ (22)
  2.1.3 我国同国际奥委会的关系 ··············································· (25)
 2.2 亚洲运动会 ············································································· (29)
  2.2.1 亚洲运动会的发展过程 ··················································· (29)
  2.2.2 亚洲运动会联合会与我国的关系 ····································· (31)
  2.2.3 历届亚洲运动会概况 ······················································ (32)
 2.3 中华人民共和国全运会 ···························································· (35)

**第3章 我国体育竞赛管理制度** ······················································· (38)
 3.1 全国体育竞赛管理办法（试行） ············································· (38)
 3.2 全国体育运动单项竞赛制度 ···················································· (41)
 3.3 全国学生体育竞赛管理规定 ···················································· (46)
 3.4 关于我国运动员创造的世界纪录、亚洲纪录和全国纪录管理办法 ············ (50)
 3.5 反兴奋剂条例 ·········································································· (51)

I

  3.6 学校体育工作条例 ·································· (57)

## 第4章 我国运动竞赛中的技术等级制度 ···················· (61)
  4.1 运动员技术等级制度 ································ (61)
    4.1.1 我国运动员技术等级制度的起源和发展 ········ (61)
    4.1.2 运动员技术等级管理办法 ···················· (62)
    4.1.3 业余运动员技术等级标准 ···················· (66)
  4.2 裁判员技术等级制度 ································ (66)
    4.2.1 裁判员在运动竞赛中的作用 ·················· (67)
    4.2.2 我国裁判员的技术等级制度 ·················· (69)
    4.2.3 学校裁判员的培训工作 ······················ (72)
    4.2.4 裁判员的权利和义务 ························ (72)
  4.3 教练员技术等级制度 ································ (73)
    4.3.1 新时期教练员应有的素质 ···················· (73)
    4.3.2 我国教练员等级制度的沿革 ·················· (75)
    4.3.3 我国教练员的技术等级称号和任职条件 ········ (76)

## 第5章 组织运动会的一般步骤和方法 ······················ (77)
  5.1 准备工作 ·········································· (77)
  5.2 竞赛期间的工作 ···································· (84)
  5.3 竞赛的结束工作 ···································· (85)

## 第6章 田径项目的编排 ···································· (86)
  6.1 田径项目的编排原则 ································ (86)
  6.2 田径竞赛日程的编排 ································ (88)
    6.2.1 编排前的准备工作 ·························· (89)
    6.2.2 竞赛的分组 ································ (90)
    6.2.3 编排方法 ·································· (94)
    6.2.4 编印田径运动会秩序册 ······················ (96)
  6.3 田径比赛所需各种表格 ······························ (97)

## 第7章 球类项目的编排 ·································· (115)
  7.1 循环制 ············································ (115)
    7.1.1 单循环 ···································· (115)
    7.1.2 双循环 ···································· (118)

|   |   |   |
|---|---|---|
| 7.1.3 | 分组循环 | (118) |
| 7.1.4 | 积分循环 | (121) |
| 7.1.5 | 循环制名次记分方法 | (121) |

7.2 淘汰制 (129)
    7.2.1 冠军淘汰制 (129)
    7.2.2 冠亚淘汰制 (131)
    7.2.3 冠亚两败淘汰制 (132)
    7.2.4 任取淘汰制 (133)
    7.2.5 任取两败淘汰制 (134)
    7.2.6 连败淘汰制 (136)
    7.2.7 抽签连败淘汰制 (137)

7.3 混合比赛制 (137)

## 第8章 体操竞赛秩序的编排方法 (139)

8.1 竞技体操 (139)
    8.1.1 体操比赛的项目、内容及比赛秩序的编排工作 (139)
    8.1.2 秩序册的编印 (147)
    8.1.3 竞技体操的场地布置 (147)

8.2 艺术体操 (147)
    8.2.1 比赛项目和方法 (148)
    8.2.2 评分方法 (148)
    8.2.3 竞赛秩序的编排 (148)
    8.2.4 安排竞赛日程 (150)

## 第9章 乒乓球、羽毛球、网球竞赛组织方法 (153)

9.1 乒乓球、羽毛球、网球运动的特点与作用 (153)
    9.1.1 乒乓球运动的特点与作用 (153)
    9.1.2 羽毛球运动的特点与作用 (153)
    9.1.3 网球运动的特点与作用 (154)

9.2 乒乓球、羽毛球、网球竞赛的组织与筹备 (154)
    9.2.1 竞赛前的筹备工作 (154)
    9.2.2 竞赛阶段工作 (157)
    9.2.3 赛后阶段工作 (157)

9.3 乒乓球、羽毛球、网球的竞赛项目及方法 (157)
    9.3.1 乒乓球运动竞赛项目 (157)

9.3.2 羽毛球竞赛项目 …………………………………………………………… (159)
9.3.3 网球竞赛项目 ……………………………………………………………… (160)
9.3.4 乒乓球、羽毛球运动团体赛运动员出场名单确定的方法 ………………… (160)
9.3.5 乒乓球、羽毛球、网球运动常用的竞赛方法 …………………………… (161)
9.4 乒乓球、羽毛球运动的竞赛编排 ………………………………………………… (162)
9.4.1 竞赛日程和比赛场序编排的依据 ………………………………………… (162)
9.4.2 竞赛日程安排的步骤 ……………………………………………………… (163)
9.4.3 比赛场序的编排 …………………………………………………………… (164)
9.4.4 乒乓球比赛常用表格 ……………………………………………………… (169)
9.5 羽毛球比赛常用表格 ……………………………………………………………… (171)
9.6 网球比赛常用表格 ………………………………………………………………… (177)

## 第10章 门球、毽球、保龄球、台球竞赛组织方法 ……………………………… (178)
10.1 门球运动的竞赛组织方法 ……………………………………………………… (178)
10.1.1 门球运动的特点与作用 ………………………………………………… (178)
10.1.2 门球运动的竞赛方法和编排要求 ……………………………………… (179)
10.1.3 门球比赛确定名次的办法 ……………………………………………… (179)
10.1.4 门球运动竞赛常用表格 ………………………………………………… (180)
10.2 毽球运动的竞赛组织方法 ……………………………………………………… (182)
10.2.1 毽球运动的特点与作用 ………………………………………………… (182)
10.2.2 毽球运动竞赛的组织与筹备 …………………………………………… (182)
10.2.3 毽球竞赛制度与成绩计算 ……………………………………………… (183)
10.2.4 毽球运动竞赛常用表格 ………………………………………………… (183)
10.3 保龄球运动的竞赛组织方法 …………………………………………………… (184)
10.3.1 保龄球运动的特点与作用 ……………………………………………… (184)
10.3.2 保龄球竞赛制度与编排 ………………………………………………… (185)
10.3.3 保龄球竞赛工作的程序 ………………………………………………… (185)
10.3.4 保龄球比赛常用表格 …………………………………………………… (186)
10.4 台球运动的竞赛组织方法 ……………………………………………………… (197)
10.4.1 台球运动的特点与作用 ………………………………………………… (197)
10.4.2 台球竞赛的组织与筹备 ………………………………………………… (197)
10.4.3 台球比赛项目及比赛方法 ……………………………………………… (198)
10.4.4 台球比赛常用表格 ……………………………………………………… (199)

# 第11章 武术、跆拳道、健美运动竞赛组织方法 (203)

## 11.1 武术竞赛的组织方法 (203)
### 11.1.1 武术套路比赛的组织编排方法与要求 (203)
### 11.1.2 武术散打比赛的组织编排方法与要求 (208)
### 11.1.3 武术套路竞赛常用表格 (209)

## 11.2 跆拳道竞赛的组织方法 (219)
### 11.2.1 跆拳道竞赛的准备工作 (219)
### 11.2.2 跆拳道竞赛种类和程序 (220)
### 11.2.3 跆拳道竞赛常用表格 (223)

## 11.3 健美竞赛的组织方法 (225)
### 11.3.1 健美竞赛通则 (226)
### 11.3.2 健美比赛团体名次及团体总分计算方法 (227)

## 11.4 健美运动常用表格 (229)

# 参考文献 (238)

# 第 1 章 运动竞赛简介

**本章导读**

运动竞赛的起源
运动竞赛发展简况
运动竞赛学及其研究对象
竞赛的类型与我国现行竞赛
运动竞赛的意义

## 1.1 运动竞赛的起源

竞赛是体育最基本的特征,体育离不开竞赛,体育要想得到社会的承认,必须通过竞赛来实现,竞赛是体育发展的必然结果。要想了解竞赛的起源首先要了解体育的起源。通常认为:从古猿到人类的转变大约完成于 300 万年前,它意味着直立姿势的确立、手脚分工、脑功能的发达和社群生活的进化等革命性的转变。在这个过程中,形成了早期的人类共同体——原始群、血缘家族。稳定的群居生活导致了旨在保存生产和生活经验的原始教育的产生。教育的主要内容,是关于人际关系和劳动技能的知识;教育的重要形式是模仿。原始教育兼有知识、社会规范和动作技能技巧的学习及审美等多种功能,并且和劳动实践保持着密不可分的联系。原始教育是教育和体育的共同源头。

旧石器时代中期(约 10 万—5 万年前),人类开始进入母系氏族公社时期。这个时期的工具已经十分复杂,人类不但能够打制多种石器,而且学会了制造骨器、飞石索和人工取火,劳动技能日趋复杂和精细,思维和语言迅速发展。再现狩猎和采集劳动过程的原始宗教仪式的出现,表明了在时间和空间两方面与直接劳动过程相分离的早期身体练习的出现。

到了旧石器时代晚期（约5万—1万年前），人类学会了制造标枪、弓箭等复合工具。在母系氏族公社的繁荣时期（约1万—5 000年前），原始的农业、畜牧业、制陶业、纺织业都已经产生，原始艺术、原始宗教也迅速发展起来。生产劳动过程更加复杂，各种动作被更精细地整理分类和有计划地事先练习，并被组合起来作为特定的身体练习形式，这种练习形式特别集中地表现在模仿劳动的各种游戏之中。这样，逐渐形成了多功能、多目的的运动形式，并被作为获得各种身体素质和学习生产生活技能的重要手段。

在原始民族中，即将进入成年社会的青年常常须履行一定的形式，人类学称之为"成年礼"。许多原始民族的成年礼，常常由长者通过狩猎、格斗或其他繁重劳动等方式对适龄男青年进行检查，以确认他们是否已具备各种技能和知识。为此，出现了专供训练用的青年营。青年们在这里学习劳动、格斗和舞蹈等技能，学习部落的历史和各种习俗，并通过一些比赛性的活动检验或促进学习。这样，竞技活动出现了，体育的性别分化也日益扩大。

竞技的出现表明身体活动进入了新的阶段。它是早期身体练习发展的必然结果，并与之共存而流传下来，但它和一般身体练习又有本质的区别。它不是自然动作和劳动动作的简单模仿，而是更多地使用了人为设计的身体练习形式，例如，爬杆、球戏、抽陀螺等。民族学和考古学的材料表明，射箭、跑步、游泳、划船、投掷等运动形式在氏族社会已广泛出现。由于竞技充分表现了能力、意志、智慧和审美情感等，它很自然地成为祭祀活动中歌颂、纪念祖先英雄业绩的重要形式，某些祭祀逐渐成为以竞技为主要节目的祭祀运动会，许多竞技也在巫术和祭祀的外衣下得到发展。

由此可以看出，竞赛的起源大约有以下渠道：首先是从"游戏"发展过来的，也就是人们俗称的"玩"，它最初是为了愉悦身心使自己高兴，只不过体育是一种比较高级的游戏，在玩的过程中人们就要"比试"一下，看谁玩得更好；其次是从人的需要发展过来的，人为了获得最基本的生活物质需要，就要想尽一切办法去得到，如跑得要快，跳得要高，战胜对手等，为此就要向年长的一代学习基本的技术，也就是我们现在所说的小步跑、高抬腿、后蹬跑等。这就是从大量的生产劳动和生活自然动作中分化提炼出来的一些有助于发展身体技能和能力的动作或练习；其三是为准备成年礼而进行系统的身体训练的出现，它标志着人体自身发展的自觉意识已初步产生；最后是祭祀竞技的产生，表明组织化的运动形式已经出现，这是最早竞赛的雏形。

竞赛的起源经历了漫长的发展过程。在这个发展过程中，无论是动物动作转化为人的动作，还是自然动作转化为身体练习动作，生产劳动起着决定性的作用。

## 1.2　运动竞赛发展简况

### 1.2.1　古代体育竞赛

　　大约在公元前4000年人类陆续进入阶级社会，直到17世纪欧洲资产阶级革命兴起之前，被称为世界历史的古代。在这个时期，交通的不便和生产生活的相对自足，使古代世界各大文明区域相对隔绝地独立发展起来。这些因素造成了古代体育发展中的社会分化和鲜明的地域文化特征。

　　为祭祀主神宙斯而举行的奥林匹克运动会是古希腊最盛大的民族和宗教庆典。举行运动会的阿尔提斯神域早在公元前10世纪时，就已经是伊利斯地方的祭祀竞技中心，一个世纪后，它成了整个希腊最著名的宗教和竞技中心。奥林匹克竞技集中表现了古希腊体育的基本面貌和水平。有记载的奥林匹克竞技从公元前776年开始举行，以后每4年一届，称为一个奥林匹亚德。运动会期间实行神圣休战。赛前一个月，运动会的组织者和裁判员带着各城邦经淘汰选出并已训练10个月的运动员，来到伊利斯参加最后的集训。奥运会开始时，裁判员和运动员向阿尔提斯神像宣誓后，抽签决定分组和赛马的起跑位置。道德上有污点的男人和妇女、奴隶不能参加比赛。与此同时，各个城邦和个人向诸神献上礼品。根据考古发现和文献记载，奥运会最初的比赛项目，是从阿尔提斯的宙斯祭坛跑到珀罗普斯基，距离约192.25米。后来陆续增加了往返跑、武装跑、五项运动、摔跤、拳击、赛车和赛马等项目。非正式的比赛有火炬赛跑、传令比赛、艺术比赛和吹笛赛，偶尔举行的还有举重、技巧、拔河、掷盾和接力赛等。奥运会也是进行商品和政治交易的极好时机。随着奥运会的兴起，新的运动场、赛马场、角斗场和各种神殿，也陆续修建起来。古奥运会比赛的胜利者被授予从阿尔提斯采摘的橄榄枝编成的花冠。公元前6世纪末以后，优胜者的雕像被安放在神域，像座镌刻着对优胜者的赞辞。优胜者回到本城邦时常常受到英雄般的欢迎和尊崇。荷马时代的祭礼竞技不仅孕育了奥运会，而且产生了许多地方性或全希腊的运动会，其中影响较大的有：祭祀阿波罗的皮托运动会，祭祀海神波塞冬的伊斯特摩运动会，纪念英雄赫拉克利斯的尼米亚运动会，全雅典竞技会和赫拉运动会等。

　　古希腊体育和古奥运会为人类留下了宝贵的文化遗产，对世界体育发展有着非常深远的影响。首先，它标志着人体自身的完全对象化。尽管古希腊体育还披着宗教和军事的外衣，但在实质上，对人体力量、技巧和健美的追求，已是古希腊人生活理想的重要组成部分。

　　我国古代的运动竞赛也是比较盛行的，如蹴鞠。在东汉人李尤的《鞠城铭》中有所记载："圆鞠方墙，仿象阴阳，法月衡对，二六相当，建长立平，其例有常；不以亲疏，不有阿私；端心平意，莫怨其非。鞠政犹然，况乎执机！"竞赛性的蹴鞠，设有鞠场，鞠场呈长方形，一般为东西走向，设有坐南面北供观赏的大殿，四周有围墙，古称之"鞠城"；鞠城两端分别有月状形的"球门"，称之为"鞠室"。另据记载，野外鞠场一般没有"鞠城"，在鞠场两端分别挖有圆坑，作为"鞠室"，又称鞠城。竞赛是在12个人之间进行的，每队6人，一人守室，其余5人在场上驰骋争抢，以把球踢入别人"鞠室"为胜。汉代蹴鞠已经有一定的防守进攻阵形，进攻时讲究一定的战术，竞赛是在阻截和摆脱阻截的高速度中进行的。竞赛有"裁判"监督，按一定的规则进行。为了保证公平的竞争，还对"裁判"提出"不以亲疏，不有阿私"的裁判原则，对运动员提出"端心平意，莫怨其非"的竞赛道德。竞赛性蹴鞠被汉代规定为和平时期军队训练的重要内容。《汉书·艺文志》将蹴鞠划归"兵技巧"类。遗憾的是，这本书早已失传。

## 1.2.2 近代竞赛

19世纪后期，各种竞赛活动和运动组织迅速越出学校和上层社会的圈子，遍及欧洲社会各阶层。各种单项的各国性协会和竞赛在欧美各国陆续出现，其中较早的是全美棒球协会（1858年）和英国足球联盟（1863年）等。这些全国性运动组织的成立，使原来仅限于学校或俱乐部水平的国际比赛活动逐步升级，导致了各种国际单项运动协会的诞生，成立最早的是国际体操联合会（1881年）、国际橄榄球协会（1890年）、国际赛艇联合会和国际滑冰联合会（1892年）。体育组织的成立促进了竞赛活动的兴盛，促进了运动技术和规则的进步。奥林匹克运动会复兴的时机成熟了。

早在文艺复兴运动时期，对古希腊、罗马的研究就唤起了人们对古代奥运会的浓厚兴趣。从19世纪初开始，英、德、法等国学者相继到奥林匹克考察发掘，19世纪70年代，由德国人主持进行的多年发掘工作取得了丰硕的成果，复兴奥运会的呼声越来越高，希腊为了激发爱国主义热情，从1859年到1889年先后举行了4届奥运会，它是奥运会复兴的先声。当时有不少国家特别是德国和法国都主张恢复奥运会，倡导最力、贡献最大的是法国教育家皮埃尔·德·顾拜旦男爵（Pierre de Coubertin，1863—1937）。他在对法、英两国中等教育进行对比研究后，对法国体育不振深感忧虑，试图"用体育来唤醒法国"。早在1883年，皮埃尔就积极倡议举行世界性比赛，1892年他在法国体协联合会成立3周年大会上第一次公开提出了举办现代奥运会的倡议。1894年6月，12个国家的79名代表在巴黎举行了"恢复奥林匹克运动会代表大会"，决议每4年举办一次奥运会，并成立了国际奥林匹克委员会。1896年在雅典举行了第1届现代奥运会。当时不少体育界人士把体操和竞技运动对立起来，以致一些国家的体操协会反对举行奥运会，但还是有13个国家的311名男运动员参加了田径、游泳（含跳水）、举重、摔跤、体操、自行车、射击、击剑8项比赛。1900年在巴黎举行的第2届奥运会时，已有22国1 330人参加，其中包括11名女运动员。

现代奥运会的口号是"更快、更高、更强"；只有获得国际奥委会承认的国际单项体育组织的项目才能列为奥运会比赛项目；只有经国际奥委会承认的国家奥委会才有权派队参加奥运会；国际奥委会委员由国际奥委会自行选任；奥运会会旗图案为白底五色环。奥林匹克运动的宗旨是：在奥林匹克理想指导下，鼓励组织和发展体育运动、体育竞赛，促进和加强各国运动员之间的友谊，保证奥运会的按期举行。

我国在"五四"运动前夜，兴起了一个强大的反对封建主义、宣传民主与科学、提倡文学革命的新文化运动。在新文化运动的推动下，一部分民主主义者和进步知识分子，也把体育作为向封建文化开战的一条重要战线，开始用近代科学的观点研究和提倡体育。

1917年4月，毛泽东以"二十八画生"的笔名，在《新青年》第三卷第二号上发表了一篇体育论文——《体育之研究》，针对当时中华民族体质衰弱而提出体育者多不知"体育之真义"的情况，就体育的意义、作用、体育与教育的关系等问题发表了自己的见解。文章首先对体育的涵义作了较为科学的解释："体育者，人类自养其身之道，使身体平均发达，而有规则次序之可言者也。"说明体育是人类特有的锻炼身体的方法；体育须使人体全面、均衡发展，其本身又是具有代表性的观点之一。

文章正确地阐述了体育与智育、德育的辩证关系，指出知识和道德诚然可贵，但身体也很重要。身体犹如"载知识之车"。因此，文章强调指出，对少年儿童应特别"注意与身体之发育"，学校"宜三育并重"。文章批评了偏重智育、德育而忽视体育的现象，指出当时学制和"密如牛毛"的繁重课程，对学生只能起到"蹂躏其身而残贼其生"的严重危害作用。

文章对体育的基础作用也作了深刻的阐述。指出体育的功效是"强筋骨"，因而"增知识"、"调感情"、"强意志"。"强筋骨"是体育最基本的作用，其他三方面的作用须通过"强筋骨"方能获得；反过来，这三方面的收效又能促进"强筋骨"。

对于参加体育活动及其应注意的问题，文章亦提出了独到的见解。文章特别强调人们参加体育活动的自觉性，指出体育锻炼"重在实行"。锻炼的方法不必贪多，在锻炼过程中，应当注意三点：一是"有恒"，二是"注全力"，三是"蛮拙"。无疑，这三者都是体育运动中不可缺少的可贵精神。

《体育之研究》一文还针对当时人们参加体育运动的若干思想障碍，深刻论述了身体与精神、体强与体弱、锻炼与养护、客观条件与主观努力之间的辩证关系，得出了身心可以并完、强弱并非一成不变、锻炼是主导及锻炼要靠主观自觉等精辟结论。

《体育之研究》在有关体育的一系列问题上，有破有立，提出了深刻见解，很有说服力，不失为一篇比较杰出的体育理论文献，它代表了当时的先进体育思想及主张。

在这一时期，代表进步体育思想和主张的还有恽代英的《学校体育之研究》，陈独秀在《新青年》杂志上发表的一些随感录及徐一冰等人的文章。

辛亥革命以后，在前期学校和省、市运动会普遍举行的基础上，由几个省、市联合举办的大区运动会也相继出现，最为有名的是华北运动会。

华北地区是旧中国开展近代体育较早、水平较高的地区，华北运动会就是在华北地区，特别是京、津一带广泛举办运动会的基础上产生的。

早在1912年，北京基督教青年会就组织了一个有清华学校、协和书院和燕京大学参加的体育联合会。1912年，该会在北京田径运动会之后又联络了北京高师和汇文书院，组成"北京体育竞进会"，1913年，该会筹办了首届华北运动会。1914年，又进一步邀集了天津、唐山、保定和邢台等地的学校，举行了第2届华北运动会。运动会期间，在北京体育竞进会的基础上成立了"华北联合运动会"（1929年更名为"华北体育联合会"），通过了会章，并决定以后每年在华北各地轮流举行一次运动会。到1934年为止，华北运动会共举行了18届。

华北运动会的竞赛项目，第1届仅有男子田径。从第2届起，增加了男子篮球、足球、排球、棒球和网球5项。以上项目一直保持到第10届而无增减。第8届（1924年）起，将球类项目分出去并单独举行了华北球类运动会；第14届（1929年）起新增了女子田径、篮球、排球项目；第15届（1931年）改以省、市、区为参加单位，范围扩大到西北和东北各省；第17届（1933年）增加游泳为竞赛项目；第18届（1934年）将体操列为表演项目。

华北运动会的历史较长，涉及范围很广（华北、东北和西北），运动项目比较接近于当时的国际比赛项目，它对促进中国北方地区体育运动的发展曾经起了一定的作用。

华中运动会是在"华中体育联合会"的筹组下，于1923年开始举行的。参加单位有湖南、湖北、江西、安徽4省，1923年至1936年间，共举行了6届。运动项目的发展情况是：第1届仅有男子田径、篮球、排球；从第2届（1924年）起，增加了男子游泳、足球、网球；从第3届（1925年）起增加棒球一项；从第4届（1930年）起开始有了女子田径、篮球、排球和网球；从第5届（1934年）起，又增加了女子游泳和垒球。此外，每届均有武术和体操表演。历届华中运动会，以湖南成绩较优。但总的来说，运动成绩不如华北运动会。

在竞赛活动日益频繁的形式下，开始举行了比较正式的全国运动会。同时，我国开始参加正式的国际体育比赛。

1914年5月，在北京举行了第2届"全运会"，这届运动会的组织者是北京体育竞进会，实际负责人是北京青年会干事、美国人侯格兰德。本届分全国为东、西、南、北4部，每部为一个参加单位，竞赛项目比上届增加了队球（排球）、棒球两项，但参加比赛的运动员较第1届还少。

第3届旧"全运会"于1924年5月在武昌举行。参加比赛的有华东、华北、华南、华中4区的运动员及华侨运动员共360余人。比赛结果是，华北获得总分第一。这届运动会的特点：一是外国人控制竞赛事宜的局面开始改变，部分工作及裁判职务已由中国人接替；二是女子开始参加表演（球类、武术、器械操）；三是田径赛的丈量由码制、英尺制一律改为米制。这些变化，对国内其他竞赛活动是有较大影响的。

中国运动队第一次参加的较大型正式国际竞赛，是远东运动会。

由于体育体制的逐步形成和学校体育的发展，在这10年间，运动竞赛日渐频繁，运动成绩达到了近代中国的最高水准。

旧"全运会"从1910到1948年共举行了7届，而在1927—1937年的10年，就举行了3届。旧中国运动竞赛最高纪录很多是在这3届创下的。

1930年4月，第4届旧"全运会"在杭州举行，由浙江省当局筹办。辟杭州梅东高桥军营操场为会场，规定以省、市、特区及华侨团体为参加单位，实到82个（包括日本神户华侨队），男女运动员共1 630人。

第5届旧"全运会"于1933年10月在南京举行，参加单位实到30个（包括菲律宾及巴达维亚（今雅加达）华侨队），运动员共2 248人（男子1 542人，女子706人）。

第6届旧"全运会"于1935年10月在上海举行。参加单位共38个（其中有爪哇、马来亚华侨队），运动员共2 700余人，参加单位和运动员均破历届纪录。这一时期，华北运动会继续举行；同时，华中、华南、西北等地区和一些省市也举行过几次运动会，主要都是为选拔参加"全运会"的代表而召开的，其内容与"全运会"大致相同。这种运动会多在春、秋季举行。

第7届旧"全运会"，于1948年5月5日在上海举行，它与上届间隔时间长达13年之久。当时解放战争进入全面进攻阶段，国民政府已处于风雨飘摇之中。为粉饰太平，国民政府召开了第7届"全国运动会"，也是旧中国最后一届"全国运动会"。参加单位有58个，运动员人数计2 700人左右。男子竞赛项目有田径、游泳、举重、拳击、足球、篮球、网球、排球、垒球、乒乓球（单打）10个项目。女子竞赛项目有田径、游泳、篮球、网球、排球、垒球、乒乓球（单打）7个项目。此外，列入男女表演赛的还有14个项目。由于竞赛组织工作混乱，裁判员人数少水平低，致使许多球类项目接近决赛时，往往由于裁判员不能适应比赛要求，比赛无法继续进行，最后不得不采取多队并列冠军的妥协办法，如男子足球是上海、香港、陆军、警察4队并列冠军，女子排球由上海、香港、湖南三队并列冠军。

以上几届旧"全运会"，都是由国民政府筹办的。这些运动会在规模、运动项目和部分运动成绩上，逐步有所发展和提高。

近代中国的体育，就时代而言，民国时期较之清末进步很大，国民政府时期比北洋军阀时期亦有明显进步；就地区而言，先沿海地区和中心城市，继而向内地和边远地区发展；就项目而言，先体操而后田径、球类等；就部门而言，先军队、教会学校进而普通学校，又由学校而社会。尽管缓慢，但总是在发展着的。但是，由于旧中国政治腐败、经济落后诸原因，所以同世界先进水平相比，近代中国体育的水平是相当低的，有时停滞不前，特别是在战时状态下，国统区和沦陷区的近代体育甚至出现倒退现象。只有中国共产党领导下的新民主主义体育，才真正预示着中国体育发展的未来。

第二次世界大战后东西方之间的"冷战"和随之而来的所谓对话时代，都使国际竞技成为不同制度、不同历史背景的国家争强竞胜的特殊战场，成为激励民族精神的重要途径。体育与外交争斗、国内政治生活的关系从来没有像战后几十年中那样密切。对那些尚未最终实现统一的国家，如中国，奥运会代表权的问题常常成为国内乃至国际体育关系的热点。

## 1.2.3　现代体育竞赛

现代体育竞赛越来越被全世界人民所关注，体育的发展也出现了许多新的特点：体育管理体制的不断合理化；发展中国家体育的崛起；大众体育的娱乐化、终身化趋势；妇女体育的突飞猛进。特别是我国体育正处于迅猛发展时期，2004 年雅典奥运会取得了举世瞩目的成就，2008 年奥运会在我国举行，它带动了各行各业的高速发展。

## 1.3　运动竞赛学及其类型

### 1.3.1　运动竞赛学

运动竞赛学所研究的对象是各个运动竞赛活动过程中具有普遍意义的共性规律，运动竞赛学阐明了有关运动竞赛活动过程的方法具有较强的应用性。要从本质上区分运动竞赛与运动训练研究对象的边界，运动竞赛学的研究内容是运用了多学科的原理、方法，对运动竞赛的实践加以总结和概括的。随着运动竞赛实践和有关学科的发展，这就为运动竞赛学进一步深入探索提供了广阔的空间。

目前由于对运动竞赛过程全面、系统论述尚处刚起步阶段，国内较为有影响的专著有：刘建和等著的《运动竞赛学》（四川教育出版社，1990）和国家体育总局编写组编写的《运动竞赛学》（北京体育大学出版社，1994）。它们分别对运动竞赛学的研究对象给予了论述，并用一定的语词对其进行了描述：

"运动竞赛学，是以运动竞赛为研究对象的学科，揭示运动竞赛活动的特点和规律。"（刘建和等）

"研究运动竞赛如何促进运动训练的发展，同时概括和总结运动竞赛的客观规律，研究运动竞赛与其他学科的内在联系，总结和论述运动竞赛的组织方式、应用及科学安排、管理的手段与措施。"（国家体育总局编写组）

要想研究运动竞赛学，必须要了解什么是运动竞赛，且要认识到运动竞赛也有广义和狭义之说。广义的运动竞赛是围绕体育比赛所进行的一切活动的总称，它包括体育比赛的政策法规、体育比赛硬件（场馆、器材、设施、环境等）和软件（即参与者教练、运动员、裁判医务人员等）的管理布置等。狭义的运动竞赛就是体育比赛，即在各运动项目裁判员主持下，依据各运动项目统一的规则，组织实施的运动员个体或运动队之间的以争取优胜为目的的竞技较量的总称。

而运动竞赛学是在概括和总结运动竞赛实践的基础上，运用其他有关学科的基本原理与方法，研究和阐明运动竞赛活动过程的普遍规律及运动竞赛方法的应用学科。

## 1.3.2 我国运动竞赛学发展的现状

早在20世纪60年代初，人们已经关注到运动竞赛训练的安排所产生的影响，直到1964年前苏联马特维夫首先提出了运动员竞技状态的发展应紧紧围绕竞赛来安排训练，按着专项运动成绩的需要有序、分阶段地来发展运动员的竞技能力，使当时运动训练理论的发展跨上了一个新的台阶。但是，那时并未将运动竞赛作为一个相对独立的领域去研究，而是将运动竞赛仍作为运动训练过程的一部分去进行观察。

20世纪70年代末80年代初，随着一些基础和应用学科研究的深入和取得的研究成果，国内外的学者根据竞技体育发展和训练实践的需要建立了较为系统的运动训练学理论，为科学地进行训练、提高成绩奠定了充实的理论基础。在这些理论专著中，尤其是我国学者首先提出了竞技体育是由运动训练与运动竞赛两个部分组成，但仍不失将运动竞赛看作是运动训练过程的一部分，并未对其进行深入探讨。

20世纪80年代末90年代初中期，随着竞技体育的社会化、职业化、商业化的发展，国内外运动竞赛的次数在增加，尤其我国竞赛随着计划经济的转变，使得原有支撑竞赛活动的理论及运动训练学的相关理论已经感到"力不从心"，同时在竞赛活动中暴露的一些新问题，迫使人们去寻找对竞赛活动这一独特的理论支点，将运动竞赛其内在的规定性去重新审视，力图揭示其客观存在规律与方法。我国学者刘建和等首次将运动竞赛从一个全新的视角探讨其内在的规律性，为运动竞赛理论体系的形成开创了先河，并于20世纪90年代出版了我国第一本较有影响的《运动竞赛学》专著，在这本专著中分别回答了3个问题：第一，人类为什么需要运动竞赛？第二，怎样才能在运动竞赛中获胜？第三，如何合理、有效地组织竞赛？尽管对运动竞赛学研究的内容尚不全面和系统，但毕竟是开创性的。1994年国家体育总局组织一些教师和专家在讲义的基础上出版了《运动竞赛学》，该著作的内容无论是对运动竞赛学理论体系的进一步完善，还是在应用方面都有了进一步的提高。但是，由于没有对运动竞赛学理论系统的研究，研究的内容仍显散乱。

21世纪初，体育进入千家万户，运动竞赛越来越受到人们的关注，各种有关竞赛的论著也陆续问世，其中较有影响的有：程嘉炎的《球类运动竞赛法》、汪玮琳的《运动竞赛学》、王蒲的《运动竞赛方法与研究》。尽管运动竞赛的理论已经引起人们的重视，并对其进行了探讨，但多数都对某一专项的局部研究得比较深，而对运动竞赛这门学科及其理论体系的建立还不够完善，由于各个竞赛项目发展的不均衡性还有待于对其进行进一步总结、归纳、升华，尤其是一些定义还不规范，特别是这门学科的教学大纲、教学计划、学时分配等还没有统一的规定，但基本的任务是肯定的，那就是使学生了解有关运动竞赛的基本原理及方法，掌握必需的运动竞赛的基本知识与技能，以适应将来工作的需要。

### 1.3.3 竞赛的类型与我国现行竞赛

运动竞赛的种类很多，由于分类原则不同，分类方法也各有不同，一般常用的方法有以下几种。

**1. 按比赛项目的数量分类**

1）综合性运动会

综合性运动会是一系列单项锦标赛集中在一次运动会进行的综合比赛形式，目的在于检查训练质量和体育运动全面开展的情况，推动群众性体育活动的发展，促进运动技术水平的提高，增进集体荣誉感和民族精神。其特点是项目多，规模大，竞赛组织工作复杂，注重礼仪程序。

我国现行的综合性运动会有以下10种。

（1）全国运动会

这属全民性质，由国家体育总局主办，委托省、自治区、直辖市承办。每4年举行一届并于1959年9月在北京举办第1届，"文革"期间曾中断。自1975年恢复，并形成了较稳定的竞赛制度。

根据全国运动会的周期，各省、自治区、直辖市相应制定了本地区的全民运动会制度。为选拔运动员，一般在全运会前1～2年举办本省、市、自治区的全民运动会。

（2）全国工人运动会

由中华全国总工会主办，参加对象为各行政区域内除优秀运动队以外各行各业的在职职工。这种运动会一般根据国家的政治、经济形势确定召开的时间，没有稳定的周期性制度。1955年10月在北京举办第1届，设田径、举重、自行车、篮球、排球、足球6个项目，有1 700多名运动员参加。

（3）全国农民运动会

由农业部、国家体育总局和全国农民体育协会联合主办，参加对象为各行政区域内除优秀运动队以外具有农业户口的农民运动员，每4年举办1届。

（4）全军运动会

由中国人民解放军总参谋部和总政治部主办，以各军兵种、各大军区为参赛单位，参加对象为现役军人及军工。这种运动会根据国家的政治、经济形势确定召开的时间，没有稳定的周期性制度。1952年8月在北京举办第1届。

（5）全国少数民族运动会

由国家体育总局和国家民委联合主办，每5年举办一次，参加对象为各行政区域内除汉族以外的各民族运动员。

(6) 全国大学生运动会

由教育部主办,每 2~4 年举办一次,参加对象为各行政区域所属有正式学籍的在校学生。1982 年 8 月在北京举行第 1 届,有 2 432 名运动员参加了 4 个项目的比赛。

(7) 全国中学生运动会

由教育部主办,每 3 年举办一次,参加对象为各行政区域所属的在校中学生。1973 年在烟台、长春两地举办了第 1 届。

(8) 全国伤残人运动会

由国家体育总局和民政部联合主办,每 3 年举办一次,参加对象为各行政区域的盲人、肢残、聋哑等伤残运动员。1984 年 10 月在合肥举办了第 1 届,设田径、游泳、乒乓球、轮椅 4 个比赛和表演项目,来自全国 29 个省、市、自治区和香港特别行政区的 623 名运动员参加了比赛。

(9) 全国青少年运动会

由国家体育总局主办,每 4 年举办一次,参加对象为各省、自治区、直辖市及解放军等单位的青少年运动员。1985 年 10 月在郑州举办第 1 届,来自全国 31 个省、市、自治区和解放军的 8 100 多名运动员参加了比赛。

(10) 全国城市运动会

由国家体育总局主办,每 4 年举办一次,参加对象为各省、自治区所属大、中城市和全国计划单列城市的青少年运动员。1988 年 10 月在山东省举办了第 1 届,除北京、上海、天津 3 个直辖市外,来自全国 42 个城市的 2 300 多名运动员参加了 12 个项目的比赛。

2) 单项竞赛

单项竞赛是一种专门项目的竞赛形式,目的在于检查某一运动项目的开展情况和专项运动技术水平的提高,其特点是项目单一,便于组织。单项竞赛是各级体育部门缩短战线,突出重点,锻炼队伍,检验各层次训练成果,促进出人才、出成绩最有效的手段。组织各单位运动竞赛,一方面要着眼于促进运动水平的提高;另一方面在安排竞赛时间时要注意与国内外重大单项相吻合。我国目前的单项竞赛种类及其制度就是依据这个原则,采用制度化、多样化、社会化相结合的方法安排和划分的。根据我国各个运动项目开展的情况,单项竞赛一般分两大类,即正式比赛和辅助性比赛。正式比赛主要包括锦标赛、冠军赛、联赛;辅助性比赛主要包括达标赛、分区赛、邀请赛、协作区赛、通信赛、选拔赛、集训赛及赞助性冠杯赛。

另外,原国家体委在 1989 年 6 月 11 日正式颁布了《全国体育运动单项竞赛制度》试行法案。在这一试行的竞赛制度中,重点项目与一般项目区别对待;竞技体育项目与群众体育项目区别对待;受条件限制和普及程度不同的项目区别对待;机械、智能的项目与体能的项目区别对待,把全国当时开展的 70 个运动项目分为四大类,并按类别主次顺序安排竞赛次数和规模,具体内容见 3.2 节。

3）包括一部分项目的小型运动会

一般只有1～2个项目。

**2. 按参赛者的组织系统分类**

1）区域性竞赛

这是各层次特定行政区域内所组织的本地区各行业都可以参加的比赛，一般包括综合性运动会和单项竞赛两种竞赛形式，目的在于促进区域性体育运动技术水平的提高，调动本行政区域内群众参加体育锻炼的积极性。其特点是竞争性强，受大众关注。

2）行业系统性竞赛

这是本行业或本产业系统举办的只允许本系统所属各单位参加的比赛。一般包括综合性运动会和单项竞赛两种形式。目的在于宣传行业、企业精神，激发本系统职工的工作热情，提高企业声誉，增加凝聚力。其特点是竞争性强，社会效益明显。

3）优秀运动队的比赛

这是以省、市、自治区以上的优秀运动队参加的比赛，目的和特点同锦标赛、冠军赛。

4）业余训练系统的运动竞赛

这是以地、市、县级以上基层业余体校或运动学校的学生参加的比赛，目的在于为国家培养、选拔后备力量，使青少年运动员在正规比赛中得到锻炼，以提高竞技能力。其特点是注重运动员的全面发展，一般在赛前均进行身体素质测验或达标。

5）跨行业跨系统的比赛

这是近几年社会办体育的一种新的竞赛形式，多以经济实力较强，不同行业的大、中企业为参赛单位。目的在于通过体育竞争，提高企业声誉，宣传产品质量。其特点是场上体育竞争激烈，场下产品交流和贸易洽谈繁忙，组织这样的比赛节省体育事业经费，社会效益明显。

**3. 按参赛者的年龄分类**

体育项目为体现公平竞争，常采用年龄分组，一般分儿童组、少年组、青年组、成年组、中老年组或老年组。如国际田联关于年龄的划分如下。

① 儿童组：凡比赛当年12月31日未满13周岁者；

② 少年组：凡比赛当年12月31日未满16周岁者为少年男、女乙组，凡比赛当年12月

31 日为 16 或 17 周岁者为少年男、女甲组；

③ 青年组：凡比赛当年 12 月 31 日为 18 或 19 周岁者；

④ 老将男、女子组：年满 35 周岁的男、女运动员。

此外，还有学前阶段的幼儿，或中年组等更细的分组。

**4. 按性质划分**

1）锦标赛

确定个人或团体冠军的单项运动竞赛，称作"单项锦标赛"或"冠军赛"。任务是检查某一运动项目的开展情况，交流和总结该项运动教学和训练的经验，促进运动技术水平的提高。国际单项锦标赛由各运动项目的国际组织定期举行，如国际足球联合会举办的世界足球锦标赛，亚洲乒乓球联盟举办的亚洲乒乓球锦标赛。国家的单项锦标赛有主管体育运动的国家机关或各项运动的国家协会举办；地方、基层单位、学校也可组织各项运动的锦标赛。

2）杯赛

以某种奖杯命名的单项运动竞赛，属锦标赛性质。如戴维斯杯网球赛、世界乒乓球锦标赛中的 7 项冠军赛。如女子单打冠军为盖斯特杯，这是由吉·盖斯特先生所赠，故以他的名字命名；男子单打冠军为圣·勃来德杯，这是原英格兰乒协主席伍德科先生捐赠，以伦敦圣·勃来德乒乓俱乐部的名称命名；女子双打冠军为波普杯，是由前国际乒联秘书长波普先生所赠，故以他的名字命名；男子双打冠军为伊朗杯，由前伊朗国王所赠，便以伊朗的国名命名；男女混合双打冠军为赫拉赛克杯，是由原捷克斯洛伐克乒协秘书长赫拉赛克先生捐赠，故以他的名字命名；女子团体冠军为考比伦杯，是由法国乒联主席马塞尔·考比伦先生所赠，故以他的名字命名；男子团体冠军为斯韦思林杯，是由前国际乒联主席英国的蒙塔古先生的母亲斯韦思林夫人所赠，因而称为斯韦思林杯：这些都是杯赛。优胜者获得的杯赛奖杯，多是流动的，只有暂时拥有权。下届比赛前，拥有者要将奖杯交给主办组织，重新争夺。只有达到规定的连续获胜次数，方可为优胜者长期所有。这可有效地激励优胜者保持荣誉的责任感，激化竞争性，促进运动水平的提高和发展。获得奖杯的方式方法，在竞赛规程中要明确规定，随着竞赛的目的不同，规定的方法也就不同。

3）联赛

这是一种定期的制度化的球类比赛，一般每年举行一次，常分为预赛和决赛两个阶段进行。可同时同地进行，也可同时分区进行，亦可在不同时间、不同地点分别进行。它属等级赛性质。按运动队的技术水平分为甲级队、乙级队等的比赛，如篮球、足球、排球等的等级联赛。任务在于检查训练工作质量，交流经验，互相学习，提高运动技术水平，推动群众性体育运动的开展，根据竞赛成绩优劣排列名次。一般有升降级的规定，即乙级队优胜者可晋升为甲级队，而甲级队失败者则下降为乙级队，并分别参加下一次所属级别的联赛。

4) 等级赛

这是为技术水平或年龄相近的运动员（队）举办的竞赛。任务是提高运动员的训练水平或通过一定等级，以及获得较多的比赛经验。凡合乎等级标准的运动员（队），一般都可以参加。如甲、乙级的足球联赛，竞技体操的健将级或一级比赛，少年和儿童的乒乓球比赛等。

5) 选拔赛

主要任务是发现和挑选运动技术水平较高的运动员，组织或补充代表队，准备参加高一级的运动竞赛。不给优胜者奖励，不授予荣誉称号，以获取代表权为主要目的。其优点是能促使更多的人参加比赛，提高体育锻炼的积极性；缺点是花费时间多，组织工作较复杂。常采用一些条件限制（如田径可以制定出报名成绩标准）或简化比赛要求（如减少赛次）的方法进行。

6) 通讯赛

参加者在不同地区按竞赛规程的要求和期限进行竞赛。各参加单位在原地组织竞赛时，需聘请相应级别的裁判员主持竞赛。认真审核成绩后，由基层体委（或主管部门）签字盖章后，把运动成绩以通讯的形式呈报给主办机关或组织评定名次。它适用于以时间、距离、重量、命中环数等客观标准评定运动成绩的项目，包括田径、游泳、自行车、速度滑冰、滑雪、划船、举重、射击等。如中国田径协会和《新体育》杂志社举办的全国中学生"雏鹰起飞奖"就是典型的田径通讯赛。优点是参加的面广、人多，节省经费和时间；缺点是参加者不能直接观摩和交流经验。

7) 邀请赛

由一个或几个国家（地区）邀请其他国家（地区）进行的竞赛。我国组织邀请赛的任务是：促进国际交往，增进各国（地区）人民及运动员之间的友谊和团结；交流经验，互相学习，提高运动技术水平和训练工作质量。省、市、自治区和基层单位也可举办邀请赛，如省际、埠际、校际和厂际之间的互相邀请，以推动体育运动的普及和提高。邀请赛的规模有双边的和多边的。

8) 表演赛

这是为宣传体育运动，扩大影响而进行的比赛。用以提高和宣传某运动项目的意义、锻炼价值及对技术、战术进行演示或示范。其特点是着重技术、战术的充分发挥，比赛时间可缩短，不计名次。一般是在节假日或运动季节即将开始前进行，或是为了满足观众的需要，在正式比赛后临时增加的优秀运动队之间的比赛。可以单独组织或穿插在大规模运动会中进行。

9) 对抗赛

这是两个或几个训练水平相近单位联合组织的竞赛。任务是检查教学、训练工作执行情况，交流经验，互相学习，提高教学与训练质量。如省际、埠际、校际、厂际的对抗赛。其特点是一般仅限于单项比赛，以各自单位运动员的个人得分之和来评定团体名次。参加对抗赛的运动员人数有一定限制，参加者的运动技术水平相近。

10) 埠际赛

这是若干大城市运动代表队之间的竞赛。一般用于球类、棋类项目的比赛。任务在于建立和加强运动员之间的友谊，交流经验，提高运动技术水平。

11) 友谊赛

单位之间不定期的相互竞赛，多是球类项目或个人对抗性质的项目（羽毛球、摔跤、拳击），如某校对某校的篮球友谊赛。这种竞赛经济、实效、简单易行。

12) 测验赛

这是为检查教学、训练效果和发现问题及运动成绩变化情况而组织的比赛。

13) 达标赛

为了鼓励运动员努力提高运动技术水平，提高参赛运动员的质量，大会组织者对参赛者提出一定的成绩要求标准，凡达到要求的运动员，才有权参加比赛。

14) 纪念赛

为了怀念已故的伟大人物和民族英雄而举办的竞赛。其目的是通过这样的竞赛形式，对后来人进行革命传统教育，学习先贤和革命先烈们的优秀品质，借以推动运动技术水平的提高和普及。它不仅是运动竞赛的一种好形式，同时也是对青少年进行政治思想教育的一种好形式。国际上最有名的纪念赛，首推每年在波兰举行的"库索辛斯基国际田径纪念赛"。库索辛斯基是波兰著名长跑运动员，是 1932 年第 10 届洛杉矶奥运会 10 000 米长跑冠军。在第二次世界大战期间，他曾作为一名抵抗战士，在反法西斯战争中英勇牺牲。

15) 及格赛

及格赛是运动竞赛的一种措施。它是在参加竞赛人数过多（如田径、游泳、举重等项目）时，达到及格标准或规定名额者方可参加正式比赛。没有客观标准评定运动成绩的运动项目（如球类），在大型比赛之前举行的分区预选赛优胜者，才能参加后续的正式比赛。从某种意义上讲，预选赛也是及格赛。

体育竞赛除上述几种常用的分类方法外，还有按比赛经费来源划分、按比赛季节划分、按赛制划分等多种方法。

## 1.4　运动竞赛的意义

竞赛是体育运动最基本的特征，是整个体育事业的一项重要内容。它以各种运动项目为内容，根据竞赛规程进行的个人或集体的体能、技艺、战术心理等诸方面的较量。竞赛源出于拉丁语（disp），本来的含义是离开工作，使人通过一些轻松愉快的身体活动转移自己的注意力，"使自己高兴"，所以说最初是一种游戏，也就是我们俗称的"玩"，在玩的过程中人们就要比试，看谁玩得好，这就是竞赛最早的雏形。之后运动竞赛经历不同历史阶段的检验，发展到今天如此鼎盛时期，标志着体育与社会各界发生着越来越紧密的联系。竞赛已不单单是在体育领域发挥着自己的作用，它已涉及政治、经济、交通、城市建设等。

**1. 增进友谊，推动和平，交流经验，观摩技术，互相学习**

竞赛是增进友谊的桥梁，"胜负是暂时的，友谊是长存的。""场上是对手，场下是朋友。"这是我国运动员参加运动竞赛一贯的方针，得到国际体育界的一致好评。通过竞赛，加深了各国运动员之间的相互了解。运动员在竞技场上所表现出的精湛技术和高尚的体育道德作风，不仅可以切磋技艺，相互学习，共同提高，有利于提高技术水平，还能对观众起到潜移默化的教育作用。体育是超国界的，不论政治、信仰、社会制度有何差别，运动员和观众通过双方的表演，都会在感情上得到交流和加深了解。运动员在重大国际比赛中顽强拼搏，勇夺金牌，扬国威于海外，播友谊于异邦。

**2. 提高人们文化生活，培养人的道德品质，提高人的素质，净化社会风气**

我国是农业大国，农民占很大的数量。以前农闲时多数人打麻将、赌博、斗嘴打架的现象特别多，通过组织各项体育比赛，由于大家都想夺得好的成绩，有空儿就在一起练习，没有时间再去干别的，这样不仅使大家的身心得到锻炼而且有了一个良好的社会氛围。通过比赛教育它的实践者或组织者去培养运动员的品质；通过教育他们为克服困难而斗争，而不是遇到挫折、困难或不称心就畏缩，培养他们的勇敢，教育他们懂得自我控制秩序性的重要；通过竞赛可以培养人们的节制，使他们具有集体责任感，待人磊落坦诚，教育他们对真善美的追求。

**3. 创造了经济效益，创造了失业者的就业机会，推动了城市建设**

绿化城市与园林、治理城市的水质和土质污染源，是运动会准备工作的一个重要内容，如汉城自 1985 年开始采取了一系列措施对环境进行长达 8 年的治理，使生态环境有了明显的改观；巴塞罗那奥运会组委会在治理环境的同时，还力图将该届奥运会开成了一个"无烟运动会"，同时推动了社会的发展进步。据统计资料说明，奥运会举办成功使一个国家进步 5~10 年的时间。筹办比赛一般要提前准备，尤其是大型比赛，如悉尼奥运会至少进行了 6~7 年的时间准备，兴建各种体育、交通、通信、服务等设施，需要投入大量的劳动力。随着比赛到来，主办单位及各种服务性部门的工作量大大增加，因此会在一定程度上缓解主办城市失业人口的压力，如洛杉矶奥运会创造就业机会共 2.5 万人，收入 4.9 亿美元，在奥运会人力需要高峰的 4 个月中，创造了 37 500 个新工作岗位，并使已有的 37 500 名雇员增加了收入。

**4. 是和平的使者**

在以国家为基本单位的现代社会中，国家之间应当根据什么标准来确定它们的关系，国家之间的交往应当依据什么原则，是人们长期争论的问题。在国际事务中还存在着大量的不公正和不平等，运动竞赛强调尊重对手，公平竞争，并以一系列措施来保证这一原则的贯彻，它的意义不仅限于体育，而给人很多方面的启迪。在现代社会中，国家与国家之间的交往也应当以运动竞赛的原则为基础。随着国际争端日益加剧，战争威胁日增，运动竞赛也作为世界保护和平力量的组成部分的出现而起到加强交往、增进友谊、维护和平的作用。运动员在重大国际比赛中顽强拼搏，勇夺金牌，扬国威于海外，播友谊于异邦，是一支具有特殊身份的外交使团，如被喻为"乒乓外交"的中美建交使中美关系发生了重大变化，也就是人们说的"小球推动大球"。

**5. 可促进科技进步**

1948 年在英国伦敦举办第 14 届夏季奥运会上，由于战争的影响设施还十分简陋，在足球场内临时铺设了田径跑道，没有奥运村，数千名男女运动员同住在军营和校舍里，此后奥运设施有了极大的改善，比赛场馆向大型化、艺术化的方向迅速发展，竞赛设施与现代化的结合越来越紧密。科技在体育竞赛发展中具有重要作用，没有科技，就不可能有竞技运动的高速发展，美国的体育科学家曾预言人类撑杆跳高的极限为 8.10 米，然而 20 世纪 50 年代后期，撑杆跳高的金属杆代替了竹竿，使世界记录得以很大幅度提高。

**6. 具有一定的社会功能**

随着市场经济的不断发展，人民生活水平的逐步提高，体育的社会功能得到越来越充分的体现。过去认为的"体育是花钱的"现在看来不一定成立，比如体育对社会经济的增长也会起到推动作用，也能促进经济的发展，在洛杉矶奥运会开始以前，举办奥运会都要亏钱，但从洛杉矶奥运会开始挣钱了，以后的亚特兰大奥运会、悉尼奥运会、雅典奥运会，都挣钱了，举办大型运动会只要运作得好，调动各方面积极性，在市场运作上多下工夫，是一定能赚到钱的。城市建设、体育场馆建设、体育器材、旅游等这些方面的需求都会拉动经济发展。体育不仅是一项事业也是一个产业，是朝阳产业。湖南承办了五城会之后各方面都发生了很大变化，像长沙、益阳等地的变化非常大，若不办城运会，不可能在短期内发生这么大的变化，只有几十万人口的益阳市建成了很大规模的奥林匹克公园，结合城市建设和经济开放，提高了城市形象，提升了城市的功能。

### 7. 可以提高一个国家的国际地位

运动竞赛还对广大观众爱国主义产生深远的影响，得了冠军拿了金牌，就能对本国人民起振奋和鼓舞的作用；当国歌奏响，国旗升起，作为国家一员倍感自豪，精神得到升华。1984年7月29日，我国选手许海峰在第23届洛杉矶奥运会上赢得了第一枚金牌，从而揭开了中华健儿夺取奥运会金牌的序幕，顿时，十亿神州欢腾，炎黄子孙雀跃。原国际奥委会主席萨马兰奇称赞说："今天是中国体育史上最伟大的一天。"我国运动健儿在国际大赛中的胜利，极大地激发了中华民族的光荣感和自豪感，特别是2008年奥运会的成功举办，更增强了民族的自信心，它带动了我国各行各业的高速发展。

### 8. 提高人们的幸福指数

2006年4月21日，胡锦涛同志访美期间在美国耶鲁大学演讲中讲道："今天我们坚持以人为本，就是坚持发展为了人民、发展依靠人民、发展成果由人民共享，关注人的价值、权益和自由，关注人的生活质量、发展潜能和幸福指数，……使13亿中国人民过上幸福生活。"2008年奥运会的成功举办提升了北京市民的幸福指数。据资料显示，奥运会举办前北京市民幸福指数为3.34（五分制）、66.82（百分制），奥运会举办过程中北京市民幸福指数为3.39（五分制）、67.73（百分制），与奥运会前比较，上涨0.05，涨幅1.5%；奥运会后北京市民幸福指数为3.39（五分制）、67.76（百分制）。

# 第 2 章
# 中外大型运动竞赛简介

**本章导读**

奥林匹克运动会
亚洲运动会
旧中国全国运动会
中华人民共和国全运会

人类社会自从有了体育运动的形式之后,运动竞赛也就如影随形地伴随而生。

在我国原始社会末期即有了庆祝、祭祀时的舞蹈和军事体育的武艺、角抵等活动。在3 000年前的夏商、周时代,学校中就有了习武的"体育"内容。周武王元年(公元前1134年)时已有了射黑运动会,一般半年一次,大会每3年一次,竞赛已形成制度化。延至春秋战国时期,又发明了"棋戏活动",在军事上则用投石、超距、距跃及善走等运动训练武士。汉高祖元年(公元前206年)时,投石、超距等原始的竞技运动雏形已发展为类似近代田径运动的比赛大会。到了元朝,在军队中十分盛行长跑运动。陶宗仪所著《南村辍耕录》中说:"元代有一种长跑比赛叫'贵由赤'。'贵由赤'者,快行足也。每岁一试之,名曰放走。在大都则自河西务起程。若上都,则自泥儿河起程。越三时,趋一百八十里,直抵御前,俯伏呼万岁。""贵由赤"为蒙古语,就是"快走"的意思,"贵由赤"又叫"贵赤卫",是元世祖忽必烈二十四年(1283年)朝廷建立的一种禁卫军。他们平时要进行长跑训练,距离为180～200里,且训练是用比赛的方式进行。有两条不同的路线:一条是从河西务(距北京东南60多里河北省武清县东北)出发至大都内中(宫廷);另一条自泥儿河(河北省宣化县东)至上都内中,距离为180里,天色黎明时起跑。"三时"即现在6个小时。6小时跑完180里路,其速度相当于15 000米/小时。放走之日,官员亲临监视。"以一根绳子于起点拦住,参加者站定,令下,去绳放走。"经过3个时辰(6小时)跑完全程。第1名赏银一锭,第2名赏缎子(衣料)4表里,第3名赏2表里,其余各1表里。其竞赛时的裁判方法和奖励已形成制度。赛程180里,较现代马拉松赛程长一倍多。速度虽然比较慢，但耐力是惊人的。迄今，世界上尚未有长达90公里的长距离竞赛。

球类运动在我国发明很早，源远流长。以蹴鞠（中国古代足球）为例，早在战国时期即已流行于齐、楚两国；到了东汉时期，对蹴鞠的场地、用具、比赛规则、队长、裁判、运动员道德等都有了具体规定，其后有了"肩、背、拍、拽、拐"等术语和诸如"鸳鸯拐"等专用技术名词，说明此项竞赛已有了相当的水平。其他如击鞠（似马球）、捶丸（似高尔夫球）、十五柱戏（类似地滚球）、导引、投壶等，都是我国的发明和创造。其中有些运动项目一直延续到明、清时期。鸦片战争以后，清朝的洋务派及后来的教会，把现代体育的内容引进我国，发展至今，形成了我国民族体育项目，如武术、导引、围棋、象棋及少数民族特有的运动项目，如木球、赛马、赛龙舟等与国际上一些现代运动项目并存的局面。当前我国的一些民族体育项目，随着我国国际地位的日益提高及竞技体育实力在国际体坛的崛起，也在国际化、同一化的发展趋势中日渐走出国门，为海外国家和民族所接受。1991年10月，在北京举行的第1届世界武术锦标赛有40余个国家和地区参赛，便是一例。

## 2.1 奥林匹克运动会

### 2.1.1 古代奥林匹克运动会

关于古希腊奥林匹克运动会的起源，流传着各种各样的传说。这些传说，故事曲折，情节感人，但大多具有神话色彩。古代奥林匹克运动会和现代奥林匹克运动会性质迥然不同，前者只是宗教的一部分。

体育属于上层建筑范畴，古代奥林匹克运动会的产生—发展—衰落，与当时的政治、经济、文化等状况密切相关。

古希腊时期，正处于奴隶社会发展阶段，当时是一个城邦制国家；无统一君主，城邦各自为政。各城邦的统治者为了对外扩张，或者为了抵御侵略，或者为了对内镇压奴隶起义，经常进行战争。斯巴达人是这方面的急先锋。这个城邦人口不多，但民风强悍，不事生产，专以掠夺、侵略为业，儿童从7岁起，就由国家抚养，从事军事和体育训练，过着兵营生活。其他城邦，为了应付战争，求得生存，也积极发掘兵源。士兵需要有强壮的体魄，而体育是培养合格兵源的有效手段，这促使人们去从事体育活动。战争促进了希腊体育运动的开展，但战争也使自己走向了反面。残酷的屠杀和镇压，给广大平民百姓带来了深重的灾难，他们厌弃诉诸武力，渴望和平的生活。在古希腊特定的历史条件下，战争与和平这一对矛盾，却由体育竞技活动暂时地把它们统一起来。统治者倡导体育竞技，是为了从群英荟萃的竞技队伍中物色身强力壮的士兵；平民百姓乐于参加竞技体育活动，不仅因为通过它可以锻炼出健美的体魄，得到娱乐和精神享受，而且可以过上一段短暂的和平生活。国际体育史协会副主席、科隆体育学院教授曼弗雷德·拉梅尔认为，古代奥运会并不是现代人所认为的那样具有和平意义。赛会期间，全希腊境内实行"奥林匹克休战"，只是保证在战争期间运动会能够进行而已，古希腊人称为"豁免"战争。"休战"时间，最初为 1 个月，后来延长为 3 个月。"休战"期间任何人都不得动用军队，挑起战事，违者将受到惩处。在竞赛活动中，人们通过交往，促进了彼此之间的了解，增强了团结和友谊，这自然有利于缓和各城邦间的关系。因此，团结和友谊，便成了古奥运会的精神支柱。

此外，古希腊在婚丧嫁娶、收获季节，常常举行庆典活动，祭奠万神之首宙斯。在庆典活动中，要举行诗歌朗诵、歌舞表演和体育竞技，这也是形成古奥运会的重要原因之一，运动会最初出现时，并不是统一组织的，而是分散在科林斯、雅典、奥林匹亚等几个地方进行，其中以奥林匹亚地方的运动会规模最大。到了公元前 8 世纪，其他地区的运动会已相继自行解体，并开始集中在奥林匹亚举行，这就是古希腊运动会以奥林匹亚得名的原因。

第 1 届古代奥林匹克运动会于公元前 776 年在希腊的奥林匹亚举行。当时只有短跑（跑距为一个"斯他得"，希腊语"斯他得"意译是"圈"）一个项目，距离为 192.27 米，恰巧是运动场的长度，但古希腊人把这个长度数字神化了，说它是"大力神"脚长的 600 倍。来自伊里斯的一位炊事员——科罗依博斯取得了 1 个斯他得（192.27 米）跑的优胜，是人类有历史记载的第一位赛跑冠军。公元前 724 年这个项目改为 2 个斯他得。4 年之后古奥运会才开始按今天这样，每 4 年举行一次，后来逐渐增加了长跑、跳远、标枪、铁饼、角力、赛马、赛车。第一次举行的长跑是 24 圈（4 600 米）赛跑。自公元前 708 年，由铁饼、跳远、赛跑、标枪和摔跤组成的 5 项运动开始出现。当然，比赛的方法是有别于今天的。例如，跳远比赛时，运动员要双手持哑铃，并有人用笛子伴奏；又如拳击运动员手戴皮套，套外有针刺，这比现代的拳击要残酷得多。参加比赛者最初仅限于成年男子，公元前 632 年第 37 届开始有少年参加。据统计，古代奥运会先后曾举行过 24 个项目的比赛，其中成年 18 项，少年 6 项。由于项目逐渐增多，运动会赛期由 1 天增加到 3 天，后来又延长至 5 天。比赛时，除武装赛跑竞赛项目的运动员身穿衣服外，其他都是赤裸着身体，一丝不挂，全身涂以橄榄油。健壮的身躯，古铜色的皮肤，在阳光照耀下闪闪发光。这种人体的自然美，使人们为之倾倒。故此，赤身运动曾风靡一时，并成为古奥运会的一大特色。运动会上，有庄严、隆重的发奖仪式，优胜者可以获得一顶象征荣誉的橄榄冠。橄榄冠的制作十分考究。所用的橄榄枝条必须由一个父母双全的男童用纯金小刀从宙斯庙后的树上采折，而后的制作更是异常精巧，除授予优胜者橄榄冠外，还要在运动场的墙壁上刻下每个获胜者的名字。此外，对 3 次获冠的运动员，还要在宙斯庙旁为他们塑像，以示永久性的表彰和纪念。除此之外，获胜者还可得到终身免税的优待。但是这种精神上的鼓励，后来逐渐演变为物质性的。从索隆时代（约为公元前 640—公元前 560 年）起，雅典就曾奖给奥运会冠军 500 个硬币，用这些钱可以买到 500 只羊或 25 000 公斤大麦。后来，对获胜者的物质奖励金额越来越大，从而使体育出现了职业化的倾向，一些优胜者由于腰缠万贯，慢慢走上了骄奢淫逸的道路。有人认为，这也是古奥运会解体的原因之一。

古代奥运会没有现代奥运会的国际性，它只限于希腊的男性自由人，奴隶、妇女、外国人无权参加，对妇女要求尤为苛刻。古希腊人认为，运动会是一种庆典活动，妇女出席，有渎于神明。运动会又是赤身比赛，妇女参观，多有不便。古奥运会明文规定，凡妇女私自参观运动会或参与圣典者，处极刑。但在公元前396年第96届古奥运会上，一个名叫卡莉帕捷莉姬的寡妇，女扮男装，以教练员的身份带着自己的儿子皮西多吕斯参加了拳击比赛，但终被发现，依法律应被判处死刑。后因其父兄及这次参加比赛的儿子都获得了冠军，才得到了特别赦免。这是古代奥运会平民妇女因偷着观看比赛得以生还的唯一例外。古希腊是个奴隶社会，等级森严，以阶级地位划分贵贱，妇女的地位尤其低下，即使在体育比赛中也不例外。但奴隶主贵族阶级中的女性比平民女性的命运却要好得多。公元前680年，第25届古奥运会马车赛列为比赛项目后规定：获胜者不是选手本人，而是马匹和车辆的主人；女奴隶主和女贵族，可雇人参加比赛，并可成为奥运会桂冠的间接获得者。更有甚者，斯巴达极盛时期，斯巴达王阿西格劳斯的妹妹库尼斯卡，依仗兄长的权势，蔑视古奥运会规章，直接参加了马车比赛，并且成为古奥运会第一个真正的女冠军。女性开始参加奥运会了，那些歧视妇女的禁条也就不取自消了，古奥运会大门为妇女们破天荒地开了一道狭窄的门缝。

古希腊奥运会，从公元前776年起至公元394年止，历时1 170年，共举行293届。公元前146年，希腊被罗马吞并，完全丧失自由，奥运会日趋衰落。公元2世纪后，基督教统治了包括希腊在内的整个欧洲，它提倡禁欲主义，主张灵肉分开，反对体育运动，遂使欧洲体育处于黑暗的年代，奥运会也奄奄一息，名存实亡。公元394年，笃信基督教的罗马皇帝狄奥多西一世明令禁止奥林匹克运动会。公元426年，狄奥多西二世纵火焚毁了奥林匹亚的大部分建筑物。公元511年、522年，接连发生两次强烈地震，加之洪水泛滥，使奥林匹亚遭到彻底破坏，成为一片废墟。至此，奥林匹亚的名字也逐渐被人们遗忘了。

## 2.1.2 现代奥林匹克运动会

古希腊奥运会自公元394年被禁止，沉睡了一千多年之后，于18世纪，特别是19世纪末期又引起了人们的极大关注，并使其得到了恢复和发展。之所以会出现这种状况，与当时的国际环境，主要是欧洲形势有着密切的关系。

14世纪至18世纪中叶，欧洲出现了文艺复兴、宗教改革和启蒙运动三大思想文化运动。文艺复兴时期，新兴的资产阶级对古希腊文化体育思想的高度赞美，引起了人们对古奥运会的怀念和向往。

19世纪末，欧洲各国的经济文化蓬勃发展，国际交往日益频繁，体育交往也日益增多，出现了第一批国际体育组织。1891年成立了国际体操联合会，1892年又先后成立了国际滑冰联合会和国际划船联合会。

1887年，德国人在柏林展出从奥林匹亚发掘到的大量文物，反响很大。德国统治者威廉蓄意称霸欧洲，妄图利用人们的狂热情绪，充当奥运会的发起人。倘若威廉的阴谋得逞，则欧洲，首先是德国的近邻法国将无宁日。欧洲人需要一个和平的环境，并认为恢复奥运会是谋求和平的一种良好手段，但绝不能让野心勃勃的威廉来充当现代奥运会的发起人。

法国人皮埃尔·德·顾拜旦，就是在这样的历史条件下发起恢复奥运会的。

顾拜旦（1863—1937年），出生于巴黎的一个贵族家庭。曾留学英国，专攻教育学，选择了从事教育工作的道路。他学生时代就对古希腊的历史产生了浓厚的兴趣，这对他后来将毕生精力贡献给奥林匹克运动有很大影响。1888年，顾拜旦第一次提出举办类似古希腊奥运会的比赛，但不是简单的继承，把过去只限于希腊人参加的运动会扩大到世界范围去。1892年，他遍访欧洲诸国，宣传奥林匹克理想。同年12月25日，他在巴黎发表了题为《复兴奥林匹克》的著名演说。1893年，为了恢复奥运会，顾拜旦在巴黎召开了第一次国际体育会议。翌年1月，又致函各国体育俱乐部，协商恢复奥运会的有关事宜；同年6月18至24日，他再次在巴黎召开了国际体育会议。会议决定成立由12个成员国组成的国际奥林匹克委员会，并选出了希腊诗人泽·维凯拉斯为委员会主席，顾拜旦为秘书长。会议还作出决定，将于1896年在希腊首都雅典举行现代第1届奥林匹克运动会。冠以"现代"一词，是为了有别于古代奥林匹克运动会。

国际奥林匹克运动委员会，是一个具有法律地位和永久继承权的法人团体，不以营利为目的。总部设在瑞士洛桑。它的主要宗旨是：在奥林匹克理想指导下鼓舞和领导体育运动，从而促进和加强各国运动员之间的友谊；保证按期举办奥林匹克运动会等。委员以个人身份选入而不代表国家。1965年后当选的委员，年满72岁退休。委员会主席由委员选举产生，任期8年，可连选连任，连任期为4年。

1894—1896年，是希腊的泽·维凯拉斯；

1896—1925年，是法国的皮埃尔·德·顾拜旦；

1925—1942年，是比利时的亨·德·巴耶一拉图尔；

1942—1952年，是瑞典的西·埃德斯特隆（1942—1946年任临时主席，1946—1952年任主席）；

1952—1972年，是美国的艾·布伦戴奇；

1972—1980年，是爱尔兰的米·莫·基拉宁；

1980—2001年，是西班牙人胡·安·萨马兰奇；

2001年至今，是比利时人雅克·罗格。

奥林匹克的会旗为白底，无边，中间有5个相套连的圆环——奥林匹克环。5个环的颜色各异，自左至右依次排列为蓝、黄、黑、绿、红。会旗是1913年根据顾拜旦的构思设计的。1914年7月，为庆祝奥林匹克运动恢复20周年于巴黎召开了国际奥委会会议，这面旗首次出现在会址上空。1920年，第7届奥运会时开始正式使用。当时5种颜色被解释为象征五大洲：欧洲——天蓝色，亚洲——黄色，非洲——黑色，澳洲——草绿色，美洲——红色。后来正式的解释是，它们代表着参加国际奥委会所有国家国旗的颜色。

奥林匹克的口号是："更快、更高、更强"。它是顾拜旦的密友狄东提出的，1913年得到国际奥委会正式批准。

国际奥林匹克委员会与其他单项国际体育组织的关系，不是领导与被领导的上下级关系，而是相互承认的平等关系，但单项组织只有得到国际奥委会的承认后，该项运动才有可能被列为奥运会比赛项目。目前冬、夏季奥运会比赛项目共28个。1988年第24届汉城奥运会时，乒乓球（男、女单打和男、女双打）和女子10 000米赛跑首次登上奥运会赛场。各国家和地区奥委会与国际奥委会也是相互承认的关系。但前者只有得到后者承认才有权派代表参加奥运会。

现代奥林匹克运动会有冬季和夏季之分。夏季奥林匹克运动会每4年举行一次，如因故不能举行，届数仍然照算。自1896年在雅典举行第1届起，到2008年北京奥运会止，共28届。但1916年（第6届）因第一次世界大战和1940年（第12届）、1944年（第13届）因第二次世界大战，中断了3次，实际上只举行了25届。

奥林匹克运动会由一个国家的城市而不是由这个国家承办。一个国家可以有几个城市同时提出承办申请，如无特殊情况，国际奥委会最迟须在6年前选定。

夏季奥林匹克运动会会期，包括开幕式在内不得超过16天。遇星期天或假日，不进行比赛，期限相应顺延。比赛项目应至少包括下列项目中的15项：田径、赛艇、篮球、拳击、皮划艇、自行车、击剑、足球、体操、举重、手球、曲棍球、帆船、柔道、摔跤、游泳（包括跳水、水球）、现代五项、马术、射击、射箭、排球。自1972年第20届奥运会起，最近4届都举行了上述全部21个项目的比赛，且单项数每届都有所增加，1992年已增加到257项。列入奥运会的男子项目，须至少有40个国家和三大洲广泛开展；女子项目须至少在25个国家和两大洲广泛开展。奥运会各项比赛的优胜者只获得精神上的奖励：前3名各获奖章一枚。第1名为金质奖章（质地为银质镀金，含金量至少为6克），第2名为银质奖章，第3名为铜质奖章。奖章为圆形，直径至少60毫米，厚3毫米。自1896年至1924年各届奥运会奖牌图案均不相同。1928年（第9届）始采用统一图案：运动场旁为一女神像，左手高举花环，右手抱一束橄榄枝。像旁右上侧是有关届数、地点和年代字样。它由意大利佛罗伦萨艺术家朱塞佩·卡西奥里教授设计，象征友爱、和平、团结。冬季奥运会奖牌也分金、银、铜3种，无固定图案。前3名除授予奖章外，均还颁发奖状。第4、5、6名只授予奖状。奥林匹克宪章中对比赛获胜者的授奖仪式有明确的规定：获得前3名的运动员身着运动服，面对来宾席，站在领奖台上，第1名在中间，第2名在第1名的右边，第3名在第1名的左边，位置依次降低。国际奥委会主席或主席指定的奥委会委员依次将金、银、铜牌授给第1、2、3名。同时，在中间旗杆上，升起冠军所属国国旗，在它两边旗杆上，分别升起获得银、铜牌者的国旗，乐队奏冠军所属国家的国歌，这是对优胜者的奖赏，也是对培育他的祖国的赞扬。奥运会强调，比赛只是运动员之间的竞技，不是国与国之间的较量，因此不正式公布团体名次。

1896年第1届雅典奥运会时，希腊人仍沿袭其祖先的旧制，拒女子于运动会门外；1900年第2届奥运会时，女子首次获得参加奥运会竞技的权利，虽仅11人，但为女子步入世界体坛开创了先例。目前女子体育方兴未艾，奥运会的女子项目不断增加，参加的女选手也越来越多，运动成绩提高得惊人，美国女选手贝诺娃在1984年洛杉矶奥运会上的马拉松跑成绩是2小时24分52秒，比1956年墨尔本奥运会法国男选手米蒙获得金牌时的成绩（2小时25分）快8秒。我国选手曲云霞，1993年所创造的1 500米跑世界记录是3分50秒46。我国女运动员王军霞，于1994年将女子1 500米至马拉松的所有项目推向世界顶尖水平，这在世界田径史上是非常罕见的，被授予欧文斯奖，并于1996年在第26届奥运会上获5 000米金牌和10 000米银牌。在2004年雅典奥运会上我国女运动员邢慧娜勇夺10 000米金牌，中国女排在20年后又一次获得奥运金牌。1981年国际奥委会会议，破天荒增选了两名女委员，她们是芬兰的皮·哈格曼和委内瑞拉的弗·丰塞卡，从而打破了国际奥委会自1894年成立后，80多年清一色男子担任委员的局面。

1908年和1920年夏季奥运会时，曾将花样滑冰、冰球列为比赛项目。1924年为庆祝第8个奥林匹亚德（周期），于法国夏蒙尼举行的国际体育周上进行了冰雪项目比赛。1925年，国际奥委会布拉格会议通过了定期举办冬季奥林匹克运动会的决定，并追认夏蒙尼的冰雪比赛为第1届冬季奥运会。冬季奥运会也是每4年一次，当时与夏季奥运会同年举行，原则上不在同一国进行。冬季奥运会的举办届数，按实际次数计算。1924—2010年，共举办了21届，第22届冬季奥运会将于2014年在俄罗斯索契举行。比赛项目有滑雪、滑冰、雪橇、雪车、冰壶和现代冬季两项。列入冬季奥运会的男子项目须至少在25个国家和两大洲广泛开展，女子项目须至少在20个国家和两大洲广泛开展。

## 2.1.3 我国同国际奥委会的关系

由于国际风云的变幻，我国同国际奥委会的关系，经历了一段漫长而又曲折的道路。

1896年，第1届奥运会召开前，国际奥委会曾通过法国驻华使馆向清政府发出邀请。但当时的清政府正处于内忧外患之中，无暇关心体育事业，所以没有应邀参加。

1922年，国际奥委会选举我国王正廷为国际奥委会委员。1924年，中国第一个全国性体育组织——中华全国体育协进会成立。同年派出3名网球运动员，在法国巴黎举行的第8届奥运会上做了表演赛（当时奥运会上无网球赛）。4年后，中国又派宋如海观光了在荷兰阿姆斯特丹举行的第9届奥运会。1931年，国际奥委会承认中华全国体育协进会。此后，中国正式参加了第10、11、14届奥运会，但均未取得任何成绩。在此期间，国际奥委会于1939年、1947年先后选出了孔祥熙、董守义为国际奥委会委员。

中华人民共和国成立后，于1949年10月26至27日，在北京市举行中华全国体育总会第一届代表大会。至此，中华全国体育协进会改组为中华全国体育总会（中国奥林匹克委员会），会址由南京迁到北京。1952年7月，第15届奥林匹克运动会在芬兰首都赫尔辛基举行。约占世界人口1/4的中国，早已是国际奥林匹克组织的成员，当然有权参加奥林匹克运动会。

中华全国体育总会作为中国唯一合法的全国性业余体育组织和中国奥林匹克委员会，按照国际奥委会章程和规定，当然有权参加这届奥运会。为此，1952年2月5日，中华全国体育总会致函国际奥委会，声明我国决定参加第15届奥林匹克运动会，并向国际奥委会发出严正声明：中华全国体育总会是代表中华人民共和国的唯一体育组织。然而，国际奥委会中的一些人，无视当时中国的政治现实和运动员的权利，不惜违背奥林匹克章程的规定，拒不邀请中华全国体育总会（中国奥委会）参加第15届奥运会。国际奥委会主席埃德斯特隆虽然承认中华全国体育总会"领导着95%的青年"，但又无理声称："由于中国的混乱，在困难解决之前，任何运动员不得参加比赛。"1952年7月，中华全国体育总会秘书长荣高棠致电国际奥委会主席埃德斯特隆，严正指出：中华全国体育总会对全国范围体育运动行使管辖权，是领导着全中国运动员的全国性的业余体育组织。只有它才能代表中国人民参加国际奥林匹克委员会及其所承认的各国际运动联合会。台湾当局"没有资格代表中国人民参加任何国际体育组织会议及体育活动，更不允许它盗用中华全国体育协进会及中国奥林匹克委员会的名义进行非法活动"。

我国的正义要求，赢得了世界舆论和国际奥委会中正义人士及芬兰朋友的广泛支持。迫于舆论压力，国际奥委会终于在第15届奥运会开幕前两天，作出了邀请中华人民共和国运动员参加这届奥运会的决议。但遗憾的是，它同时邀请台湾的体育组织派运动员参加这届奥运会，并对中华全国体育总会的席位问题予以保留。

尽管如此，阻挠新中国体育界参加奥运会的企图终于被粉碎了。

参加第15届奥运会的中国体育代表团在很短的时间内组成，荣高棠为团长，黄中、吴学谦为副团长，包括篮球、足球和游泳运动员共40人。行前，周恩来总理亲自会见体育代表团团长和副团长，关切地询问了准备工作的情况。他指出：在奥运会上升起五星红旗就是胜利！正式比赛赶不上，但可多进行友谊赛，要积极参加友好活动。

1952年7月29日，新中国参加奥运会的第一个体育代表团赶到了赫尔辛基。当天中午，在奥林匹克村举行升旗典礼，当五星红旗在雄壮的国歌声中冉冉升起时，它标志着饱经忧患的中国人民站起来了！奥运会组委会副主席托纳将军在典礼上致欢迎词。中国国旗与其他国家、地区的旗帜一起飘扬在奥运村，飘扬在代表团住地、大会运动场和赫尔辛基街道上空。在中国体育代表团到达赫尔辛基前，有人造谣说董守义教授"已经死于大陆的集中营里"。当中国体育代表团的总指导、中华全国体育总会的副主席董守义出现在赫尔辛基时，使中伤新中国的谣言不攻自破。游泳运动员吴传玉经长途跋涉，未得休息，就参加了100米仰泳预赛，成绩是1分12秒3，这是新中国运动员在奥运会中第一个记录。足球队和篮球队则因赛程过半，未能参加正式比赛，后来在赫尔辛基和其他城市同芬兰的球队进行了4场友谊比赛。

历史的车轮有时也会暂时倒转。1954年5月，在希腊雅典举行国际奥委会第49届委员会会议，讨论中国代表权的问题。经过激烈的斗争，以23票对21票决定承认中华全国体育总会为中国奥委会。国际奥委会秘书长梅耶致函中国奥委会说："我愉快地通知贵会，在本月初我会的雅典会议上，贵会已为国际奥委会所承认。"但是在国际奥委会中仍然有一股敌视新中国的逆流，其代表人物是国际奥委会主席美国人布伦戴奇。他未经任何讨论，竟把中国台湾的地方体育组织偷偷地列入了被国际奥委会所承认的各国奥委会名单之中。

1955年6月，中国奥委会副主席兼秘书长荣高棠参加了在法国巴黎举行的国际奥委会执委会与各国奥委会代表联席会议。荣高棠指出，把中国台湾地区的体育组织塞进国际奥委会是违背奥林匹克宪章精神的，是非法的，应当撤销对它的承认，并通知墨尔本第16届奥林匹克组织委员会撤销对他们的邀请。布伦戴奇竟用"体育与政治无关"为借口，拒绝中国体育界的正义要求。

中国运动员做好了参加墨尔本奥运会的准备，队伍已经离开北京，在广州整装待发。但是由于国际奥委会不顾中国奥委会的一再抗议，在第16届奥运会组织委员会的文件上，不断出现"北京中国"、"福摩萨中国"的字样，早期到达墨尔本的中国体育代表团副团长黄中向组织委员会提出抗议无效。于是，中国奥委会庄严声明，在国际奥委会和第16届奥运会组织委员会改正错误前，中国运动员不能参加这届奥运会。不久，中国奥委会正式宣布不参加第16届奥林匹克运动会，以示抗议。

布伦戴奇极力为他在国际体育组织中蓄意制造"两个中国"辩解。1958年1月28日，他在给国际奥委会中国委员董守义的一封信中竟说："台湾存在一个单独的政府"，"台湾，它过去最后属于日本的一部分，而不是属于中国的"，"台湾本地人既不是中国人，也不是日本人"等。这些奇谈怪论，当然不是缺乏历史知识和政治上的无知，而是为分裂中国的神圣领土制造借口。

董守义针对布伦戴奇的谬论，在给他的复信中严正指出："台湾自古以来就是中国的领土，这是任何人也改变不了的历史事实。诚然，在1895—1945年间，中国台湾地区确曾一度被日本帝国主义所强占，但在第二次世界大战以后，根据《开罗宣言》和《波茨坦公告》的规定，台湾地区重新归还了中国。中国台湾地区的800余万人口中，有90%以上是中国大陆迁移去的汉族人民，他们迁移到台湾地区，比你们的祖先迁移到美洲大陆不知要早多少世纪。此外，台湾还有约20余万高山族同胞，这就是住在台湾的少数民族，他们和中国的其他少数民族一样，都是中国民族大家庭中的成员。你根据台湾有一定数量的少数民族，就断言'台湾本地人不是中国人'，那么，我们岂不是更有理由根据美洲原来居住着印第安人这一事实，而断言现在住在美国的人不是美国人吗？"

在国际奥委会少数人妄图制造"两个中国"或"一中一台"政治局面的同时，一部分国际单项运动联合会也紧步国际奥委会后尘，故伎重演。1958年6月至8月，中国奥林匹克委员会和有关体育组织退出了这些联合会。与此同时，国际奥林匹克委员会中国委员董守义写信给国际奥林匹克委员会主席布伦戴奇，在谴责了国际奥委会中的少数人制造"两个中国"后，宣布拒绝与布伦戴奇合作。在国际奥委会及其国际体育组织改正他们的错误以前，中国体育组织宣布同它们中断一切关系。中国奥委会和董守义的声明，代表了中国人民、中国体育组织和中国运动员的坚定立场。

历史的车轮又恢复了它正常的运转。1971年10月，第26届联合国大会以压倒多数通过恢复中国在联合国的合法席位；1972年2月，中美联合公报在上海发表，揭开了中美关系史上新的一页；同年9月，中日两国恢复邦交……外交上获得的重大成就，国际关系的改善，为我国进一步开展对外体育活动创造了有利条件。国际体育界许多主持正义的人士，在联合国恢复我国合法席位后，纷纷提出应当恢复占世界人口1/4的中华人民共和国在国际体育组织中的合法席位。首先是亚洲体育界的朋友仗义执言，于1973年11月在德黑兰举行的亚运会联合理事会特别会议上，以压倒多数通过决定，确认我中华全国体育总会为亚运会联合会会员。亚运会联合会正确解决我国代表权后，在国际体育界中引起了连锁反应：1974年5月，国际击剑联合会代表大会接纳中国击剑协会为会员；同年5月、7月和8月，国际举重联合会、国际篮球联合会和国际摔跤协会等机构相继作出了恢复我国合法席位的决定。1978年国际影响较大的国际田径联合会解决了我国的会籍问题，接着国际体操联合会也恢复了我国合法席位，剩下的一个最大问题就是国际奥委会如何抉择了。

国际奥委会经过20多年的发展，也发生了很大的变化。担任主席的是爱尔兰人基拉宁勋爵，这是一位颇孚众望的国际知名人士。1937年抗日战争初期，他当记者时曾来我国进行战地采访。他和国际奥委会中的多数会员认为，应当解决中华人民共和国在国际奥委会中席位问题，应当恢复国际奥委会和中国奥委会之间中断了20多年的关系。解决这一问题的关键当然还是台湾问题。无论是按照国际公认的原则，还是按照奥林匹克宪章，在一个国际体育组织中只能有一个中国，而绝不能有"两个中国"，代表全中国人民的只能是中华人民共和国。这一原则立场的正确性和正义性，成为商谈的基础。国际奥委会主席基拉宁和副主席萨马兰奇等先后于1977年9月和1978年4月访问了中国，通过会谈加深了对中国立场的理解。

1979年1月1日，中国全国人民代表大会常务委员会发表了《告台湾同胞书》，号召全国人民，包括台湾当局在内努力实现中国的统一大业，殷切期望台湾早日回归祖国。这一重大决策，在国内外都产生了巨大影响。

我国体育组织也向国际奥委会等国际体育组织提出了合情合理的建议。1979年3月，中国奥委会代表宋中、何振梁等应邀参加了国际奥委会执委会议，在会上表示愿意同台湾体育界代表就台湾运动员参加奥运会比赛问题进行具体的商谈，提出"如果他们不愿前来北京，我们也可以前往台北或其他地方同他们进行商谈"。这个发言引起了国际奥委会执委们的极大兴趣。会上，基拉宁指出两个事实：其一是，1954年国际奥委会承认中华全国体育总会时的名称是"中国奥林匹克委员会"，这就是说，她是继承了过去的会籍；其二是，在国际奥委会档案中确实查不到任何国际奥委会会议承认台湾"奥委会"的记录。这说明，1954年把台湾塞进国际奥委会是非法的，是少数人背着国际奥委会私下干的，这使国际奥委会的执委们了解了一些真相。

1979年4月，国际奥委会在乌拉圭蒙得维的亚召开全体委员会议，中国奥委会代表何振梁就委员们提出的——为什么说国际奥委会中国代表权的情况是不正常的；为什么国际奥委会承认台湾是违反宪章的；香港有权参加国际奥委会而台湾为什么不能参加，以及要求中国奥委会的代表对台湾体育组织的管辖问题作出解释等问题，进行了有理有据的回答。同年

6月，国际奥委会在波多黎各举行执委会，再次讨论中国奥委会代表权问题，提出了初步建议。同年11月26日，国际奥委会在洛桑宣布，经过国际奥委会全体委员表决，以62票赞成，17票反对，两票弃权，通过了国际奥委会执委会此前于10月在名古屋作出的承认中国奥委会为全国性奥委会的决定。中国体育代表团参加大会时，使用中华人民共和国国歌和国旗。同时，为了照顾台湾的现实情况，仍将台北的奥委会作为中国的一个地方机构，以"中国台北奥委会"名称保留在国际奥委会内，但必须使用有别于迄今使用的歌曲、旗帜和会徽。至此，国际奥委会同我国的关系才得到了解决。

1980年，我国第一次派队出席了在美国普莱西德湖举行的第13届冬季奥运会。男女运动员共28人，参加了滑冰、滑雪和现代冬季两项等18个单项的比赛。

1981年10月，国际奥委会第84次会议，我国何振梁被选为国际奥委会委员，1989年又被选为国际奥委会副主席，是享此殊荣的第一个亚洲人。

1984年2月，我国参加了在南斯拉夫的萨拉热窝举行的第14届冬季奥运会。同年7月，我国派出了以李梦华为团长的由353人组成的庞大体育代表团，前往洛杉矶参加第23届夏季奥林匹克运动会。我国体育健儿，经过顽强拼搏，荣获15枚金牌、8枚银牌、9枚铜牌，实现了我国在奥运史上"0"的突破。金牌总数列美国、罗马尼亚、联邦德国之后，居第4位，举世为之瞩目。从此之后，第24届汉城奥运会、第25届巴塞罗那奥运会、第26届亚特兰大奥运会、27届悉尼奥运会我国都派出了强大的阵容参加，并且一届比一届的成绩要好。最可喜的是，2004年在希腊雅典举行的第28届奥运会，我国派出了407名运动员参加，取得了金牌总数第二的好成绩。2008年在北京举办的第29届奥运会，我国选手共获51枚金牌、21枚银牌、28枚铜牌，取得了金牌总数第一的好成绩。

## 2.2 亚洲运动会

### 2.2.1 亚洲运动会的发展过程

第二次世界大战前，在亚洲有两个综合性运动会：一个是"远东运动会"，另一个是"西亚运动会"。所以，亚洲运动会的前身是远东运动会和西亚运动会。远东运动会自1913年起至1934年，共举办了10次。起初每两年举行一次，1927年后改为每4年一次，与奥林匹克运动会交叉进行。参加远东运动会的国家主要有中国、菲律宾、日本、印度、越南，其组织名称为"远东体育协会"，原名"远东奥林匹克运动会"，成立于1912年。项目有田径、游泳、篮球、排球、足球、网球、棒球、自行车等。1934年第10届后，因日本坚持把它制造的傀儡政权"满洲国"拉入远东运动会，我国人民和体育工作者为抗议日本帝国主义对我国的侵略，退出了远东体育协会，协会无形解体，远东运动会也随之停办。西亚运动会曾于 1934 年在印度新德里举行了第 1 届，有印度、阿富汗、锡兰、巴基斯坦 4 国参加。第 2 届原定于 1938 年在巴基斯坦举行，后因时处第二次世界大战前夕，国际局势紧张而停办。

  第二次世界大战后，各国人民希望保持和平友谊、团结安定的社会环境。体育作为一种文化媒介，在国际交往中可以起到促进各国人民之间的理解和友谊、维护世界和平与稳定的作用。为此，人们开始寻找时机，想使这两个体育组织合二为一，使之成为代表全亚洲的运动会。发起者是印度的田径联合会主席桑迪。1947 年初，亚洲关系会议在印度首都新德里召开。国际奥委会印度委员桑迪提出组织一个亚洲运动会联合会的建议，得到与会代表们的普遍支持和赞同。1948 年 7 月 29 日，在伦敦举行的第 14 届奥林匹克运动会上，印度桑迪邀请中国、韩国、菲律宾、新加坡、缅甸、巴基斯坦、阿富汗、伊朗、伊拉克、黎巴嫩、锡兰（斯里兰卡）、叙利亚等 13 个国家代表举行了会议，讨论组织亚洲体育联合会的问题，并确定 1949 年 2 月在印度新德里举行第 1 届亚洲运动会。1949 年，印度再次邀请了一些亚洲国家体育组织的代表去新德里开会，除菲律宾、缅甸体育组织派了代表外，其他国家均由使馆代表出席。会上决定成立"亚洲运动会联合会"，当场签名入会的有阿富汗、缅甸、印度、巴基斯坦和菲律宾。在这期间，日本作为第二次世界大战的战败国，没能被伦敦奥运会接待，也没能从亚洲运动会联合会那里得到招呼；然而作为第一次亚运会的承办国印度，没想到要取消战前的体育强国日本，故也向日本发了邀请书，这遭到菲律宾的强烈反对；其他一些国家也因太平洋战争深受其害，绝不允许日本参加亚洲运动会。然而这时，由于占领过日本的联合国军总司令部的民间情报局的帮助，以及印度的热心，才从侧面说服了菲律宾，使日本于 1950 年 7 月成为亚洲运动会联合会的成员，被获准参加第 1 届亚运会。由于印度国内原因，第 1 届亚运会未能如期举行，一直推迟到 1951 年 3 月才在新德里举行。

  亚洲运动会联合会基本上是仿效国际奥林匹克委员会的模式建立起来的。国际奥林匹克委员会承认亚洲运动会联合会为正式的亚洲地区体育机构，但亚洲运动会联合会在组织上与国际奥林匹克委员会并无从属关系。

  亚洲运动会联合会的任务是：按期举办亚洲运动会和亚洲冬季运动会（首届亚洲冬季运动会于 1986 年 3 月在日本札幌举行）；发扬奥林匹克运动会的理想，鼓励和引导亚洲国家和地区的业余体育运动的发展。

  凡是亚洲国家和地区的奥林匹克委员会或全国体育组织，均可参加亚洲运动会联合会并成为会员。要求入会的国家和地区奥林匹克委员会或体育组织必须向主席提出申请，主席在进行审查后，提交执委会通过。

  亚洲运动会联合会，还吸收亚洲各单项体育联合会为会员。按章程，后者必须是国际单项体育联合会的会员。

  亚洲运动会联合会的组织机构是理事会（最高权力机构）和执委会（最高执行机构）。每一会员组织有权委派不超过 3 名代表参加联合会理事会。理事会每年开会一次。理事会每 4 年在亚洲运动会期间举行的会议上，应从代表中选出执委会。由主席 1 人、副主席 2 人、名誉秘书兼司库 1 人和其他委员组成，任期 4 年。主席和名誉秘书兼司库应是同一国籍，一般均为下届亚洲运动会的主办国。按照章程规定，若在任期中除负责人员以外的委员中发生缺额，理事会应在下届特别会议或例会上选出委员，在剩余的任期内填补空缺。

## 2.2.2 亚洲运动会联合会与我国的关系

1951年，在印度新德里举行第1届亚洲运动会时，曾邀请新中国体育组织参加亚洲运动会联合会和第1届亚洲运动会。我中华全国体育总会派代表团参加了首届亚洲运动会。

1954年，在菲律宾马尼拉举办第2届亚洲运动会时，亚洲运动会联合会中的少数敌视新中国的反华分子，紧步国际奥委会主席布伦戴奇未经过任何讨论就把中国台湾这个地方体育组织偷偷地列入国际奥运会所承认的各国奥委会名单之中的后尘，竟向台湾体育组织发出"邀请"，该体育组织趁机挤进了亚洲运动会联合会。从此，我国未同亚洲运动会发生任何联系。

1971年，国际体育界的许多正义人士，在联合国恢复我国合法席位以后，纷纷要求在国际体育组织中恢复中华人民共和国体育组织的合法席位。亚洲体育界的朋友，提出了中华人民共和国理所当然应是亚洲运动会联合会的会员，亚洲运动会没有近10亿人民的中华人民共和国参加，是名不副实的。

1973年9月18日，亚洲运动会联合会执委会在泰国曼谷举行会议。会议是由该联合会主席伊朗的古拉姆·礼萨·巴列维亲王主持的。伊朗代表在会上提出了关于亚洲运动会联合会中应由中华全国体育总会代表中国的提案。提案指出，"没有中华人民共和国的参加，亚洲运动会联合会不能充分代表亚洲"，提案"建议中华全国体育总会应在亚洲运动会联合会中代表中国"。会议在激烈辩论之后，进行了表决。表决结果以5票赞成（该联合会主席、秘书长，伊朗、日本、巴基斯坦的执委），1票弃权（以色列执委），通过了这条提案，确认我中华全国体育总会为该联合会会员，台湾的体育组织被驱逐出该联合会。

1973年11月15日～16日，亚洲运动会联合会理事会在伊朗首都德黑兰举行了特别会议。会议在16日以38票赞成（伊朗、日本、巴基斯坦、阿富汗、巴林、缅甸、印度、科威特、马来西亚、尼泊尔、斯里兰卡和新加坡等），13票反对（印度尼西亚等），5票弃权（韩国和以色列等），批准了这个联合会的执委会在1973年9月通过的关于确认我中华全国体育总会为该联合会会员，驱逐台湾体育组织的决议。

这次特别会议是在亚洲运动会联合会主席、伊朗的古拉姆·礼萨·巴列维亲王主持下进行的。他在发言中表示了伊朗对中国人民的支持。他指出，世界上只有一个中国，只有中华人民共和国的体育组织才能在亚洲运动会联合会代表中国。许多会员组织的代表也在会上发言指出，亚洲运动会联合会中的中国席位，应当属于中华人民共和国，会议经过激烈的辩论，最后以压倒多数批准了确认中华全国体育总会合法席位和驱逐台湾体育组织的决议。1954年以来，台湾体育组织在亚洲运动会联合会非法窃据中国席位的不合理现象终于被纠正过来。这是亚洲人民团结斗争的胜利，它又一次反映出世界各国人民要求同中国人民友好的愿望已成为不可阻挡的历史潮流。

1974年9月，第7届亚洲运动会在伊朗首都德黑兰举行。中华全国体育总会派代表团参加比赛，并声明欢迎台湾运动员到北京参加选拔赛，以使他们能够同全国其他省市运动员一道参加这届亚运会。但如同已往几次一样，这一呼吁没有得到响应。由385人组成的中国体育代表团首次参加了亚运会。自第7届亚运会起，台湾体育组织连续4届没有参加亚运会。亚洲有些单项体育联合会仿效国际奥委会的办法，先后接纳了台湾的体育组织。这样，在亚洲的不少单项比赛中，海峡两岸的中华体育健儿开始同场竞技。如1986年在第11届亚洲女子篮球锦标赛上，我国女篮荣获冠军，中国台北女篮获得第三名，海峡两岸女儿双获代表亚洲参加同年8月在莫斯科举行的世界女篮锦标赛的资格。海峡两岸儿女在体育竞技场上的角逐，标志着祖国要统一，人民要团结的这一不可改变的历史大趋势。

1982年亚洲运动会联合会改称为亚洲奥林匹克理事会。

1986年9月25日，在汉城（首尔）举行的亚洲奥林匹克理事会上，中国台北奥委会的代表表示，他的奥委会愿意按照国际奥委会关于中国台北奥委会的名称、旗、徽、歌的决议办，并向亚洲奥林匹克理事会递交了书面保证。因此，亚洲奥林匹克理事会主席艾哈迈德·萨巴赫（科威特）说，亚洲奥林匹克理事会完全是按照国际奥委会接纳中国台北奥委会为会员的原则接纳其为亚洲奥林匹克理事会会员的，同意台湾以"中国台北"的名称加入该组织。对此，中国奥委会表示欢迎。这为4年以后台北参加在北京举行的第11届亚运会提供了可能性。

### 2.2.3　历届亚洲运动会概况

亚洲运动会是由亚洲奥林匹克理事会主办的。

亚洲运动会每4年举行一次，与奥运会相间举行，每次不超过16天。从1951年第1届起，至1994年共举行了12届。亚运会的项目大都为奥运会项目，但不像奥运会有严格规定。比赛项目除一些广泛开展的如田径、游泳、篮球、排球、足球等必须列入外，东道主国可根据自身条件和运动技术水平适当增减。如第3届亚洲运动会在日本举办时，日本增加了自己水平较高的乒乓球、排球、网球等；第4届在印尼举办时，印尼增加了本国擅长的羽毛球；第9届亚运会的东道主印度则将击剑、地滚球取消，增加马术、高尔夫球、手球、赛艇4项；第10届亚运会的东道主——韩国，为了实现"超日赶中"，尝做"亚洲第一"的滋味，将它占优势的跆拳道、柔道、保龄球3个大项列入竞赛项目，并在原有的几个大项中增加了若干小项。同第9届亚运会相比，第10届共增加小项73个。

第1届亚运会于1951年在印度新德里举行，参加比赛的有11个国家和地区，比赛项目有6个。

第2届亚运会于1954年在菲律宾马尼拉举行，参加比赛的有18个国家和地区，比赛项目有8个。

这次的亚洲运动会离新德里的亚运会只有 3 年，与原定第 1 届大会的间隔时间少了 1 年。这是坚持了亚洲运动会联合会原定的"亚运会在奥林匹克运动会的中间一年召开，每 4 年举行一次大会"的原则，这条原则一直坚持到现在。参加比赛的国家和地区也比上届增加了 7 个，项目增加了两项。第 3 届亚运会于 1958 年在日本东京举行。这是战后日本最早承办的国际性大型运动会，同时也是争取 6 年后在东京承办第 18 届奥运会的条件。参加比赛的国家除上届 18 个国家和地区外，又增加了两个，即伊朗和尼泊尔，共有 20 个国家和地区，比赛项目有 13 项。

第 4 届亚运会于 1962 年在印度尼西亚首都雅加达举行。印度尼西亚的大会组委会拒绝发给亚洲运动会联合会成员中国台湾和以色列入境签证，于是引起国际奥委会的干涉，声明"不支持大会"。国际田联也警告："不承认大会的田径纪录。"国际举重联合会也强硬地阻止大会的举重比赛，并提出："若要某国硬要参加比赛，将取消其参加东京奥运会的资格。"国际游泳联合会也发出类似的警告。尽管如此，仍有 17 个国家和地区参加了比赛，比赛项目有 13 项。此外，还进行了射箭表演赛。

第 5 届亚运会于 1966 年在泰国首都曼谷举行，有 18 个国家和地区参加比赛，比赛项目共 14 项。

第 6 届亚运会原定在韩国举行，后因资金困难，于 1970 年改在泰国曼谷举行。

1974 年 9 月在伊朗德黑兰举行的第 7 届亚运会上，发生了巨大变化。首先是将中国台湾驱逐了出去，取而代之的是拥有十亿人口的中华人民共和国，中国再度出现在国际体坛。对此，国际舆论界称它"是第一次真正的亚洲运动会"，认为"亚运会到第 7 届成为名副其实的了"。

我国在参加第 7 届亚运会时，还不是国际业余田径联合会和国际业余游泳联合会的成员国。根据这两个联盟的规则："非成员国禁止参加比赛。"由于当时我国在外交上取得了重大进展，故这两个在国际上有重大影响的联合会，也在大会前修改并制定特别许可规则，使所谓的限制措施实际成了允许中国参加比赛的条文。

这次亚运会除中国外，新加入的国家还有朝鲜民主主义人民共和国、蒙古、老挝、科威特、伊拉克、巴林 6 个国家，参加比赛的国家和地区多达 25 个。我国派出 269 名运动员参加了比赛，获 33 枚金牌，居第 3 位。女运动员李亚敏在女子标准手枪 25 米 60 发比赛中，以 555 环的成绩打破世界纪录。

1978 年，第 8 届亚运会一开始决定的举办地是新加坡，后因资金困难不能承办，又改在了伊斯兰堡举行，而伊斯兰堡又因同样的理由不能承办，一时使举办地完全悬在空中。泰国为挽救亚运会的危机，以要求亚洲运动会联合会资助大会 250 万美元为条件，接受了第 3 次承办亚运会的任务。因此，曼谷是迄今举办亚运会次数最多的城市。

在第 8 届亚运会，我国运动员获得 51 枚金牌，居第 2 位。日本在亚运会上的霸主地位，第一次受到来自中国的冲击。

第 9 届亚运会于 1982 年在印度新德里举行。日本从这次大会起又增加了高尔夫球、赛艇、马术、手球等运动项目，在所有21项竞技项目中，全部报满了名额，组成了432人的代表团，这在日本参加亚运会历史上是空前的。我国派出了444人的体育代表团参加角逐，一举夺取61枚金牌。获得的金牌总数超过日本4枚，居各队之首。这个成绩结束了日本在亚运会上的称霸史。这是中国体育发展史上具有历史意义的一次重大突破和转折，实现了"冲出亚洲，走向世界"战略目标的第一步。

第10届亚运会于1986年在汉城举行。有27个国家和地区的运动员参加了25个项目的激烈角逐。其规模之大、项目之多、水平之高都是以往历届亚运会无法比拟的。我国派出了以袁伟民为团长的515人体育代表团（其中运动员385人）参加了25项中的20项比赛（未参加马术、曲棍球、保龄球、拳击和跆拳道，这5项共有40枚金牌）。我国运动员在先失去40枚金牌的不利条件下，荣获94枚金牌，保持了亚洲第一的领先地位，韩国凭借东道主天时、地利、人和的特殊条件，夺走金牌93枚，居第二。

第11届亚运动会于1990年在北京举行。参加国家之多、组织水平之高都是史无前例的，我国运动员获183枚金牌，取得金牌总数"三连冠"。

第12届亚运会于1994年10月在日本广岛举行，这是亚运会有史以来首次在举办国的首都之外的城市举行。以袁伟民团长率领的中国体育代表团由780人组成。在这届亚运会上，我国有11人38次创22项世界纪录，1人1次平1项世界纪录，有29人3队创54项亚洲纪录，还创造了一批亚运会纪录和亚运会最好成绩，实现了金牌总数和奖牌总数两个第一，获得比赛成绩、精神文明双丰收。

第13届亚运会于1998年12月12日在泰国曼谷举办。改革开放20年来，中国竞技体育取得了长足的进步，连续获得4届亚运会金牌总数第一的好成绩。本届亚运会，中国代表团共参加全部36个项目中的32项比赛，并提出"确保金牌总数第一，提高金牌含金量"的奋斗目标，显示了扎根亚洲并向世界体育强国挑战的雄心壮志。

第14届亚运会于2002年9月在韩国釜山举办。中国亚运代表团在本次亚运会上共夺得金牌150枚、银牌84枚、铜牌74枚，总计308枚，打破13项世界纪录，位列第一。韩国、日本分列第二、三名。

第15届亚洲运动会于2006年12月1日到15日在卡塔尔首都多哈举行。亚洲体坛格局依然没有太大的变化。中国以165枚金牌、88块银牌、63块铜牌，共316块奖牌连续第7次高居亚运会荣誉榜榜首的位置。本届亚运会中国为2008年奥运会练兵，很多选手第一次参赛就获得金牌。中国这次的金牌数比上届釜山亚运会多出了15枚，创下了历来第二好成绩，仅次于1990年北京亚运会的183枚金牌。

中国广州将于2010年举办第16届亚运会。

## 2.3　中华人民共和国全运会

"中华人民共和国第 X 届运动会",习称"第 X 届全国运动会",简称"全运会",是全国性综合运动会。新中国成立迄今,已举行了 9 届。为了评定竞赛成绩优劣,要计算团体总分或以获得金牌数多寡给参加竞赛单位排列名次。从第 3 届全运会起,冬季全运会项目一并列入全运会竞赛项目,和全运会同年举行,不单独排列名次。

1959 年,是中华人民共和国成立 10 周年,第 1 届全运会就是在这样举国欢庆的日子里召开的。为了开好这届全运会,党中央先后作了三次批示,要求除了开得好、开得精彩,创出优异的成绩外,还强调要把体育运动的提高和普及密切结合起来,严格遵守体育道德,注意团结,防止锦标主义。在党中央的亲切关怀下,第 1 届全国运动会于 1959 年 9 月 13 日至 10 月 3 日在北京举行,进行了 36 个项目的比赛,另外有赛车场自行车、击剑、自由式摔跤、古典式摔跤、国际象棋、水上摩托艇表演项目 6 项。开幕式上有八千多人表演大型团体操《全民同庆》,有 7 人 4 次打破 4 项世界纪录,664 人 844 次打破 106 项全国纪录。

在国民经济暂时困难时期,体育战线坚决贯彻党中央调整、巩固、充实、提高的方针,把工作重点放在训练上,集中力量猛攻尖端。1963 年后,随着国民经济状况的好转,体育运动的规模扩大,技术水平迅速提高。1965 年,第 2 届全国运动会在北京举行。开幕式上有 16 000 多人表演大型团体操《革命赞歌》。这届全运会期间,有 24 名选手 10 次打破 9 项世界纪录,331 名运动员 469 次打破 130 项全国纪录,这是继第 1 届全运会后在我国出现的第二个体育运动高潮。我国在不少项目上超过和接近世界水平。

从 1966 年 5 月开始,为期 10 年的"文化大革命"给中国人民带来了极大的灾难,社会主义体育事业也遭到严重摧残。林彪、江青反党集团 1968 年 5 月 12 日炮制的"命令",全盘否定党所领导的社会主义体育事业的巨大成就。但是,广大体育战线上的干部、群众并没有被这股反革命逆流所压倒,他们在极其艰难的处境中搏斗。1971 年,周恩来总理明确肯定"文化大革命"之前 17 年体育工作的成绩是主要的。周总理的公正评价,犹如强劲东风吹拂寒凝大地,被摧残的体育运动开始复苏。中断了 10 年的全运会重新恢复。1975 年 9 月,第 3 届全国运动会在北京举行。开幕式上,有 23 000 多人表演大型团体操《红旗颂》。江青一伙,欺世盗名,妄图将她在天津小靳庄搞的所谓"十件新事"私货塞进团体操中。邓小平等老一辈无产阶级革命家,针锋相对地对团体操背景提出了一系列修改意见,力主取消关于小靳庄的内容和缩小"八个样板戏"的画像,力主在反映学校生活的背景上要有教师的形象。这些主张代表了广大革命者的心声,犹如一股清新的春风沁人肺腑,鼓舞着人民的斗志。

1976 年 10 月粉碎江青反革命集团以后,我国进入了建设社会主义现代化强国的新的历史时期。体育战线为了迅速赶超世界先进水平,确定在普及与提高相结合的前提下,侧重抓提高，集中力量解决运动技术水平落后这个最突出的矛盾。经过两年的努力，运动技术水平有了明显的提高。1979年，在北京举行了第4届全国运动会。运动会上，有5人5次破5项世界纪录，3人3次平3项世界纪录，204人36队376次破102项全国纪录，为祖国赢得了荣誉。有16 000人参加大型团体操《新的长征》的表演。

第5届全国运动会，于1983年在上海举行。有2人3次破2项世界纪录，4人5次平3项世界纪录，66人39队145次破60项全国纪录。其中影响最大的是，男子跳高选手朱建华在预赛和决赛中两次刷新世界纪录。国外舆论指出："这证明中国近几年来在大多数体育项目中取得了迅速的进步。"这届全运会，是建国以来第一次在首都以外的城市举行，体现了竞赛改革的成果，对今后各省、自治区、直辖市轮流举办全运会是一个良好的开端。大会邀请了265名老体育工作者和前世界冠军、世界纪录创造者和来自港澳的著名老运动员参观、联欢、座谈，充分体现了体育界的大团结。314名群众体育先进集体和先进工作者受到表彰。全运会开幕之日，举行了10万人的"马路运动会"。原国家主席李先念在北京天安门广场亲手点燃了北京—上海"振兴中华火炬接力"的火炬。前国际奥委会主席萨马兰奇应邀参观了这届运动会，对运动会的成功赞不绝口。

第6届全运会于1987年11月在广州举行。这次运动会是我国体育史上规模空前的一次盛会，是党的十一届三中全会以来我国在改革开放的形势下体育成就的一次大检阅。本次全运会共打破和超过17项世界纪录，平3项世界纪录，刷48项亚洲纪录和亚洲最好成绩，改写85项全国纪录和亚洲最好成绩。这充分显示出了我国已经拥有一支庞大的实力较强的体育大军，有相当一批世界一流水平的优秀运动员。在打破的世界纪录中，最引人注目的是广东举重小将何灼强和何英强先后在52公斤级和56公斤级比赛中三破世界纪录，这是我国选手首次在一次比赛中取得这样的丰收，也是第一次刷新举重总成绩的世界纪录。我国游泳运动，多年来处于低潮，近年来突飞猛进，迅速迈入亚洲先进行列，亚洲泳坛日本人一统天下的格局已被打破，被中日选手抗衡的新时期所取代。黑龙江选手黄晓敏在本届全运会女子200米蛙泳的成绩，仅比世界纪录差0.38秒，列当年世界第二位。田径健儿们也有上乘表演。这反映出我国运动员不甘落后于他人、注重科学训练取得的优良成果，是我国体育迈步走向世界体育强国的序曲。

在开幕式上，由手持画本的7 196名中学生组成的背景和由11 000余人表演的大型团体操《凌云志》，表达了中华健儿腾飞的志气。参加这届全运会的单位除29个省、市和解放军代表团外，又增加了火车头、银鹰、前卫、石油、煤矿、水电、林业7个行业体协的代表团，它标志着我国体育事业正在向社会化方向发展的壮阔前景。本届全运会为了突出奥运会项目，明确奋斗目标，首次设了总分制。我国党和国家领导人出席了本届全运会的开幕式和闭幕式并作了重要讲话。前国际奥委会主席萨马兰奇先生应邀出席了这届全运会，他在观看后说："一流的组织，一流的设施，一流的人民。"萨马兰奇先生的高度评价，是对我国第6届全运会取得圆满成功的全面概括和总结。

第7届全运会于1993年9月在北京举行。此前，部分运动项目的比赛已在成都和秦皇岛先期结束比赛。为了实现我国的奥运战略，使全运会更好地为奥运会做准备，第 7 届全运会比原定 4 年一届的时间向后推迟了两年，奥运战略促使全运会周期的调整。第 7 届全运会充分展示了改革开放 15 年来我国体育战线所取得的辉煌成就。在这届全运会的全部比赛中，共有 4 人 4 次创 4 项世界纪录，18 人 4 队 43 次超 21 项世界纪录，4 人 4 次平 3 项世界纪录，54 人 1 队 93 次创 34 项亚洲纪录，61 人 3 队 143 次超 66 项亚洲纪录，130 人 14 队 273 次创 117 项全国纪录，这些优异成绩在中国体育史上留下了灿烂的篇章。在这届全运会上异军突起的"马家军"，在田径的中长跑项目中大放异彩，改写了女子 1 500 米、3 000 米、10 000 米三项世界纪录，极大地震动了世界体坛。

第 7 届全运会对团体总分的计算方法作了重大改革——各代表团在第 25 届奥运会、第 16 届冬季奥运会、第 4 届世界田径锦标赛获得金、银、铜牌和在七运会上创世界纪录的得分一并计入总分之中。

第 8 届全运会于 1997 年 10 月 12 日至 24 日在上海举办。这届全运会是 20 世纪末我国规模最大的一次全国性的综合性运动会，共有 179 人 659 次超 41 项世界纪录，其中 16 人 19 次超 7 项奥运会纪录。

第 9 届全运会于 2001 年 11 月 11 日在广东省广州市举办，江泽民、李岚清等党和国家领导人及国际奥委会主席罗格等奥委会官员出席了开幕式。这是 20 世纪的第一个规模盛大的全国性综合体育盛会，共设 30 个大项，345 个小项，共产生了 358 枚金牌。

第 10 届全运会于 2005 年 10 月在江苏省南京市举行。这届全运会共设 25 个比赛项目，无表演项目。本届全运会共产生了 240 枚金牌。

第 11 届全运会于 2009 年 10 月在山东省举办。该省 17 个城市均安排了竞赛项目。共设 24 个比赛项目，共产生了 381 枚金牌。

# 第 3 章 我国体育竞赛管理制度

**本章导读**

全国体育竞赛管理办法（试行）
全国体育运动单项竞赛制度
全国学生体育竞赛管理规定
体育运动纪录审批制度
全国性体育竞赛检查禁用药物暂行规定

## 3.1 全国体育竞赛管理办法（试行）

（国家体育总局令第 3 号　2000 年 3 月 16 日）

### 第一章　总　则

**第一条**　为加强体育竞赛的宏观管理，发展体育事业，提高体育运动水平，根据《中华人民共和国体育法》和国家有关法规，制定本办法。

**第二条**　本办法所指的体育竞赛，是指由国务院体育行政部门和县级以上地方各级人民政府体育行政部门批准的，在中华人民共和国境内举办的国际或国内各级、各类综合性运动会、单项体育竞赛和体育表演活动。

**第三条**　体育竞赛项目由国务院体育行政部门确定。开展新的体育竞赛项目，必须报经国务院体育行政部门批准立项，并审核确定该项目的竞赛规则、规程和竞赛计划，各级体育行政部门方能批准举办该项目各级体育竞赛。

**第四条**　国务院体育行政部门主管全国体育竞赛工作，县级以上地方各级人民政府体育行政部门主管本行政区域内的体育竞赛工作。

## 第二章 竞赛计划和审批登记

**第五条** 举办体育竞赛实行审批登记制度。国务院体育行政部门负责审批在中华人民共和国境内举办的全国性和国际性体育竞赛，县级以上地方各级人民政府体育部门负责审批地方性体育竞赛。解放军、各行业和各院校举办的内部体育竞赛，可以依据本办法制定相应的审批登记制度。

**第六条** 国务院体育行政部门和县级以上地方各级人民政府体育行政部门每年年底统一审批、制定第二年体育竞赛计划，由各级单项体育协会或经审批机关授权的单位管理和组织实施。

**第七条** 申请举办体育竞赛的组织和个人（以下简称为"申办人"），应当具备下列条件：

（一）能够独立承担民事责任；
（二）拥有与竞赛规模相当的组织机构和管理人员；
（三）已经制定具体的竞赛规程和比赛组织实施方案；
（四）拥有与竞赛规模相适应的经费；
（五）已经确定体育竞赛所需的场地、设施和器材。

**第八条** 申请举办体育竞赛的申办人应当向相应的体育行政部门提交下列材料：

（一）竞赛规程，包括竞赛项目、竞赛时间和地点、参加单位和参加办法、竞赛办法和竞赛规则及奖励办法等。
（二）举办单位法定代表人签署的申请书。
（三）有关业务主管部门审批的文件。

**第九条** 申请举办体育竞赛的申请书必须于举办该项体育竞赛前两个月提交相应的体育行政部门，并载明下列事项：

（一）名称，包括体育竞赛名称、主办单位名称和承办单位名称等；
（二）举办体育竞赛的宗旨；
（三）经费的来源和用途；
（四）该项目体育竞赛的筹备实施方案等；
（五）体育行政部门认为必须说明的其他事项。

**第十条** 跨行政区域举办的体育竞赛，申办人必须到比赛举办地体育行政部门进行审核、登记，并由举办地体育行政部门负责监督管理。

**第十一条** 体育竞赛的名称必须与竞赛的实际内容一致。非经国务院体育行政部门审批的体育竞赛，不得冠以"世界"、"国际"、"亚洲"、"中国式"、"全国"、"国家"、"中华"等字样。

**第十二条** 体育竞赛需要办理治安、工商、卫生、税务等其他审批手续的，申办人应当按照有关规定办理。

第十三条　经批准登记的体育竞赛，变更竞赛时间、地点、组织形式或撤销该体育竞赛，必须经有关业务主管部门审查同意后，向原审批体育行政部门申请变更或撤销。

第十四条　申请举办综合性运动会的申办人还应当遵守国务院体育行政部门有关综合性运动会的规定。

## 第三章　竞赛管理

第十五条　体育竞赛实行督察员制度，督察员由国务院体育行政部门派出，负责监督检查全国各项体育竞赛中的赛风、赛纪和裁判员执法中的有关情况。全国性单项体育竞赛的督察员也可以由全国单项体育协会派出，具体办法另行制定。

第十六条　各级体育行政部门对申请举办体育竞赛的申办人行使下列监督管理职能：
（一）监督申办人履行审批、登记手续；
（二）监督申办人遵守有关体育竞赛的法规；
（三）监督申办人依据审批登记中载明事项和条件的范围内进行活动。

第十七条　参加体育竞赛的教练员、运动员和裁判员必须遵守国家对体育竞赛的有关规定，遵守体育道德，严禁使用兴奋剂、弄虚作假、徇私舞弊，严禁利用体育竞赛进行赌博活动，违反者依据有关法规进行处罚直至追究法律责任。

第十八条　体育竞赛的申办人有下列情形之一的，负责审批该体育竞赛的体育行政部门可以根据情节轻重分别予以警告、暂停和取消该项体育竞赛的处罚：
（一）申请、登记中隐瞒真实情况，有弄虚作假行为的；
（二）从事与申请书中载明的目的和意义不一致活动的；
（三）组织的相关活动有害于运动员身心健康或有损于社会主义精神明文明建设的。

第十九条　未经国务院体育行政部门和县级以上地方各级人民政府体育行政部门审批、登记，擅自举办体育竞赛，不听劝阻的，体育行政部门可以停止举办该项体育竞赛并对举办者进行处罚。

## 第四章　附　　则

第二十条　各省、自治区、直辖区体育行政部门可以根据本办法制定相关办法或具体实施细则一并报国家体育部局备案。

第二十一条　本办法自颁布之日起施行。

## 3.2 全国体育运动单项竞赛制度

(1989年6月11日国家体育总局令第1号发布)

### 第一章 总 则

**第一条** 体育运动竞赛是提高运动技术水平，推动群众体育普及的重要手段。为使全国体育运动单项竞赛管理规范化、科学化，保证竞赛质量，特制定本制度。

**第二条** 全国体育运动单项竞赛制度，是制定优秀运动队及其后备队伍的各项目全国体育竞赛计划和规程，进行竞赛组织管理的准则。

### 第二章 竞赛项目和分类

**第三条** 组织全国单项竞赛的项目，应在突出奥运会重点项目的前提下，按照重点与一般项目，竞技体育与社会体育项目，靠机械、智能与体能项目，受条件限制和普及程度不同的项目区别对待的原则进行分类。

**第四条** 全国开展的项目分四类：

一类，为奥运会比赛项目中的重点项目，包括田径、游泳、跳水、体操、举重、射击、射箭、击剑、柔道、国际式摔跤、赛艇、足球、篮球、排球、乒乓球、羽毛球、速度滑冰、短跑道速度滑冰，共18项。

二类，为奥运会一般项目，包括花样游泳、水球、艺术体操、自行车、皮划艇、帆船、帆板、拳击、现代五项、马术、网球、手球、曲棍球、棒球、花样滑冰、冰球、冬季两项、高山滑雪、越野滑雪、跳台滑雪，共20项。

三类，为非奥运会比赛项目，包括技巧、武术、滑水、蹼泳、中国式摔跤、垒球、国际象棋、围棋、中国象棋、跳伞、航空模型、滑翔、航海模型、摩托艇、摩托车、无线电，共16项。

四类，为其他项目。

### 第三章 竞赛计划安排的原则

**第五条** 组织全国竞赛的目的是为了锻炼队伍，检验训练成果，促进出成绩、出人才。为此，竞赛计划必须同训练统一考虑，科学安排。

竞赛的形式和时间、地点的安排，应在确保竞赛质量和效益的前提下，适应项目不同特点、不同情况和各层次的竞赛需求。竞赛既要制度化，又要多样化、社会化。

## 第四章 竞赛次数和规模

**第六条** 一类项目每年安排两次全国最高水平的比赛,二、三类项目每年安排 1 至 2 次全国最高水平的比赛,四类项目提倡社会办多种形式的比赛。

**第七条** 一、二、三类项目原则上每年可安排 1 次青年比赛,一类项目每年还可安排 1 次少年集训比赛。

**第八条** 各项目可根据本项目的需要,组织各种形式的辅助竞赛。

**第九条** 全国竞赛要保证水平,尽量压缩人数,根据全国各承办单位的条件,每个赛区参加比赛运动员人数,一般应控制在 300 人或 400 人左右。

**第十条** 全运会年度,未列入全运会比赛的项目,当年单独安排全国竞赛;已列入全运会的比赛项目,当年主要安排优秀运动队的青少年竞赛。

**第十一条** 由省、自治区、直辖市体委,厂矿企业、新闻等单位组织的省(自治区、直辖市)优秀运动队跨省(自治区、直辖市)参加的赞助性比赛,须报经国家体委批准后实施。

## 第五章 竞赛形式和名称

**第十二条** 全国单项竞赛采取按水平分级比赛、分级管理的办法。

**第十三条** 正式竞赛:

(一)锦标赛。集体项目按规定的名次,单项按规定报名标准和名额组织的比赛。单项比赛计团体总分。

(二)冠军赛。按规定的报名标准组织的单项比赛。只计单项名次,不计团体总分。

(三)联赛(球类项目)。按名次分等级,实行升降级防比赛。

(四)经国家体委批准以其他名称组织的单项最高水平的比赛。

**第十四条** 辅助竞赛:

(一)达标赛、分区赛。为参加上一级比赛而组织的选极性质的比赛。

(二)邀请赛。根据运动队伍的训练和技术发展需要,由承办单位邀请一些单位参加的多边比赛。

(三)调赛。为了检验训练质量,提高技战术水平,一、二类项目由国家抽调部分单位、部分人员参加的或组织部分重点小项的比赛。

(四)协作区赛。以大区或形成传统的若干省、自治区、直辖市为参加的单位,共同协商确定并轮流承办的比赛。

(五)杯赛。由厂矿企业等赞助经费,用厂名或产品名称等冠名的各种比赛。

(六)通讯赛。按全国统一的竞赛规程,由各省、自治区、直辖市分别组织的比赛。

(七)集训赛。采取边训练、边比赛的办法,练战结合,检查训练效果的比赛。

(八)其他辅助竞赛的名称不限。

## 第六章 竞赛时间

**第十五条** 每年4月至11月上旬为全国夏季运动项目竞赛期，全国性竞赛原则上应安排在竞赛期内。各项目根据其特点和国际竞赛安排确定夏训时间，其间，原则上不安排全国竞赛。

**第十六条** 冬季运动项目根据其不同特点安排竞赛期。

**第十七条** 业余体校学生的竞赛以不误课为原则，尽量安排在假期后进行。

**第十八条** 为保证竞赛质量，如一个省（自治区、直辖市）承办数项全国竞赛，各项竞赛之间应至少间隔7天。

**第十九条** 各项目竞赛时间安排，应与国际竞赛时间错开。如遇冲突，国内竞赛应服从重大国际比赛（指洲以上国际正式竞赛）计划。一般国际竞赛应服从国内正式竞赛计划。

## 第七章 竞赛地点

**第二十条** 全国竞赛地点实行计划安排与招标相结合的办法。

**第二十一条** 在确保竞赛质量和效益的前提下，根据省、自治区、直辖市承办竞赛的要求，确定举办竞赛的地点。

**第二十二条** 竞赛地点应安排在交通便利，并具备承办条件的地区。

**第二十三条** 该项目重点布局地区，应优先安排。

**第二十四条** 体操、击剑、自行车、冰雪等受场地、器材限制，要求条件高的项目，竞赛地点可相对固定，由有条件的城市轮流承办。

## 第八章 竞赛规程制定的原则

**第二十五条** 竞赛规程是组织和参加竞赛的依据。不同年龄组的竞赛办法、奖励办法、参加办法应根据运动员训练的特点有所区别。

**第二十六条** 国内竞赛要切实起到国内练兵，出成绩、出人才的作用。全国高水平的竞赛应注重适应世界性竞赛的要求和国际规则的变化，并根据世界技战术发展趋势，针对该项目存在的薄弱环节，在竞赛规程中有所提倡或限制。要增强竞争性，以促进训练水平的提高。青少年竞赛要注意打好基础。

## 第九章 竞赛参加单位和参加办法

**第二十七条** 全国夏季项目的竞赛以省、自治区、直辖市、计划单列市、解放军、全国一级行业体育协会为基本参加单位；冬季项目的竞赛以地、市、州（盟）、解放军、全国一级行业体协为基本参加单位。

**第二十八条** 为切实做到按水平分级比赛、分级管理，保证全国竞赛质量，开展较普及的项目，优秀运动员须先参加国家体委组织或认可的达标赛、形成制度的协作区赛等比赛的选拔。达到规定标准（或规定名额）的，方能参加全国最高水平的比赛。

参加单位少，无条件进行选拔的项目，根据条件，由国家体委确定该单位参加哪一级的比赛。

**第二十九条** 体育学院参加全国竞赛的办法，按国家体委有关规定执行。

**第三十条** 属于体委与厂矿企业等单位合办的优秀运动队可以厂矿企业等单位名义参加。

**第三十一条** 厂矿企业、大专院校自办的运动队，应立足于参加本行业、系统的竞赛活动。凡要求参加全国竞赛的，须通过该行业或系统竞赛，选拔出最高水平的运动员，由全国一级行业体协（或部委）向国家体委申请，经同意后，代表该行业参加。

**第三十二条** 参赛运动员人数应符合各项目竞赛规程规定。随队工作人员一般按运动员人数4∶1的比例参加。

## 第十章 运动员

**第三十三条** 进行人才交流的运动员代表资格按国家体委关于运动员参加全国竞赛的资格审查规定执行。

**第三十四条** 运动员年龄

（一）为有利于队伍的衔接，避免浪费人才，优秀运动队青少年竞赛应参照国际该项目年龄规定，科学地设置年龄组，保持相对稳定。

（二）球类集体项目优秀运动队的青少年竞赛，第一年符合年龄规定的，可规定一定人数比例。允许二、三年仍有资格参加比赛。

（三）有年龄规定的各项目青少年竞赛，运动员参加全国竞赛前后所报年龄不同，均以较大年龄为准。

## 第十一章 裁判员

**第三十五条** 参加全国正式竞赛工作的裁判员必须具有一级以上裁判员技术等级。裁判长、副裁判长及少数骨干裁判员由国家体委按照就近的原则选派；一般裁判员应尽量由承办单位选派，避免调动过大。

辅助竞赛的裁判长由国家体委选派，其余运动员由国家体委与承办单位协商决定。

**第三十六条** 仲裁委员会的组成办法和职责范围按国家体委制定的《仲裁委员会条例》执行。

## 第十二章 竞赛奖励

**第三十七条** 名次奖

（一）奥运会竞赛项目单项录取前8名，集体项目（含团体）与非奥运会竞赛项目录取前6名（含奥运会项目中的非奥运会小项）。不足10个队或运动员参加的，9至6人（队）

录取3名，5至3人（队）录取1名，2人（队）以下不录取。

（二）凡录取名次的运动员（队），均给予奖励。辅助竞赛不作统一规定。

第三十八条　体育道德风尚奖

按国家体委规定的评选办法和要求执行。

第三十九条　创纪录奖

按各项目创纪录的审批程序，凡经批准的，由国家体委按创世界纪录、亚洲纪录、全国纪录给予不同的奖励。

第四十条　技术奖

各项目为解决技术、战术方面的需要，制定特殊技术奖励，颁发技术奖。

## 第十三章　赛区的组织管理

第四十一条　承办全国体育竞赛的单位，应严格执行《全国体育竞赛赛区工作条例》，保证必备的条件，做好各项组织工作。

第四十二条　运动员、裁判员违反全国体育竞赛纪律的，按国家体委有关规定处理。

第四十三条　认真执行全国体育竞赛检查禁用药物的有关规定。

第四十四条　为了表彰和鼓励在承办全国体育竞赛中做出贡献的单位，应按国家体委有关规定，每年组织全国体育竞赛最佳赛区和优秀赛区的评选。

## 第十四章　竞 赛 经 费

第四十五条　全国正式竞赛主要由国家拨款。具体办法按有关文件规定执行。

第四十六条　辅助竞赛。原则上国家不负担经费。应该形成制度而全部自筹经费又有困难的竞赛，国家可给予少量补助。

第四十七条　凡不属于基本参加单位范围的、或要求增加名额的，经申请批准，按照竞赛所需的费用自缴经费参加。缴费办法按竞赛规程规定或由承办单位提出。

第四十八条　属于厂矿企业单位赞助经费组织的竞赛，其赞助经费的管理办法按国家体委和国家工商管理局的有关规定执行。

## 第十五章　附　　则

第四十九条　本制度由国家体委负责解释。

第五十条　本制度自发布之日起施行。

## 3.3　全国学生体育竞赛管理规定

(1997年11月28日国家体育总局发布)

### 第一章　总　则

**第一条**　为加强对全国学生体育竞赛的领导和管理，提高学生体育竞赛的水平和效益，使竞赛工作逐步制度化、规范化，特制定本规定。

**第二条**　全国学生体育竞赛是指全国范围的综合性或单项体育竞赛。全国学生体育竞赛由国家教委和有关部门、中国大学生体育协会或中国中学生体育协会及由中国大学生体育协会授权的单项分会主办。

**第三条**　举办全国学生体育竞赛要以育人为宗旨，突出教育特色，讲求综合效益，体现"团结、奋进、文明、育人"的精神。通过竞赛活跃文化生活，提高青少年学生的健康水平，发现和培养优秀体育人才，检验和提高学校课余训练水平，推动学校体育工作的发展。

**第四条**　全国大学生、中学生运动会由国家教委、国家体委、共青团中央联合主办，中国大学生体育协会或中国中学生体育协会协办。全国大学生运动会每四年举办一次；全国中学生运动会每三年举办一次，如遇特殊情况可提前或顺延举行。

**第五条**　中国大学生体育协会及由中国大学生体育协会授权的各单项分会，每年可主办一至二次全国性大学生单项体育竞赛。

**第六条**　中国中学生体育协会可根据情况每年举办二至三个项目的单项比赛。

**第七条**　在举办全国大学生运动会、全国中学生运动会的当年，凡已列入运动会比赛的项目，不再安排该项目的单项比赛。

### 第二章　竞赛项目和竞赛的申办

**第八条**　全国大、中学生运动会所设项目应按基础性强、普及面广、具有一定传统的原则选择确定，每届运动会所设项目不宜过多。

根据现阶段实际情况，全国大学生综合运动会可设置6～8个项目，其中必设项目有：田径、游泳、篮球、足球、乒乓球。另外，可选设1～2项易于普及的群众体育项目，如武术、健美操、羽毛球、网球等。

全国中学生综合运动会一般可设5～7个项目，其中必设项目有：田径、游泳、篮球、排球、足球。另外，可选设1～2项易于普及的群众体育项目，如乒乓球、武术等。

**第九条**　凡承办全国大、中学生综合性运动会的单位和地区，应当提出运动会设项方案，报主办单位审定后正式列入该项比赛的竞赛规程。

**第十条**　具备以下条件的省、自治区、直辖市均可申请承办全国大学生运动会或全国中学生运动会：

1. 承办地是经济、文化、教育水平较为发达的大、中型城市；
2. 运动会承办城市及学校，必须有较好的体育场馆及设施，符合比赛项目的技术要求和其他条件；
3. 除国家财政拨款外，必须有足够的经济实力，以保证运动会顺利运行；
4. 承办单位必须遵循主办单位制定的各项规定，保证完成运动会筹备、召开、总结等各阶段的工作。

第十一条　申请承办全国大学生运动会、全国中学生运动会，应当在上一届运动会举办前，向主办单位递交申请承办报告，并需附下列文件：

1. 当地人民政府批复意见书；
2. 承办工作实施意向书；
3. 经费预算及经费保证。

第十二条　中国大学生体育协会授权的各单项分会主办年度单项比赛，应当上报年度竞赛计划，并向中国大学生体育协会提供以下材料：

1. 承办单位名称；
2. 比赛名称；
3. 比赛日期、地点；
4. 参赛队数；
5. 竞赛规程；
6. 经费条件。

第十三条　凡有条件承办全国大学生单项体育竞赛的大专院校，在征得当地教育行政部门同意后，均可向大学生体育协会的单项分会提出书面申请。经大学生体育协会单项分会审核后，在比赛前一年的11月底以前，以书面形式上报中国大学生体育协会审批，经批准后方可举行。

申请承办全国中学生单项比赛，应经中国中学生体育协会批准。

## 第三章　竞赛组织

第十四条　承办单位应在主办单位的指导下，成立筹备委员会或筹备工作领导小组，全面负责各项筹备工作，并制定竞赛规程，报主办单位审定。

第十五条　竞赛规程应包括下列内容：竞赛名称、承办单位、协办单位、参赛单位、竞赛日期和地点、运动队及运动员的参赛条件、竞赛办法、录取名次、奖励办法、资格审查、体育道德风尚奖评比、裁判员、经费条件等。

第十六条　承办单位应在比赛开始前向主办单位报送组织委员会成立方案，经主办单位批准，正式成立组织委员会。

组委会全面负责比赛期间的领导及善后工作，处理重大或紧急事项，保证比赛公正、有序地顺利进行。在全部比赛结束后一个月内,向主办单位递交书面总结。

**第十七条** 竞赛筹备委员会、组织委员会下设各机构工作职责如下。

1. 办公室:根据比赛安排,排定活动日程表,拟订、印刷有关文件和材料,协调各部门的工作,协助有关机构组织各种会议,组织实施体育道德风尚奖运动队、运动员、裁判员的评选工作。

2. 竞赛机构:执行竞赛规程,确保比赛符合各该项目的竞赛规则并按竞赛规程的规定进行。负责比赛轮次和日程的编排;接受参赛队报名,按照竞赛规则的要求,保证比赛场地、器材、设施的正常使用;安排赛前的训练,组织安排裁判员学习和实习,以及赛前的技术会议;编辑竞赛秩序册,定时发送竞赛公报。

3. 接待机构:负责参赛队、裁判员及参加赛会工作人员的迎送、食宿、市内交通等生活安排;负责返程交通票的订购。

4. 纪律与资格审查机构:依照竞赛规程有关规定,负责审查参赛运动队、运动员的资格;听取受理意见和材料,并作出处理决定;负责处理赛会和比赛期间的一切违纪事件。

5. 财务机构:根据竞赛规模制定经费预算及开支原则;提出经费筹集方案,负责经费筹集和资金管理;合理支付各种费用;在比赛结束后一个月内,向主办单位提交结算报告。

6. 宣传机构:以多种形式进行宣传和报道,扩大影响;负责与新闻单位的联系,组织必要的新闻发布会;编印宣传手册;配合集资部门做好广告设置。

7. 安全机构:负责赛会期间的食宿、交通、赛场安全保卫工作,负责维持赛场观众秩序。

组织委员会机构除下设以上机构外,要加设体育道德风尚评选等与竞赛活动有关的其他机构。

**第十八条** 全国大学生运动会、全国中学生运动会可设主席团。

## 第四章 竞 赛 管 理

**第十九条** 参加全国学生体育竞赛的运动员必须是取得学籍的在校大学生、中学生,并符合参赛项目竞赛规程中有关"运动员条件"的各项规定。

如有违反上述规定者,除取消运动员参赛资格或比赛成绩外,主办单位有权进一步追究派出单位或直接有关人员的责任,视其情节给予相应处理。

**第二十条** 对学生运动员应建立统一的档案登记,并实行统一的计算机储存管理。凡培养体育后备人才的试点校每年对招收的运动员要进行统计,并向中国大学生体育协会、中国招收的学生不得参加当年举办的各种竞赛活动。

**第二十一条** 比赛报名办法必须按所参加比赛的竞赛规程中有关报名规定进行。

**第二十二条** 全国学生体育竞赛原则上不收取报名费,如确需收取报名费的,必须报请比赛主办单位批准。

**第二十三条** 参赛队应按竞赛规程所规定的人数和日期报到,同时交验学生身份证或其他具有法律效力的证明文件。

**第二十四条** 比赛场地、器材、设施要符合竞赛规则的要求和标准，保证比赛顺利进行。大型比赛应有必要的摄录像设备。比赛一般应安排在学校的场地或体育馆进行。

**第二十五条** 运动队应安排在条件较好的学校食宿。宿舍、餐厅及周围环境应清洁、卫生，能提供保证运动员赛后的热淋浴条件。必须有食品卫生检验制度，保证运动员营养的需要，杜绝食物中毒现象的发生。裁判员、运动员应分离住宿和就餐。

**第二十六条** 赛会期间任何人员不允许将家属、亲友及无关人员带往赛会。情节严重者，将取消其参赛或工作资格。

**第二十七条** 运动队成员、裁判员、大会工作人员都必须遵守大会制定的制度和纪律规定，遵守国家法律、法规的规定。

**第二十八条** 承办单位应确保比赛驻地、赛场的安全。参加比赛的各队必须按要求办理全队人员比赛期间阶段性人身保险，否则不得参加比赛。

**第二十九条** 比赛场、馆内一律禁止吸烟。

## 第五章 裁判员的选派和管理

**第三十条** 在比赛中担任副裁判长以上的裁判员由主办单位选聘。其他裁判员按竞赛规程中有关规定选聘。

**第三十一条** 全国大学生运动会、全国中学生运动会所有裁判员均由主办单位选聘。

**第三十二条** 凡由主办单位选派的裁判员差旅费由赛区负担。裁判员在比赛期间所有的食宿费、裁判员酬金均由赛区负担。

**第三十三条** 由中国大学生体育协会各单项分会主办的大学生单项体育比赛，裁判员的选聘方案及主要裁判人员名单，要在比赛前一个月报中国大学生体育协会审批备案。

**第三十四条** 裁判员在执行裁判工作时要认真执行裁判员守则，不得以任何形式介入裁判工作以外的事情。对违反此规定者将视其情节给予警告、停止工作等相应处理。

**第三十五条** 如无特殊安排，裁判员到赛区参加工作，应自备裁判服装和裁判工作用品，裁判员临场工作时必须佩带级别标志。

**第三十六条** 每次竞赛活动结束后24小时内，裁判长负责组织全体裁判员进行总结，并写出书面材料连同填好的裁判员工作报告表送交主办单位。

## 第六章 资格审查、竞赛纪律及申诉

**第三十七条** 为端正赛风，对比赛中出现的运动队、裁判员、工作人员弄虚作假、徇私舞弊及其他违纪行为，比赛组委会的纪律与资格审查机构，应及时调查核实，并依据竞赛规程、竞赛规则、资格审查办法的规定，分别情况作出警告、停赛、通报或取消运动队、运动员、裁判员及工作人员资格的处理决定。比赛组委会的纪律与资格审查机构的处理决定为最终决定。

第三十八条　参赛各队均有举报和申诉权。举报和申诉时要注重证据，要出具经团（队）领导核准签字后的书面材料及一定数额的举报、申诉费，否则不予受理。

第三十九条　对参赛运动员服用违禁药物的检测和处理，应当严格按照国家体委的有关规定执行。

### 第七章　竞赛财务管理及经费支配

第四十条　举办学生体育竞赛应贯彻勤俭办赛的方针。比赛预算要符合比赛基本需要，并有可靠的资金或财源保证。

第四十一条　凡与比赛有关的一切经费来源要独立设账，由专人管理，并健全财务收支制度和监督、审计制度。要做到专款专用，严格执行财务管理的有关规定。

第四十二条　比赛主办单位有权决定对其所主办的比赛进行财务监督、检查和审计。

第四十三条　以赞助单位产品名称、标志命名的比赛，必须征得主办单位的同意，否则不得冠名。

第四十四条　凡承办大、中学生运动会的单位、地区及承办规模较大的全国大、中学生体育单项比赛的单位，以运动会或比赛的名义所征集的赞助款、广告、销售体育彩票的费用等行政拨款以外的收入，应按总收入5%的比例上缴大、中学生体育协会。

### 第八章　附　　则

第四十五条　本《规定》自发布之日起施行。

## 3.4　关于我国运动员创造的世界纪录、亚洲纪录和全国纪录管理办法

（1989年5月30日国家体委发布）

第一条　为了使我国运动员每年创造的各类纪录的管理更科学、更严格，具有权威性，特制定本办法。

第二条　各运动项目必须严格按照国际、亚洲各单项组织关于批准世界纪录、亚洲纪录规定的条件以及我国《体育运动全国纪录审批制度》规定的条件执行。每年由国家体委汇编统计并确认的世界、亚洲、全国纪录的含义是：

（一）凡刷新世界纪录，并被该项国际组织正式批准承认为新世界纪录的，称"创世界纪录"；

（二）凡被该项国际组织批准承认为首次新建立的世界纪录的，称"新建世界纪录"；

（三）凡没有正式世界纪录的项目所创造的世界最好成绩，并被该项国际组织承认的，

称"创世界最好成绩";

（四）凡成绩平国际组织正式批准的世界纪录，并被该项国际组织承认的，称"平世界纪录";

（五）凡成绩超过原世界纪录，但不被或尚未被该项国际组织批准或承认的，称"超世界纪录";

（六）凡刷新亚洲纪录，并被该项亚洲组织正式批准承认的，称"创亚洲纪录";

（七）凡成绩超过原亚洲纪录，但不被或尚未被该项亚洲组织批准的，称"超亚洲纪录";

（八）凡刷新全国纪录，并被国家体委正式批准承认的，称"创全国纪录"。

**第三条** 各种纪录人数、队数、次数、项数的统计方法是："人数"与"队数"分别统计。接力队或团体项目统计在"队数"内，不再统计人数；同一人几次创同一项目的纪录，只统计"次数"，"人数"、"项数"不再重复相加；同一人创一个以上不同项目的纪录，"项数"、"次数"分别予以统计，人数不再重复相加。

**第四条** 每年公布的纪录是：

（一）创世界纪录、新建世界纪录、创世界最好成绩、平世界纪录、创亚洲纪录、创全国纪录的情况。创世界纪录中注明奥运会比赛项目有几项。

（二）奥运会比赛项目超世界纪录的情况，并注明哪几项是待有关国际组织批准为新的世界纪录的。

（三）新闻报道可综合报道非奥运会比赛项目超世界纪录的情况。

**第五条** 每月由国家体委综合司汇编该月最新全国纪录，年底汇编各项目全国纪录综合本，印发给各有关单位和主要新闻单位。

每半年和年底由国家体委综合司通过新华社、中国体育报向全国公布我国运动员半年、全年创各类纪录和获得世界冠军的统计数字；年底公布我国创世界纪录、获世界冠军的项目和运动员名单。

## 3.5 反兴奋剂条例

### 第一章 总 则

**第一条** 为了防止在体育运动中使用兴奋剂，保护体育运动参加者的身心健康，维护体育竞赛的公平竞争，根据《中华人民共和国体育法》和其他有关法律，制定本条例。

**第二条** 本条例所称兴奋剂，是指兴奋剂目录所列的禁用物质等。兴奋剂目录由国务院体育主管部门会同国务院食品药品监督管理部门、国务院卫生主管部门、国务院商务主管部门和海关总署制定、调整并公布。

第三条　国家提倡健康、文明的体育运动，加强反兴奋剂的宣传、教育和监督管理，坚持严格禁止、严格检查、严肃处理的反兴奋剂工作方针，禁止使用兴奋剂。任何单位和个人不得向体育运动参加者提供或者变相提供兴奋剂。

第四条　国务院体育主管部门负责并组织全国的反兴奋剂工作。县级以上人民政府食品药品监督管理、卫生、教育等有关部门，在各自职责范围内依照本条例和有关法律、行政法规的规定负责反兴奋剂工作。

第五条　县级以上人民政府体育主管部门，应当加强反兴奋剂宣传、教育工作，提高体育运动参加者和公众的反兴奋剂意识。广播电台、电视台、报刊媒体以及互联网信息服务提供者应当开展反兴奋剂的宣传。

第六条　任何单位和个人发现违反本条例规定行为的，有权向体育主管部门和其他有关部门举报。

## 第二章　兴奋剂管理

第七条　国家对兴奋剂目录所列禁用物质实行严格管理，任何单位和个人不得非法生产、销售、进出口。

第八条　生产兴奋剂目录所列蛋白同化制剂、肽类激素（以下简称蛋白同化制剂、肽类激素），应当依照《中华人民共和国药品管理法》（以下简称药品管理法）的规定取得《药品生产许可证》、药品批准文号。生产企业应当记录蛋白同化制剂、肽类激素的生产、销售和库存情况，并保存记录至超过蛋白同化制剂、肽类激素有效期2年。

第九条　依照药品管理法的规定取得《药品经营许可证》的药品批发企业，具备下列条件，并经省、自治区、直辖市人民政府食品药品监督管理部门批准，方可经营蛋白同化制剂、肽类激素：

（一）有专门的管理人员。

（二）有专储仓库或者专储药柜。

（三）有专门的验收、检查、保管、销售和出入库登记制度。

（四）法律、行政法规规定的其他条件。蛋白同化制剂、肽类激素的验收、检查、保管、销售和出入库登记记录应当保存至超过蛋白同化制剂、肽类激素有效期2年。

第十条　除胰岛素外，药品零售企业不得经营蛋白同化制剂或者其他肽类激素。

第十一条　进口蛋白同化制剂、肽类激素，除依照药品管理法及其实施条例的规定取得国务院食品药品监督管理部门发给的进口药品注册证书外，还应当取得进口准许证。申请进口蛋白同化制剂、肽类激素，应当说明其用途。国务院食品药品监督管理部门应当自收到申请之日起15个工作日内作出决定；对用途合法的，应当予以批准，发给进口准许证。海关凭进口准许证放行。

第十二条　申请出口蛋白同化制剂、肽类激素，应当说明供应对象并提交进口国政府主管部门的相关证明文件等资料。省、自治区、直辖市人民政府食品药品监督管理部门应当自收到申请之日起 15 个工作日内作出决定；提交进口国政府主管部门的相关证明文件等资料的，应当予以批准，发给出口准许证。海关凭出口准许证放行。

**第十三条** 境内企业接受境外企业委托生产蛋白同化制剂、肽类激素，应当签订书面委托生产合同，并将委托生产合同报省、自治区、直辖市人民政府食品药品监督管理部门备案。委托生产合同应当载明委托企业的国籍、委托生产的蛋白同化制剂或者肽类激素的品种、数量、生产日期等内容。境内企业接受境外企业委托生产的蛋白同化制剂、肽类激素不得在境内销售。

**第十四条** 蛋白同化制剂、肽类激素的生产企业只能向医疗机构、符合本条例第九条规定的药品批发企业和其他同类生产企业供应蛋白同化制剂、肽类激素。蛋白同化制剂、肽类激素的批发企业只能向医疗机构、蛋白同化制剂、肽类激素的生产企业和其他同类批发企业供应蛋白同化制剂、肽类激素。蛋白同化制剂、肽类激素的进口单位只能向蛋白同化制剂、肽类激素的生产企业、医疗机构和符合本条例第九条规定的药品批发企业供应蛋白同化制剂、肽类激素。肽类激素中的胰岛素除依照本条第一款、第二款、第三款的规定供应外，还可以向药品零售企业供应。

**第十五条** 医疗机构只能凭依法享有处方权的执业医师开具的处方向患者提供蛋白同化制剂、肽类激素。处方应当保存 2 年。

**第十六条** 兴奋剂目录所列禁用物质属于麻醉药品、精神药品、医疗用毒性药品和易制毒化学品的，其生产、销售、进口、运输和使用，依照药品管理法和有关行政法规的规定实行特殊管理。蛋白同化制剂、肽类激素和前款规定以外的兴奋剂目录所列其他禁用物质，实行处方药管理。

**第十七条** 药品、食品中含有兴奋剂目录所列禁用物质的，生产企业应当在包装标识或者产品说明书上用中文注明"运动员慎用"字样。

## 第三章 反兴奋剂义务

**第十八条** 实施运动员注册管理的体育社会团体（以下简称体育社会团体）应当加强对在本体育社会团体注册的运动员和教练、领队、队医等运动员辅助人员的监督管理和反兴奋剂的教育、培训。运动员管理单位应当加强对其所属的运动员和运动员辅助人员的监督管理和反兴奋剂的教育、培训。

**第十九条** 体育社会团体、运动员管理单位和其他单位，不得向运动员提供兴奋剂，不得组织、强迫、欺骗运动员在体育运动中使用兴奋剂。

科研单位不得为使用兴奋剂或者逃避兴奋剂检查提供技术支持。

**第二十条** 运动员管理单位应当为其所属运动员约定医疗机构，指导运动员因医疗目的合理使用药物；应当记录并按照兴奋剂检查规则的规定向相关体育社会团体提供其所属运动员的医疗信息和药物使用情况。

**第二十一条** 体育社会团体、运动员管理单位，应当按照兴奋剂检查规则的规定提供运动员名单和每名运动员的教练、所从事的运动项目以及运动成绩等相关信息，并为兴奋剂检查提供便利。

**第二十二条** 全国性体育社会团体应当对在本体育社会团体注册的成员的下列行为规定处理措施和处理程序：

（一）运动员使用兴奋剂的；

（二）运动员辅助人员、运动员管理单位向运动员提供兴奋剂的；

（三）运动员、运动员辅助人员、运动员管理单位拒绝、阻挠兴奋剂检查的。

前款所指的处理程序还应当规定当事人的抗辩权和申诉权。全国性体育社会团体应当将处理措施和处理程序报国务院体育主管部门备案。

**第二十三条** 运动员辅助人员应当教育、提示运动员不得使用兴奋剂，并向运动员提供有关反兴奋剂规则的咨询。运动员辅助人员不得向运动员提供兴奋剂，不得组织、强迫、欺骗、教唆、协助运动员在体育运动中使用兴奋剂，不得阻挠兴奋剂检查，不得实施影响采样结果的行为。运动员发现运动员辅助人员违反前款规定的，有权检举、控告。

**第二十四条** 运动员不得在体育运动中使用兴奋剂。

**第二十五条** 在体育社会团体注册的运动员、运动员辅助人员凭依法享有处方权的执业医师开具的处方，方可持有含有兴奋剂目录所列禁用物质的药品。

在体育社会团体注册的运动员接受医疗诊断时，应当按照兴奋剂检查规则的规定向医师说明其运动员身份。医师对其使用药品时，应当首先选择不含兴奋剂目录所列禁用物质的药品；确需使用含有这类禁用物质的药品的，应当告知其药品性质和使用后果。

**第二十六条** 在全国性体育社会团体注册的运动员，因医疗目的确需使用含有兴奋剂目录所列禁用物质的药品的，应当按照兴奋剂检查规则的规定申请核准后方可使用。

**第二十七条** 运动员应当接受兴奋剂检查，不得实施影响采样结果的行为。

**第二十八条** 在全国性体育社会团体注册的运动员离开运动员驻地的，应当按照兴奋剂检查规则的规定报告。

**第二十九条** 实施中等及中等以上教育的学校和其他教育机构应当加强反兴奋剂教育，提高学生的反兴奋剂意识，并采取措施防止在学校体育活动中使用兴奋剂；发现学生使用兴奋剂，应当予以制止。体育专业教育应当包括反兴奋剂的教学内容。

**第三十条** 体育健身活动经营单位及其专业指导人员，不得向体育健身活动参加者提供含有禁用物质的药品、食品。

## 第四章 兴奋剂检查与检测

**第三十一条** 国务院体育主管部门应当制定兴奋剂检查规则和兴奋剂检查计划并组织实施。

**第三十二条** 国务院体育主管部门应当根据兴奋剂检查计划，决定对全国性体育竞赛的参赛运动员实施赛内兴奋剂检查；并可以决定对省级体育竞赛的参赛运动员实施赛内兴奋检查。其他体育竞赛需要进行赛内兴奋剂检查的，由竞赛组织者决定。

**第三十三条** 国务院体育主管部门应当根据兴奋剂检查计划，决定对在全国性体育社会团体注册的运动员实施赛外兴奋剂检查。

**第三十四条** 兴奋剂检查工作人员（以下简称检查人员）应当按照兴奋剂检查规则实施兴奋剂检查。

**第三十五条** 实施兴奋剂检查，应当有2名以上检查人员参加。检查人员履行兴奋剂检查职责时，应当出示兴奋剂检查证件；向运动员采集受检样本时，还应当出示按照兴奋剂检查规则签发的一次性兴奋剂检查授权书。检查人员履行兴奋剂检查职责时，有权进入体育训练场所、体育竞赛场所和运动员驻地。有关单位和人员应当对检查人员履行兴奋剂检查职责予以配合，不得拒绝、阻挠。

**第三十六条** 受检样本由国务院体育主管部门确定的符合兴奋剂检测条件的检测机构检测。

兴奋剂检测机构及其工作人员，应当按照兴奋剂检查规则规定的范围和标准对受检样本进行检测。

## 第五章 法 律 责 任

**第三十七条** 体育主管部门和其他行政机关及其工作人员不履行职责，或者包庇、纵容非法使用、提供兴奋剂，或者有其他违反本条例行为的，对负有责任的主管人员和其他直接责任人员，依法给予行政处分；构成犯罪的，依法追究刑事责任。

**第三十八条** 违反本条例规定，有下列行为之一的，由县级以上食品药品监督管理部门按照国务院食品药品监督管理部门规定的职责分工，没收非法生产、经营的蛋白同化制剂、肽类激素和违法所得，并处违法生产、经营药品货值金额2倍以上5倍以下的罚款；情节严重的，由发证机关吊销《药品生产许可证》、《药品经营许可证》；构成犯罪的，依法追究刑事责任：

（一）生产企业擅自生产蛋白同化制剂、肽类激素，或者未按照本条例规定渠道供应蛋白同化制剂、肽类激素的；

（二）药品批发企业擅自经营蛋白同化制剂、肽类激素，或者未按照本条例规定渠道供应蛋白同化制剂、肽类激素的；

（三）药品零售企业擅自经营蛋白同化制剂、肽类激素的。

**第三十九条** 体育社会团体、运动员管理单位向运动员提供兴奋剂或者组织、强迫、欺骗运动员在体育运动中使用兴奋剂的，由国务院体育主管部门或者省、自治区、直辖市人民政府体育主管部门收缴非法持有的兴奋剂；负有责任的主管人员和其他直接责任人员4年内不得从事体育管理工作和运动员辅助工作；情节严重的，终身不得从事体育管理工作和运动员辅助工作；造成运动员人身损害的，依法承担民事赔偿责任；构成犯罪的，依法追究刑事责任。

体育社会团体、运动员管理单位未履行本条例规定的其他义务的,由国务院体育主管部门或者省、自治区、直辖市人民政府体育主管部门责令改正;造成严重后果的,负有责任的主管人员和其他直接责任人员2年内不得从事体育管理工作和运动员辅助工作。

**第四十条** 运动员辅助人员组织、强迫、欺骗、教唆运动员在体育运动中使用兴奋剂的,由国务院体育主管部门或者省、自治区、直辖市人民政府体育主管部门收缴非法持有的兴奋剂;4年内不得从事运动员辅助工作和体育管理工作;情节严重的,终身不得从事运动员辅助工作和体育管理工作;造成运动员人身损害的,依法承担民事赔偿责任;构成犯罪的,依法追究刑事责任。运动员辅助人员向运动员提供兴奋剂,或者协助运动员在体育运动中使用兴奋剂,或者实施影响采样结果行为的,由国务院体育主管部门或者省、自治区、直辖市人民政府体育主管部门收缴非法持有的兴奋剂;2年内不得从事运动员辅助工作和体育管理工作;情节严重的,终身不得从事运动员辅助工作和体育管理工作;造成运动员人身损害的,依法承担民事赔偿责任;构成犯罪的,依法追究刑事责任。

**第四十一条** 运动员辅助人员非法持有兴奋剂的,由国务院体育主管部门或者省、自治区、直辖市人民政府体育主管部门收缴非法持有的兴奋剂;情节严重的,2年内不得从事运动员辅助工作。

**第四十二条** 体育社会团体、运动员管理单位违反本条例规定,负有责任的主管人员和其他直接责任人员属于国家工作人员的,还应当依法给予撤职、开除的行政处分。

运动员辅助人员违反本条例规定,属于国家工作人员的,还应当依法给予撤职、开除的行政处分。

**第四十三条** 按照本条例第三十九条、第四十条、第四十一条规定作出的处理决定应当公开,公众有权查阅。

**第四十四条** 医师未按照本条例的规定使用药品,或者未履行告知义务的,由县级以上人民政府卫生主管部门给予警告;造成严重后果的,责令暂停6个月以上1年以下执业活动。

**第四十五条** 体育健身活动经营单位向体育健身活动参加者提供含有禁用物质的药品、食品的,由食品药品监督管理部门、卫生主管部门依照药品管理法、《中华人民共和国食品卫生法》和有关行政法规的规定予以处罚。

**第四十六条** 运动员违反本条例规定的,由有关体育社会团体、运动员管理单位、竞赛组织者作出取消参赛资格、取消比赛成绩或者禁赛的处理。

运动员因受到前款规定的处理不服的,可以向体育仲裁机构申请仲裁。

## 第六章 附 则

**第四十七条** 本条例自2004年3月1日起施行。

## 3.6 学校体育工作条例

### 第一章 总　则

**第一条** 为保证学校体育工作的正常开展，促进学生身心的健康成长，制定本条例。

**第二条** 学校体育工作是指普通中小学校、农业中学、职业中学、中等专业学校、普通高等学校的体育课教学、课外体育活动、课余体育训练和体育竞赛。

**第三条** 学校体育工作的基本任务是：增进学生身心健康，增强学生体质；使学生掌握体育基本知识，培养学生体育运动能力和习惯；提高学生运动技术水平，为国家培养体育后备人才；对学生进行品德教育，增强组织纪律性，培养学生的勇敢、顽强、进取精神。

**第四条** 学校体育工作应当坚持普及与提高相结合、体育锻炼与安全卫生相结合的原则，积极开展多种形式的强身健体活动，重视继承和发扬民族传统体育，注意吸取国外学校体育的有益经验，积极开展体育科学研究工作。

**第五条** 学校体育工作应当面向全体学生，积极推行国家体育锻炼标准。

**第六条** 学校体育工作在教育行政部门领导下，由学校组织实施，并接受体育行政部门的指导。

### 第二章 体育课教学

**第七条** 学校应当根据教育行政部门的规定，组织实施体育课教学活动。

普通中小学校、农业中学、职业中学、中等专业学校各年级和普通高等学校的一、二年级必须开设体育课。普通高等学校对三年级以上学生开设体育选修课。

**第八条** 体育课教学应当遵循学生身心发展的规律，教学内容应当符合教学大纲的要求，符合学生年龄、性别特点和所在地区地理、气候条件。

体育课的教学形式应当灵活多样，不断改进教学方法，改善教学条件，提高教学质量。

**第九条** 体育课是学生毕业、升学考试科目。学生因病、残免修体育课或者免除体育课考试的，必须持医院证明，经学校体育教研室（组）审核同意，并报学校教务部门备案，记入学生健康档案。

### 第三章 课外体育活动

**第十条** 开展课外体育活动应当从实际情况出发，因地制宜，生动活泼。

普通中小学校、农业中学、职业中学每天应当安排课间操，每周安排三次以上课外体育活动，保证学生每天有一小时体育活动的时间（含体育课）。

中等专业学校、普通高等学校除安排有体育课、劳动课的当天外，每天应当组织学生开展各种课外体育活动。

第十一条　学校应当在学生中认真推行国家体育锻炼标准的达标活动和等级运动员制度。

学校可根据条件有计划地组织学生远足、野营和举办夏（冬）令营等多种形式的体育活动。

## 第四章　课余体育训练与竞赛

第十二条　学校应当在体育课教学和课外体育活动的基础上，开展多种形式的课余体育训练，提高学生的运动技术水平。有条件的普通中小学校、农业中学、职业中学、中等专业学校经省级教育行政部门批准，普通高等学校经国家教育委员会批准，可以开展培养优秀体育后备人才的训练。

第十三条　学校对参加课余体育训练的学生，应当安排好文化课学习，加强思想品德教育，并注意改善他们的营养。普通高等学校对运动水平较高、具有培养前途的学生，报国家教育委员会批准，可适当延长学习年限。

第十四条　学校体育竞赛贯彻小型多样、单项分散、基层为主、勤俭节约的原则。学校每学年至少举行一次以田径项目为主的全校性运动会。

普通小学校际体育竞赛在学校所在地的区、县范围内举行，普通中学校际体育竞赛在学校所在地的自治州、市范围内举行。但经省、自治区、直辖市教育行政部门批准，也可以在本省、自治区、直辖市范围内举行。

第十五条　全国中学生运动会每三年举行一次，全国大学生运动会每四年举行一次。特殊情况下，经国家教育委员会批准可提前或者延期举行。

国家教育委员会根据需要，可以安排学生参加国际学生体育竞赛。

第十六条　学校体育竞赛应当执行国家有关的体育竞赛制度和规定，树立良好的赛风。

## 第五章　体　育　教　师

第十七条　体育教师应当热爱学校体育工作，具有良好的思想品德、文化素养，掌握体育教育的理论和教学方法。

第十八条　学校应当在各级教育行政部门核定的教师总编制数内，按照教学计划中体育课授课时数所占的比例和开展课余体育活动的需要配备体育教师。除普通小学外，学校应当根据学校女生数量配备一定比例的女体育教师。承担培养优秀体育后备人才训练任务的学校，体育教师的配备应当相应增加。

第十九条　各级教育行政部门和学校应当有计划地安排体育教师进修培训。对体育教师的职务聘任、工资待遇应当与其他任课教师同等对待。按照国家有关规定，有关部门应当妥善解决体育教师的工作服装和粮食定量。

体育教师组织课间操（早操）、课外体育活动和课余训练、体育竞赛应当计算工作量。

学校对妊娠、产后的女体育教师，应当按照《女职工劳动保护规定》给予相应的照顾。

## 第六章 场地、器材、设备和经费

**第二十条** 学校的上级主管部门和学校应当按照国家或者地方制定的各类学校体育场地、器材、设备标准，有计划地逐步配齐。学校体育器材应当纳入教学仪器供应计划。新建、改建学校必须按照有关场地、器材的规定进行规划、设计和建设。

在学校比较密集的城镇地区，逐步建立中小学体育活动中心，并纳入城市建设规划。社会的体育场（馆）和体育设施应当安排一定时间免费向学生开放。

**第二十一条** 学校应当制定体育场地、器材、设备的管理维修制度，并由专人负责管理。

任何单位或者个人不得侵占、破坏学校体育场地或者破坏体育器材、设备。

**第二十二条** 各级教育行政部门和学校应当根据学校体育工作的实际需要，把学校体育经费纳入核定的年度教育经费预算内，予以妥善安排。

地方各级人民政府在安排年度学校教育经费时，应当安排一定数额的体育经费，以保证学校体育工作的开展。国家和地方各级体育行政部门在经费上应当尽可能对学校体育工作给予支持。

国家鼓励各种社会力量以及个人自愿捐资支援学校体育工作。

## 第七章 组织机构和管理

**第二十三条** 各级教育行政部门应当健全学校体育管理机构，加强对学校体育工作的指导和检查。

学校体育工作应当作为考核学校工作的一项基本内容。普通中小学校的体育工作应当列入督导计划。

**第二十四条** 学校应当由一位副校（院）长主管体育工作，在制订计划、总结工作、评选先进时，应当把体育工作列为重要内容。

**第二十五条** 普通高等学校、中等专业学校和规模较大的普通中学，可以建立相应的体育管理部门，配备专职干部和管理人员。

班主任、辅导员应当把学校体育工作作为一项工作内容，教育和督促学生积极参加体育活动。学校的卫生部门应当与体育管理部门互相配合，搞好体育卫生工作。总务部门应当搞好学校体育工作的后勤保障。

学校应当充分发挥共青团、少先队、学生会以及大、中学生体育协会等组织在学校体育工作中的作用。

## 第八章 奖励与处罚

**第二十六条** 对在学校体育工作中成绩显著的单位和个人，各级教育、体育行政部门或者学校应当给予表彰、奖励。

第二十七条　对违反本条例，有下列行为之一的单位或者个人，由当地教育行政部门令其限期改正，并视情节轻重对直接责任人员给予批评教育或者行政处分：

（一）不按规定开设或者随意停止体育课的；

（二）未保证学生每天一小时体育活动时间（含体育课）的；

（三）在体育竞赛中违反纪律、弄虚作假的；

（四）不按国家规定解决体育教师工作服装、粮食定量的。

第二十八条　对违反本条例，侵占、破坏学校体育场地、器材、设备的单位或者个人，由当地人民政府或者教育行政部门令其限期清退和修复场地、赔偿或者修复器材、设备。

## 第九章　附　　则

第二十九条　高等体育院校和普通高等学校的体育专业的体育工作不适用本条例。

技工学校、工读学校、特殊教育学校、成人学校的学校体育工作参照本条例执行。

第三十条　国家教育委员会、国家体育运动委员会可根据本条例制定实施办法。

第三十一条　本条例自发布之日起施行。原教育部、国家体育运动委员会1979年10月5日发布的《高等学校体育工作暂行规定（试行草案）》和《中、小学体育工作暂行规定（试行草案）》同时废止。

# 第 4 章 我国运动竞赛中的技术等级制度

**本章导读**

运动员技术等级制度
裁判员技术等级制度
教练员技术等级制度

运动员、裁判员和教练员三位一体的相互依存关系,形成了我国运动竞赛的主体结构。它们在运动竞赛中发挥着各自的独特作用,共同推动着我国竞技运动的向前发展和提高。

## 4.1 运动员技术等级制度

### 4.1.1 我国运动员技术等级制度的起源和发展

国家为了鼓励运动员勤学苦练,迅速提高运动技术水平,采取了许多积极有效的措施。运动员技术等级制度的施行,就是重要措施之一。运动员技术等级制度,就是根据运动员技术水平的不同而授予不同等级称号的制度。

1956 年 4 月 28 日,国家体委公布了《中华人民共和国运动员、裁判员等级制度条例(草案)》;1958 年 6 月 21 日,国家体委发布《中华人民共和国运动员等级制度条例(修订草案)》;1963 年 10 月,国家体委公布了新的运动员等级制度;1978 年恢复试行并公布新修订的试行草案;1981 年 11 月 16 日,公布了《运动员技术等级制度》。根据运动员等级制度条例(草案)产生的各个运动项目,评定等级运动员的《运动员等级标准》也连续公布。

《运动员等级标准》施行得最早。1956年10月18日,在第16届奥运会选拔赛的闭幕式上,周恩来总理向我国第一批达到运动健将称号的49名优秀运动员颁发了证章。我国各个运动项目的《等级运动员标准》历年来进行了多次修订,等级分级和标准都有所变动。我国最初公布的运动员等级制度,规定运动员技术等级分为运动健将、一级、二级、三级、少年级运动员5个级别。随着我国运动技术水平的提高和全面走向世界体育舞台,原有的级别已不适应体育形势发展的需要,自1985年1月1日起,又增设了国际级运动健将级别。例如《田径运动员技术等级标准》,现在有国际级运动健将、运动健将、一级、二级、三级、少年级6个级别。运动员的等级标准,随着运动技术的提高,等级标准也相应地作了不同程度的修改。例如《田径运动员技术等级标准》自1956年公布后,于1958年、1963年、1978年、1981年、1984年、1986年、1994年先后修订了7次。之后国家体育总局于2005年10月1日颁布了《运动员技术等级标准》,又于2010年3月1日进行了修订。现如今运动员技术等级标准的运动项目有速度滑冰、短道速滑、花样滑冰、冰球、冰壶、越野滑雪、高山滑雪、跳台滑雪、自由式滑雪、冬季两项、射击、射箭、自行车、击剑、现代五项、铁人三项、马术、帆船(含OP级别)、帆板、赛艇、皮划艇(激流回旋)、蹼泳、滑水、摩托艇、举重、摔跤、中国式摔跤、柔道、拳击、跆拳道、田径、游泳、跳水、水球、花样游泳、体操、艺术体操、健美操、蹦床、技巧、手球、曲棍球、棒球、垒球、足球、篮球、排球、沙滩排球、乒乓球、羽毛球、网球、软式网球、跳伞、滑翔、航空模型、车辆模型、航海模型、无线电测向、围棋、象棋、国际象棋、武术、登山、攀岩、摩托车、健美、速度轮滑、军事五项。全国体育院校适用《运动员技术等级标准》特别规定。

## 4.1.2 运动员技术等级管理办法

第一章 总 则

**第一条** 为鼓励运动员刻苦训练,提高运动技术水平,规范运动员技术等级管理工作,根据《中华人民共和国体育法》及有关法律法规,制定本办法。

**第二条** 国家体育总局(简称"总局")制定颁布各项《运动员技术等级标准》(简称"等级标准"),授予运动员技术等级称号(简称"等级称号")。

**第三条** 等级称号由高到低分为:国际级运动健将、运动健将、一级运动员、二级运动员、三级运动员。

**第四条** 等级称号的申请、审核、审批、授予,应当遵循公开、公正、效率原则,依照规定的权限、范围、条件、程序、期限进行。

第二章 审 批 权

**第五条** 等级称号审批权实行授权、分级管理。

第六条 总局审批国际级运动健将和运动健将。

第七条 总局授予各省、自治区、直辖市、新疆生产建设兵团体育局,总参军训和兵种部体育训练局、总政宣传部文化体育局一级、二级、三级运动员审批权。

第八条 各省、自治区、直辖市体育局根据本地区实际情况,可以将二级运动员审批权授予地(市)级体育行政部门,可以将三级运动员审批权授予县(区)级体育行政部门。

第九条 各省、自治区、直辖市体育局及其授权的地(市)级体育行政部门和县(区)级体育行政部门只限于授予本行政区域管辖范围内的运动员相应等级称号。

新疆生产建设兵团体育局、总参军训和兵种部体育训练局、总政宣传部文化体育局只限于授予本系统内一级、二级、三级运动员等级称号。

第十条 根据实际情况,总局可以授权其他单位在一定范围内审批一级、二级、三级运动员。

## 第三章 申请条件 期限 程序

第十一条 运动员在等级标准规定的比赛中取得符合要求的成绩,可以申请等级称号。

第十二条 运动员在取得成绩六个月内申请等级称号,超过期限的不予受理。

联赛和积分赛成绩以最后一场比赛结束时间为准,排名赛以公布时间为准,其他比赛以取得成绩时间为准。

第十三条 申请集体球类或团体项目等级称号的,运动员所属单位应当进行一次性集体申请。

第十四条 申请材料包括《技术等级称号申请表》和成绩证明。

成绩证明为比赛成绩册、秩序册或获奖证书及身份证等有关材料。

第十五条 运动员将申请材料递交所属单位加盖公章,由运动员所属单位提交审核、审批单位申请等级称号。

第十六条 国际级运动健将和运动健将申请程序:

申请国际级运动健将和运动健将(军事五项除外),运动员所属单位将申请材料一式两份报一级运动员审批单位审核,审核合格加盖公章后报总局有关运动项目管理中心;总局有关运动项目管理中心审核合格加盖公章后,连同《国际级运动健将/运动健将审核表》报总局审批。

申请军事五项国际级运动健将和运动健将,由运动员所属单位将申请材料报总参军训和兵种部体育训练局审核,审核合格加盖公章后直接报总局审批。

第十七条 各省、自治区、直辖市一级、二级、三级运动员申请参照以下程序执行:

(一)申请一级运动员,由运动员所属单位将申请材料报省级业务主管部门或地(市)级体育行政部门审核;审核合格后报省、自治区、直辖市体育局审批;

(二)申请二级运动员,由运动员所属单位将申请材料报地市级业务主管部门或县(区)级体育行政部门审核;审核合格后报地(市)级以上体育行政部门审批;

（三）申请三级运动员，由申请人所属单位将申请材料报县（区）级以上体育行政部门审批。

第十八条　总局授权的其他审批单位一级、二级、三级运动员申请程序可根据实际情况自行制定。

## 第四章　审核　审批　授予

第十九条　审核单位应当在收到申请材料后一个月内完成审核工作。

提交的申请材料不齐全、不符合规定的，审核单位应当一次性告知其应当补足的全部材料；不符合条件的申请，审核单位应当说明理由，并将申请材料退还运动员所属单位。

第二十条　审批单位应当在收到审核合格的申请材料后三个月内完成审批工作。对不符合条件的申请，应当说明理由。

第二十一条　对符合条件的申请，审批单位将拟授予等级称号的运动员姓名、性别、运动项目、单位、等级称号等信息进行公示，公示期为七个工作日。公示程序如下：

（一）拟授予国际级运动健将和运动健将的，在总局官方网站公示；

（二）拟授予一级、二级运动员的，在审批单位辖区或系统内（含运动员所属单位）公示。

公示期满无异议的，正式授予等级称号。

第二十二条　已授予国际级运动健将、运动健将、一级运动员等级称号名单，在总局官方网站公布。

已授予等级称号的二级运动员名单，在省、自治区、直辖市体育局官方网站和新疆生产建设兵团体育局、总参军训和兵种部体育训练局、总政宣传部文化体育局系统内公布。

总局授权的其他审批单位已授予等级称号的二级运动员名单在本单位公布。

第二十三条　审批单位应当留存一份其授予等级称号运动员的《技术等级称号申请表》等有关资料，存档备案。

## 第五章　证　书

第二十四条　被授予等级称号的运动员获得相应等级称号证书。

第二十五条　等级称号证书由总局统一设计、印制，免费提供。任何单位和个人不得收取任何费用。

第二十六条　国际级运动健将证书和运动健将证书由总局发放。

一级、二级、三级运动员证书由总局授权及各省、自治区、直辖市体育局授权的审批单位发放。

第二十七条　等级称号证书应当清楚写明被授予等级称号运动员的姓名、性别、身份证号码、运动项目、比赛成绩、比赛名称、时间和地点及证书编号等有关信息，盖审批单位印章后生效。

第二十八条　申请补办等级称号证书的，由运动员原申请单位提供书面申请和相关证明材料，经审批单位批准后，方可补办。

## 第六章　监督检查　处罚

第二十九条　总局不定期对等级称号审批单位进行监督检查。

第三十条　任何单位和个人发现违反本办法相关规定从事运动员技术等级有关活动的，有权向审批单位举报，审批单位应当及时核实、处理。

第三十一条　有下列情形之一的，审批单位的上级机关应撤销已授予的等级称号：

（一）超越权限授予等级称号的；

（二）违反规定程序授予等级称号的；

（三）对不符合条件的运动员授予等级称号的；

（四）应当撤销等级称号的其他情形。

对违反（一）至（四）项的审批单位，上级机关暂停该单位一至三年审批权。审批权暂停期间，由上级机关代为行使。暂停期满后，根据整改情况，上级机关作出恢复审批权或延长暂停审批权期限的决定。

第三十二条　提供虚假材料获得等级称号的，由审批单位撤销已授予的等级称号。提供虚假材料的运动员三年内不得申请等级称号，对参与造假的裁判员和竞赛管理人员依据有关规定进行处罚。

第三十三条　审批单位及其工作人员违反本办法规定，有下列情形之一的，由其上级机关责令改正；情节严重的，对直接负责的主管人员和其他直接责任人员依法给予行政处分：

（一）对符合条件的申请不予受理的；

（二）提交的申请材料不齐全、不符合规定，不一次性告知运动员必须补足全部内容的；

（三）未说明不受理等级称号申请或不授予等级称号理由的；

（四）对不符合条件的运动员授予等级称号或者超越权限授予等级称号的；

（五）对符合条件的运动员不授予等级称号或者不在法定期限内授予等级称号的。

第三十四条　工作人员审核、审批、授予等级称号或实施监督检查，索取或收受他人财物或者谋取其他利益，构成犯罪的，依法追究刑事责任；尚不构成犯罪的，依法给予行政处分。

第三十五条　审批单位颁发等级证书，擅自收费的，责令退还非法收取的费用；对直接负责的主管人员和其他直接责任人员依法给予行政处分。

## 第七章　附　则

第三十六条　各项目等级标准每四年修订一次；特殊情况可临时修订。各项目等级标准的赛事名称应当明确、清晰，具体比赛名称按各项目等级标准执行。

第三十七条　总局授权的审批单位依据本办法，可以根据本地区实际情况，自行制定包括具体授权单位、等级称号申请程序等内容的《运动员技术等级管理办法实施细则》，报总局备案后施行。

第三十八条　本办法不适用香港、澳门、台湾地区和外籍运动员。

第三十九条　本办法自颁布之日起施行。2005年10月1日国家体育总局颁布的《运动员技术等级管理办法》同时废止。

### 4.1.3　业余运动员技术等级标准

国家体育总局办公厅于1999年5月11日印发了《全民健身活动中推行业余运动员技术等级标准的通知》。

为贯彻实施《全民健身计划纲要》，推动全民健身活动的开展，国家体育总局部分运动项目管理中心颁布了运动项目的业余运动员技术等级标准。这一举措，对于激发广大群众参加健身的热情，吸引更多的群众参加健身活动，加快体育社会化、产业化的进程起到了积极的作用。在全国健身活动中推行业余运动员技术等级标准是体育事业发展的需要，是群众体育逐步走向科学化、规范化的一个积极的步骤。各地在开展全民健身活动中应重视和加强对业余运动员技术等级标准的宣传工作，并将其纳入到全民健身的宣传工作中，客观地进行宣传，使广大群众了解推行业余运动员技术等级标准的目的、参与达标的意义以及运行过程，以利于普遍施行；要发挥体育场馆在开展群体活动中推行业余运动员技术等级标准的作用，指定具备条件的场馆先行试点，作为达标场馆，并在总结经验的基础上，以点带面，逐步铺开；要加强与教育部门的配合，积极开展青少年业余运动员技术等级标准的达标活动，利用寒暑假举办达标赛，为青少年达标活动创造条件；要充分利用健身俱乐部，开展业余运动员技术等级达标活动，推动此项活动走进群众的日常生活。

1999年3月31日印发业余运动员技术等级标准的项目有田径、游泳、网球、武术、围棋、乒乓球、羽毛球。

## 4.2　裁判员技术等级制度

我国裁判员的技术等级制度，就是根据裁判员水平的不同而授予不同等级称号的制度。它是国家体委于1956年4月28日公布了《中华人民共和国运动员、裁判员等级制度条例（草案）》之后开始施行的。1957年1月7日，国家体委批准第一批150名国家级裁判员。1958年6月21日，国家体委发布《中华人民共和国裁判员等级制度条例（草案）》；1963年10月10日，发布了新的裁判员等级制度；1978年恢复试行并公布新修订的试行草案；

1981年11月16日,发布了现行的《裁判员技术等级制度》。十年浩劫期间,我国体育界是重灾区,各方面遭到严重破坏。随着政治形势的好转,我国体育事业又迅速地得到发展,自1978年恢复试行《裁判员技术等级制度》以来,我国裁判员队伍也有很大发展,业务水平不断提高,管理制度不断完善,队伍建设不断加强。截至1984年统计,全国已有各级裁判员268 547人。截至1986年5月,全国拥有国际级裁判员286人,国家级裁判员2 880人。这支裁判队伍基本上能胜任全国综合性运动会、各级比赛,以及一些项目的国际邀请赛、亚洲和世界性比赛裁判任务。有少数项目的国际裁判员,受到了国际体育组织的重视和好评。在第23届洛杉矶奥运会上,我国裁判陈玉鑫被国际排联指名主裁男排美国对巴西的冠亚军决赛。会后国际排联霍尔韦说:"中国裁判在奥运会期间表现很好,执法公正,为奥运会的圆满成功做出了贡献。"1987年国际排联在秘鲁利马召开的行政委员会会议上批准陈玉鑫为首批十名国际排联裁判员之一,他在以后举行的奥运会、世界锦标赛和世界杯赛中担任第一裁判。另外,乒乓球裁判程嘉炎被选为国际乒联规则委员会委员,体操裁判冯冀柏被选为国际体操联合会男子技术委员会副主席。我国的国际级裁判员们在国际比赛中,显示出中国裁判的精湛技艺和高尚的体育道德,在体育方面宣扬了国威,为发扬奥林匹克精神做出了积极贡献。

## 4.2.1 裁判员在运动竞赛中的作用

**1. 裁判员是竞赛的组织者和主持者**

裁判队伍是运动竞赛中的一支重要力量,竞赛不能没有裁判。比赛前的编排组织,比赛中的临场裁判工作,都是由裁判具体执行的。裁判的业务水平和工作质量的高低,决定着运动竞赛的成败。在国内外运动竞赛史上,因裁判员工作失误而造成的事故是屡见不鲜的。1932年第10届洛杉矶奥运会的3 000米障碍赛跑,预赛中运动员就跑出9分14秒6创纪录的成绩。但在决赛中由于记圈员的疏忽,运动员多跑了一圈(460米),实际跑了3 460米,芬兰运动员沃·伊索霍洛以10分33秒4获金牌。1981年7月21日,在布加勒斯特举行的第11届世界大学生运动会上,男子10 000米决赛有24人参加,因记圈员数错圈数,运动员多跑一圈,最后经裁判委员会研究决定,不计成绩,但名次有效。前苏联运动员图里布,就这样得了一个没有成绩的号称"小奥运会"的冠军。在第3届全运会田径赛成绩册,男子10 000米成绩栏中前8名成绩栏全是空白,这又是因记圈员的失误,让运动员们多跑了一圈的缘故。1975年9月15日晚7时10分,北京选手谢宝江和其他28名选手冲出10 000米起跑线,他满怀信心要冲击这项全国纪录,因为在两天前的5 000米决赛中,他以14分11秒的成绩打破全国纪录,显示了他用汗水凝聚起来的雄厚实力。然而,比赛结果却使他大为失望:他虽然拿了冠军,却连成绩也没有,更别提破纪录了。

### 2. 裁判员是立法者又是执法者

竞赛就必须有竞赛规则，各项竞赛规则的拟订和修改都离不开裁判员。各项裁判法更是根据规则精神由裁判员编写的。在比赛中裁判员又是执法者，如同法官，在日本就叫裁判员为"审判员"。竞赛规则是竞赛的法律，裁判员在竞赛工作中要忠实于规则，真正做到"严肃、认真、公正、准确"、体现出"横杆面前人人平等"、"秒表面前人人平等"的精神。裁判员在竞赛中亲宽疏严，故意偏袒的不公正作风，不仅是对体育道德的亵渎，又会影响运动员之间的友谊和团结。在汉城举行的第10届亚运会男子羽毛球团体赛中，韩国名不见经传的运动员就是凭借同胞的"司线战术"而使中国和印尼两个羽毛球强队先后连遭暗算。这种不公正的伎俩，无不受到国际体育舆论的谴责。他们虽然掠走了金牌，但却丢失了国格，丧尽了人格，遗笑柄于天下！

### 3. 裁判员是宣传者，也是教育者

在运动竞赛中，裁判员纪律严明，作风正派，身体力行，爱护选手，能起到身教与言教的双重作用。成功地完成竞赛任务，引导双方友好礼貌地进行比赛，倡导好的体育道德作风，就是对我国体育方针的最好宣传，为社会主义精神文明做出贡献。对违反竞赛规则、规程和赛场纪律的竞技者，裁判更有责任旗帜鲜明地进行干预。对严重犯规或有不良行为者，在教育的同时要给以黄、红牌警告或处罚。对来自教练、观众方面的干扰影响竞赛时，要善于疏导，化干戈为玉帛。在整个竞赛中始终要以宣传者、教育者的身份对运动员、观众起到潜移默化的教育作用。

### 4. 裁判员是推动先进运动技术向前发展的重要力量

裁判员为了正确地执行运动竞赛裁决，就应洞察本项目技术发展的趋势，走在技术发展的前面。在技术、战术的发展上提倡什么，反对什么都由裁判的哨音来体现，从而也推动了先进技术的发展。例如，20世纪50年代体操空翻时要求高度过肩，后来提高评分标准，要求空翻高度过头，于是出现了空翻两周的难度，促进了体操运动的发展。裁判员促进新技术发展的另一手段是对错误动作的纠正与判罚。裁判姑息错误动作，就会使错误动作蔓延；反之，即使教练员平时难以纠正的错误动作或技术，往往会在裁判的判罚中得到改正。

### 5. 裁判水平是运动技术水平的体现

裁判水平的高低在一定程度上反映了一个国家或地区运动技术水平的高低，两者相辅相成。不可想像从未见过高水平的比赛与运动技术而能培养出高水平的裁判员。我国乒乓球运动长盛不衰，被国际上誉为"乒乓王国"。这个项目先进的运动技术水平，孕育了先进的裁判水平。我国出版的《乒乓球竞赛法研究》在国际上得到高度评价，一致认为我国在乒乓球竞赛的编排、抽签及裁判方面均处于世界领先地位，甚至连中国裁判的手势许多人都要模

仿。第36届至第38届世界乒乓球锦标赛的抽签方案,都是按我国出席抽签仪式代表提出的方案进行的,这些方案已经存入南斯拉夫博物馆内。

## 4.2.2 我国裁判员的技术等级制度

国家为了鼓励裁判员钻研业务,努力提高裁判水平,做好运动竞赛裁判工作,促进体育事业的发展,在原有裁判等级制度试行草案的基础上,于1981年11月16日颁发《裁判员技术等级制度》,1999年11月22日国家体育总局发布《体育竞赛裁判员管理办法》。

**1. 我国裁判员技术等级的称号**

根据《裁判员技术等级制度》第二条的规定,裁判员技术等级称号共分为4个级别,即国家级裁判员、一级裁判员、二级裁判员、三级裁判员。此外,国家另设荣誉裁判员称号。"荣誉裁判员"称号的设立,体现了国家对老一辈体育工作者的关怀。国家级裁判员或具有特殊贡献的一级裁判员,已从事裁判工作20年左右,一贯积极参加该项竞赛裁判工作,年龄在50岁以上,已经不能担任临场执行裁判的,可授予荣誉裁判员称号,并颁发"荣誉裁判员"证书。

国际级裁判员称号不是我国裁判员技术等级称号中的一个级别,它是我国的国家级裁判员,符合国际体育组织对该项裁判员的要求条件,经过国际体育组织的技术、理论考核合格后批准的。凡国际级裁判员均是国家级裁判员。国际级裁判员是我国有关项目中级别最高裁判员。田径项目(除竞走外)没有国际级裁判员。

**2. 我国《裁判员技术等级制度》对申请各种称号裁判员的要求**

我国《裁判员技术等级制度》第三条规定,申请技术等级的各级裁判员必须拥护中国共产党的领导,热爱社会主义祖国,积极完成本职工作;努力钻研本项竞赛规则和裁判法,熟悉本项运动技术;执行裁判中,做到严肃、认真、公正、准确;身体健康,符合本项目对裁判员身体素质方面的要求。除上述要求外,各运动项目根据本项目的特点,对申请裁判员技术称号的人提出了具体要求和条件,特别是对申请高等级(国家级)的裁判员是这样。它可概括为以下几个方面。

1)年龄

申请裁判员技术等级,必须符合中华全国体育总会该单项运动协会关于对裁判员的年龄规定。申请国家级裁判员的年龄规定,各个项目有所不同。如篮球是38岁以下;排球是40岁以下;羽毛球男、女分别为45、40岁以下;手球、田径是50岁以下;游泳是45岁以下;足球是45岁以下,1988年开始,足球申报年龄改为40岁以下。

2）体能测验

有些运动项目（如足球、篮球）对裁判员的身体素质要求较高，因此在考核该项目国家级裁判员时，必须达到规定的体能标准。例如，对篮球国家级裁判员的身体素质要求如下所述。

26 米 × 10 折回跑：
30 岁以下，50 秒钟；
30 岁以上，1 分钟。
28 米 × 10 折回跑：
30 岁以下，55 秒钟；
30 岁以上，1 分 10 秒。
男子 1 500 米跑：
30 岁以下，6 分钟；
30 岁以上，6 分 30 秒。
女子 800 米跑：
30 岁以下，3 分 30 秒；
30 岁以上，3 分 40 秒。

3）资历要求

对申请国家级裁判员资历的要求，有些项目是对从事裁判年限的规定，有些项目是参加特定级别比赛场次的规定。如申请足球国家级裁判员"至少已有 3 年一级裁判员经历"；篮球是"凡参加全国联赛、锦标赛（含青年联赛和青年锦标赛）裁判工作 3 年以上，临场达到 25 场以上者"；排球是"申报人必须具有 3 年以上一级裁判的经历，并担任全国性比赛（包括全国甲级联赛、乙级联赛、青年比赛、省际排球比赛）20 场以上第一裁判"；田径是"正式授予一级田径裁判员称号（有证章证书）3 年以上，经常参加裁判工作，身体健康的在职工作者"；对申报游泳国家级裁判员资历的要求是"担任过省、自治区、直辖市级游泳比赛副总裁判或全国游泳比赛裁判长以上职务者"。

4）文化水平

申请国家级裁判员应具备大专和相当大专的文化水平，初步掌握本项竞赛的英语术语词汇。

**3. 国家对各级裁判员的要求标准**

1）国家级裁判员

① 精通该项竞赛规则和裁判法，并能准确、熟练地运用，具有较好的裁判理论水平和

丰富的实践经验，具有组织该项竞赛的全面裁判工作能力；

② 在全国性竞赛中能够胜任正、副裁判长职务，并具有担任国际比赛裁判工作的水平；

③ 具有训练一级以下各级裁判员的业务能力；

④ 掌握一门通用外语，熟悉该项外文竞赛规则和裁判术语。

2) 一级裁判员

① 熟练地掌握和运用该项竞赛规则和裁判法，具有一定的裁判理论水平和实践经验，基本具有该项竞赛的全面裁判工作能力；

② 在省级或相当省级竞赛中能胜任正、副裁判长职务；

③ 具有训练二级以下各级裁判员的能力。

3) 二级裁判员

① 熟悉该项竞赛规则和裁判法，能比较准确地运用，具有一定裁判工作经验；

② 在县级或相当县级竞赛中能担任正、副裁判长职务。

4) 三级裁判员

懂得该项竞赛规则，并基本上能正确运用，或经过当地体委举办的裁判员训练班学习，能担任市、县级竞赛的裁判工作。

国际级裁判员除具备国家级裁判员全部条件外，对其外语水平提出了更高的要求，必须懂一门外语（最好是英、法文，有关裁判业务方面和日常生活用语）。

**4. 审批等级裁判员的程序和权限**

具备申请技术等级条件的裁判员，应由本人填写申请书，经所在单位和当地该项运动协会裁判委员会（小组）签署意见，报具有相应批准权限的体委批准。

国家级裁判员、一级裁判员，必须通过专项理论、临场测验、英语、身体素质4项考试。二、三级只需通过竞赛规则和临场实践的考试，达到规定标准，即可批准授予。国家级裁判员的考试，由中华全国体育总会各单项运动协会负责；一级裁判员的考试，由省、市、自治区和各单项运动协会和中国人民解放军有关部门负责。考试科目和办法，由中华全国体育总会各单项运动协会根据规定条件统一制定。

批准授予技术等级称号的权限是：国家级裁判员由国家体委批准授予；一级裁判员由省、市、自治区体委批准授予；二、三级裁判员由地（市）、县体委批准授予。必要时，各级体委有权审批应由下级体委审批的各级裁判员。

国家体委直属体育学院、中国火车头体育协会，可批准本单位、本系统一级以下各级裁判员；省（市）所属体育学院，可批准本单位二、三级裁判员。体育学院批准的裁判员应报当地体委备案。

中国人民解放军所属的裁判员，除国家级裁判员须报国家体委审批外，其他各级裁判员技术等级称号的授予办法，由中国人民解放军自行制定。

荣誉裁判员称号，由省、自治区、直辖市体委推荐，全国各单项运动协会裁判委员会评议，报国家体委批准授予。

被批准授予技术等级称号的裁判员，由批准单位发给证书、证章。国家级裁判员、一级裁判员另发给胸徽。兼两个项目者，只发给证书一份、证章一枚；如系两个不同级别，按其较高的级别发给。

### 4.2.3 学校裁判员的培训工作

体育教师是学校体育工作的领导者和组织者，同时也是学校运动竞赛裁判员队伍中的核心力量。国家教育委员会、国家体委于1986年10月30日联合颁发《关于开展课余体育训练，提高学校体育运动技术水平的规划》通知后，极大地推动了我国各级各类学校的体育活动，运动竞赛也随之更加活跃、频繁。目前我国学校体育师资明显不足，为了满足学校运动竞赛对裁判员的需求，只依靠体育教师这支力量是远远不够的。

学校体育教研组应在制定工作计划时，将培训裁判员的工作列入工作计划。培训的对象主要是热心裁判工作的其他教师和学生中的体育积极分子。培训的方式一般是在赛前举行短期培训，用什么，学什么。多年坚持，就会形成一支有一定水平的裁判员队伍。另一种方式是在体育教学过程中，不仅给学生传授运动技术和锻炼方法，还应讲解有关项目的竞赛规则及初级的裁判方法。这样做，一方面普及了竞赛规则，减少学生在参加运动竞赛中的犯规行为，有利于运动竞赛的顺利进行，同时也普及了裁判员的有关知识和技能，达到了培训裁判员的目的，为社会造就大批裁判人才。

### 4.2.4 裁判员的权利和义务

各级裁判员应积极参加比赛裁判工作。单项运动协会裁判委员会应对所管理的裁判员的政治表现和业务能力定期进行考核、评定，对表现优秀、工作成绩显著者，应给予表扬、奖励或推荐参加晋级考试。裁判员享有规则上所赋予的权利。裁判员执行裁判任务或参观学习，应按因公出差待遇。裁判员在执行任务中的表现，应作为其所在单位全面考核的一个方面。

裁判员的职能，决定了裁判员的一言一行都应为人师表，受到人们的尊敬。这就要求不断提高其政治素质和业务水平，使其行为规范化。国家体委颁发的《裁判员守则》，就是其行为裁判员要定期接受国家的考核。国际级裁判员和国家级裁判员代表我国最高裁判水平。为了适应运动技术水平的提高和体育运动发展的需要，必须加强对这两级裁判队伍的建设，提高他们的业务能力。全国各单项运动协会裁判委员会，应根据《国际裁判员和国家级裁判员考核办法（草案）》的规定，对他们进行定期考核。对他们每次执行裁判任务的表现，错、误、漏判的情况等，赛区竞委会竞赛组要充分听取运动队和裁判组的意见，写出评语，报经组委会批准（对国际级裁判员出国执行裁判任务的表现，由该团队对其写出评语）。送交国家体委有关业务司，放入业务档案，作为各单项运动协会裁判委员会考核评定的依据。对于考核不符合该级裁判员水平的，可暂保留等级称号一年，降级使用，不安排全国高水平比赛的裁判工作。第二年考核再不合格，应根据实际水平重新评定其裁判员技术等级。

各级裁判员必须努力完成各级组织、各单项协会交给的临场裁判任务和培训裁判员的工作。按《裁判员技术等级制度》规定，两年内无故不参加裁判工作的，作为自行取消其裁判员技术等级称号处理。

各单项运动协会裁判委员会和仲裁委员会，对不能认真履行裁判职责，在裁判队伍中搞派系，搞不正之风，以及有违法乱纪行为者，应根据各自有关条例，视其情节轻重分别给予批评、警告、停止该次比赛裁判工作的处分，以至按审批权限报请或建议有关部门给予降级使用、降低技术等级、撤销裁判称号等处分。情节恶劣的，可建议所属单位给予行政处分。

## 4.3 教练员技术等级制度

教练员是体育战线的一支重要力量，他们是世界冠军和新纪录创造者的缔造者。没有优秀的教练员，就难培养出优秀的运动员。体育界都公认这样一个公式——"天才的教练员加天才的运动员等于奥运会冠军"，足见教练员在运动训练和竞赛中的重要性。目前我国体育正处在全面赶超世界先进水平的重要时期，要尽快"冲出亚洲，走向世界"，更需要有一大批为发现和培养体育尖子而不辞劳苦，奋发有为，德艺出众的教练员。教练员等级制度的施行，对调动教练员的积极性具有很大的促进作用。

我国各级各类学校，有极为丰富的优秀运动员资源。日益完善和系统化的学校课余训练，已成为发现、培养优秀运动员的一条重要渠道。

体育教师在学校体育工作中的作用是非常重要的，除了完成体育教学任务之外，在课余体育训练中还要充当教练员的角色。

### 4.3.1 新时期教练员应有的素质

现代竞技运动的发展日新月异，大、中、小学生的运动竞赛规模和次数愈来愈大和频繁，影响着学校的竞技体育色彩日渐增浓。面临国际竞技运动迅猛发展的挑战，我国的竞技运动正在全面地走向未来和赶超世界水平。作为我国赶超世界先进水平的先行者和领导者的教练员，在这个新时期内应具备如下素质。

**1. 博学多才，有较高的文化和科学知识**

现代体育科学技术正向整体化、综合化的方向发展，新科学、新知识不断涌现。作为一个现代教练员，没有知识不行，知识面过窄也不行。我国培养教师的体育院校，多年来在招生时对考生的文化知识要求偏低；我国的教练员多数是从退役运动员中产生，这种先天性的文化、科学知识偏低现象，是我国体育腾飞的严重阻碍。如果我们现在不翻然悔悟，仍然循环往复下去，我国体育的发展便很难跳跃到更高的层次上。而在世界体育强国中，即使是指挥联邦德国的球队夺得世界杯冠军的贝肯鲍尔，也因没有科隆体育学院的文凭而不能享有正式教练的证书。所以，一个称职的教练员，首要任务是不断更新知识，提高自己的文化科学素质，及时掌握世界上关于运动训练各方面最新专业知识，尽快建立合理的知识结构，以适应新时期教练工作的需要。在现代竞技运动领域里，知识和信息成了一个重要的战略资源。谁的知识多，信息来得快，谁就能取得飞速的发展和重大突破。作为一个教练员，应当是本专项知识和信息的载体和传播者，而不应仅仅是经验的传授者。

**2. 要具备勇于开拓、锐意创新的精神**

运动竞赛的特点是竞争十分激烈，其中包括教练员、运动员人才的竞争，运动技术的竞争，运动成绩的竞争。在这激烈的竞争过程中，先进战胜落后，创新取代陈旧。现代竞技运动的特点，就是新理论、新问题、新方法、新技术和新手段层出不穷。所有这些，都迫使教练员不断去思考、去探索、去开拓、去创新。一个教练员的视野应当非常开阔，要及时、敏锐地看到本专项运动技术、战术发展的趋势和动向，一切从自己的实际情况出发，决定自己该走的路，运用科学的训练手段和方法，不断获取优异的运动成绩。为此，优秀教练员的一个重要内在素养，就是具有勇于进取和大胆创新的精神。没有创新，只是原地踏步或跟在别人后面亦步亦趋，就永远不可能取得领先地位。聪明的教练员们都知道这样一个浅显的道理，即在体育比赛中"以其人之道，还治其人之身"是永远不可能取胜的。因循守旧，故步自封的教练员，绝不可能成为优秀的教练员。我国乒乓球队雄踞世界宝座，20 多年长盛不衰，以及我国女排在世界大赛中荣膺的"五连冠"，都是在创新方面取得辉煌成绩的典范。

**3. 要独具慧眼，善于识别英才**

古代军事家孙膑说："间于天地之间，莫贵于人。"对于教练员来说，要想训练出高水平的运动员，前提是选好人才。科学选才，现在已经成为现实。问题是教练员在运动训练实践中，是否完全掌握本项目的选材要领。古语云："千里马常有，伯乐不常有。"它说明要做一位善于识别千里马的伯乐是很不容易的。

一个优秀教练员，不仅要善于识别优秀运动人才，而且还要尊重优秀运动人才。尊重优秀运动人才，具体体现在两个方面：一是对他们要倍加爱护，精心培养，尽可能地创造条件使他们能更好地发挥出自己的运动潜力；二是运用科学的知识和训练手段指导整个训练、比赛过程。在运动训练过程中，教练员的经验指导往往多于科学的综合指导，这就不是尊重运动人才的表现，他的成绩必然是平庸的，这样的人就没有资格做一名新时期的教练员。

**4. 要有自我牺牲精神**

现代竞技水平愈来愈高，夺取胜利的难度愈来愈大。教练员在带领运动员攀登世界体育高峰的征途中，所要付出的智力和体力劳动是常人难以想像的。譬如，中国女排教练袁伟民在《我的执教之道》中写道："要想取得超人的成绩，就要吃得超人的苦。"运动员要战胜自我，教练员更要战胜自我。从某种程度上说，教练员战胜自我更为重要。"运动员、教练员吃不起超人的苦，想拿世界冠军，只能是句空话。"袁伟民和他的队员们是这样说的，也是这样做的。创造宏伟的事业，需要吃苦。而要做到这一点，前提是要有自我牺牲精神。

**5. 既是"严师"，又是"挚友"**

在运动训练中，教练员应该是一位"严师"。已故的前日本女排教练大松博文在训练中以"严"著称于世，人们称他为"魔鬼大松"。前苏联有位著名教练说："严格和残酷是教练员的职业习惯。不管教练多么喜欢自己的学生，教练必须看到学生的不足，必须强迫自己好像不喜欢她们，以便忍痛使学生苦练，这就是我的信条。"这句话很中肯。教练员为了使自己的学生尽快提高运动成绩，必须要有"铁石心肠"，没有别的选择。严是爱，娇是害，不这样做不行。但是"严"要严得合理，更不是随心所欲地蛮干。"严"更不是不尊重学生的人格，任意去摆布他们。在生活中，教练员又应该是自己学生的"挚友"，要关怀他们的全面成长。教练员和学生之间的相互尊重，是需要有感情基础的，而理解则是彼此沟通感情的桥梁。爱是教育学生的前提，优秀的教练员都是真正从内心里爱自己的学生。对待学生不亲不疏，一视同仁，才可能建立一个人际关系十分和谐的训练集体。教练员的工作归根结底是育人。这就要求新时期的教练员，不仅善于把自己的学生培养成优秀的运动员，同时还要教育他们如何做人。

## 4.3.2 我国教练员等级制度的沿革

国家体委于1958年6月21日发布了《中华人民共和国教练员等级制度条例（草案）》，1963年5月10日又发布了新的教练员等级制度。教练员等级制度虽两次公布，但未实行。1978年恢复试行并公布新修订的试行草案。1979年11月，国家体委公布了第一批被批准的75名国家级教练员。

国家体委施行教练员技术等级制度的目的在于鼓励教练员努力提高政治觉悟和业务水平，搞好教学训练工作，加速发展我国体育事业。

国家体委于1981年10月19日颁发经国务院批准的《体育教练员技术职称暂行规定》，

将教练员技术等级分为 5 个级别：国家级教练员、高级教练员、一级教练员、二级教练员、三级教练员。国家级、高级教练员为高级技术职称，一级教练员为中级技术职称，其他级别为初级技术职称。1986 年 4 月 2 日国家体委颁布《教练员专业技术职务试行条例》，对教练员的技术职称级别又作了修订，由原来的 5 个级别改为 3 个级别，即主教练、教练、助理教练，主教练相当于高级技术职务，教练为中级技术职务，助理教练为初级技术职务。

### 4.3.3　我国教练员的技术等级称号和任职条件

《教练员专业技术职务试行条例》（以下称《试行条例》）第七条规定：被聘任或任命的教练员，必须拥护中国共产党的领导，热爱社会主义祖国，遵守宪法和法律；认真学习马列主义、毛泽东思想；作风正派，为人师表，有献身体育事业的精神。对于助理教练员的任职条件，《试行条例》第八条规定，高等院校体育专业毕业生见习一年期满，或中等体育专业毕业的优秀运动员，具备下列条件者，可聘任或任命为助理教练：

① 初步掌握训练方法，能够完成一般水平运动员的教学训练任务；
② 掌握体育基础理论和体育项目专业理论。

教练员的任职条件，《试行条例》第九条规定，助理教练员或具有大专以上学历的优秀运动员，具备下列条件者，可聘任或任命为教练：

① 熟练地掌握教学训练方法，具有一定的实践经验和独立培养优秀运动员的教学训练能力；
② 比较系统地掌握体育基础理论和本项专业理论，并具有一定的科学研究能力；
③ 从事助理教练工作 2～4 年；
④ 初步掌握一门外语。

主教练的任职条件，《试行条例》第十条规定，教练具备下列条件者，可聘任或任命为主教练：

① 具有较丰富的教学训练实践经验，能够解决训练中技术关键问题，培养国家及世界先进水平的运动员成绩突出；
② 对本项运动训练有系统的研究和较深的造诣，并有较高水平的学术论著或科研成果；
③ 从事教练工作 8 年以上；
④ 掌握一门外语。

《试行条例》第十一条规定：符合本条例第七条要求，在教学训练或科学研究工作方面成绩特别卓著的教练员，可不受学历、任职年限的规定限制，聘任或任命相应的专业技术职务。

# 第 5 章
# 组织运动会的一般步骤和方法

**本章导读**

准备工作
竞赛期间的工作
竞赛的结束工作
现代化科学技术在体育运动竞赛中的应用

随着我国体育事业的不断发展,人们已不仅仅只限于观看或模仿,而是要亲自体验和感受体育的乐趣,于是不同层次的各级各类的竞赛不断涌现出来。特别是我国 2008 年奥运会的成功举办,促使全国体育竞赛呈现出新的发展态势。运动竞赛越来越受到人们的关注,各种体育竞赛活动广泛开展。不同层次的比赛越来越多,竞赛数量大幅度增加。与以往相比,无论从内容到形式,从规模到质量,都发生了深刻的变化。对体育工作必将起到推动和促进作用,如何办好比赛,组织好运动会是我们体育工作者的一项重要工作。为了科学地进行竞赛组织与管理,使各级各类竞赛活动充分发挥其社会效益,运动会的组织和管理必须科学化、规范化、制度化。运动会的组织一般分三大步骤,下面详细论述。

## 5.1 准备工作

**1. 成立组织委员会**

组织委员会是大会的最高领导机构,也叫筹备委员会,是在党委的领导下,由主办单位会同有关部门共同组成的。其职能及工作实施要点包括:取得上级的指示和有关部门的意见，确定大会的规模；拟订竞赛规程，组织分工和拟订经费预算草案；定期召开各种会议，听取工作汇报，解决重大问题；审批各部门拟订的工作计划；大会期间处理临时发生的重大问题。

**2. 拟订组织委员会组织方案**

其内容一般应包括以下几方面。

（1）运动会的名称和目的任务：根据体育运动的方针和任务、性质及其他特殊要求等确定的。

（2）运动会的规模：运动会规模是根据运动会的目的、任务确定的，它包括主办单位、承办单位、参加单位、参加人数（运动员、裁判员、工作人员）、竞赛组别、项目，以及运动会的举办场地和日期等。

（3）运动会的组织机构：是根据需要而确定的，它包括组织形式、工作人员名额，组织委员会下设的主要工作部门及其负责人名单等内容。

（4）运动会的经费预算：经费预算本着勤俭办事的精神，根据实际需要作出计划，一般应包括场地的布置、场地修建、器材设备、食宿、交通、医疗、招待、奖品等。

（5）筹备工作计划

主要拟定并列出大会筹备工作分为几个阶段进行，以及各阶段主要工作的安排计划。

**3. 制订各部门的工作计划**

所设部门如图 5-1 所示。

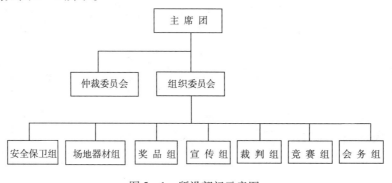

图 5-1　所设部门示意图

1）组织委员会

综合性运动会中的组织委员会或单项竞赛中的组织委员会，是整个竞赛组织工作的最高领导机构。在组织全国或国际综合性运动会时，必须有相当级别的政府行政官员担任这个机构的秘书长和副秘书长，以便增强这个机构的权威性。组委会的职能一般有五大任务：审议通过组委会或竞委会的参加范围及人员组成，审议批准各职能机构的设置及主要负责人名单,审议批准竞赛组织的各项实施方案,审议批准大会经费的使用原则、范围及大会预、决算方案,裁决竞赛组织过程中的重大问题。

2)仲裁委员会

仲裁委员会是单项竞赛委员会领导下的竞赛仲裁机构。它的主要职责是复审比赛期间执行竞赛规则、规程中发生的纠纷,保证竞赛规则、规程的正确执行。仲裁委员会不受理根据规程和规则规定应由执行裁判、裁判长职权范围内处理的事宜。与竞赛无关的寻衅闹事、打架斗殴等违纪行为,不属仲裁范围,应由竞赛委员会会同有关部门进行处理。

仲裁委员会主任由大会组委会确定,应参加竞赛委员会并担任副主任。成员应由体育局竞赛部门,该项目的全国或省、市、自治区运动协会成员,该运动协会裁判委员会委员等5～7人组成,并由单项竞委会提名,报大会组委会批准。仲裁委员会的工作,参照《仲裁委员会条例》执行。

3)会务组

组委会的综合职能部门,主要任务是拟制文件,组织会议,督促协调,上传下达,文档管理。具体职责是:负责组委会召集的各有关部门联席会议的通知,负责组委会决定贯彻落实情况的检查、督促工作;负责组委会各类文件、报表的汇总拟稿和发文;负责竞赛期间的迎送等礼仪活动;负责各部门工作情况反馈,综合印发信息简报;负责各部门之间的工作协调;负责票务工作。

4)竞赛组

负责大赛竞赛方案的制定和实施。具体职责是组织竞赛,内容包括:制订工作计划、制定竞赛规程总则及各单项竞赛规程;制定竞赛有关的补充规定或通知、负责大会总报名注册的工作、监督编排各项竞赛秩序;制定总活动日程表、负责总秩序册和总成绩的编印;统一大会所用各类竞赛表格的设计规格及标准、负责大会日程和总成绩的汇总统计及公告;对各单项竞委会实行业务指导与监督、负责反馈各赛区竞赛组织工作动态和信息、监督竞赛规则和规程的执行。竞赛部门下设编排记录组:收授登记审查报名手续(报名单、体检表、年龄证明等),编印比赛秩序册,登记整理发布成绩和运动会的记录及各种比赛表格的准备,练习场地的安排。

5)裁判组

内容包括:负责确定各项仲裁裁判的人选和聘用工作,赛前组织裁判员的政治及业务学习,深入钻研规则及裁判法,必要时还可以进行考试,作为督促学习和评议等级裁判的一个依据,同时负责裁判组的分组、分工;深入各队了解情况;检查器材场地;赛前实习;比赛中执行具体裁判工作;组织裁判队伍道德风尚的评选工作。

6）场地器材组

负责勘察竞赛场馆设施，确定各项竞赛地点，报大会组委会审议、按规格要求检查验收场地器材的准备工作；负责赛前比赛场地及练习场地的翻修、整理，比赛期间的维护（洒水、清扫、修整）；比赛用的标准器材，用品的购置、准备、规格、分量的检查和场地的画线布置、器材的收借、保管及记录处、医务处、成绩公告处、检录处、运动员休息处、饮水处、准备活动场地等的安排布置工作。

7）奖品组

① 准备全部所需的奖品，填写奖状（纪念册）等，并负责到会领导发奖时的奖品准备及其他事项；

② 竞赛经费管理，内容包括：制定竞赛部门经费预算方案及各项竞赛经费的使用范围和政策、审批各项竞赛经费预算、监督检查竞赛经费的执行情况。

8）宣传组

负责大会宣传工作组织方案的实施。宣传教育内容包括：制定大会宣传工作计划，制定大会工作人员和运动队行为规范及思想道德准则，负责环境布置和社会宣传，负责大会环境布置，如：大会会徽、会旗、会歌、张贴画、吉祥物等宣传品的征集、制作和发放，新闻宣传。内容包括：负责新闻发布工作，负责记者采访的组织工作，负责新闻中心的管理，提供每日竞赛信息和大会总活动信息，管理宣传经费，制定宣传经费预算及使用原则，审批下属各项宣传经费预算、监督检查宣传经费的执行情况，对各竞委会的宣传机构进行业务指导。

9）安全保卫组

负责大会安全保卫工作方案的制定和实施。具体职责是负责治安秩序，内容包括：制定大会驻地的防火、防盗、防毒等安全措施和要求，负责赛场秩序的管理和防暴工作，保证出席大会各种仪式的各级领导人的安全，制定各类人员在大会期间的证件。负责交通安全内容包括：负责大会车辆驾驶员的安全教育工作，印发大会期间各场馆的车辆通行证，负责对开、闭幕式通往主会场的交通车辆的管理办法和规定，并监督实施；负责安全警卫经费的使用，制定安全警卫经费预算及使用原则，审批下属安全警卫经费的各项预算和支出。

**4. 拟订竞赛规程**

竞赛规程是组织运动会的重要指导文件，是竞赛中各项工作的依据，是竞赛的组织者和参加者共同遵守的法规。大会的各个工作部门和任何人员所做的一切工作都必须按竞赛规程办事，各参加单位也必须按竞赛规程的总精神和各项细则要求做好准备和参加竞赛。竞赛规程的制定由主管体育竞赛的部门根据体育发展的方针、政策及有关规定由业务单位写出初稿，会同有关部门共同讨论，再经上一级主管领导审批作最后定稿。大会应及早地将竞赛规程通知各参加单位，一般是正式比赛之前的一个月或更早一些，如果是国际比赛或比较大型的运动会更要尽早在半年至一年内发出，以便于有关方面及参加单位或个人能按照规程的要求做好准备和参加竞赛。规程的内容要有全面性，文字力求简练明确，一定要切合实际情况和符合竞赛规则的精神。模棱两可的言辞容易引起误解，含糊不清的条款更会产生错觉，欠缺推敲的一字之差，忽视掛酌的某些规定往往造成意想不到的后果，因此规程的制定一定要反复研究讨论之后作最后定稿。

规程的内容包括以下几个方面。

（1）运动会的名称、目的、任务、主办单位、承办单位、比赛日期、地点。

（2）参加单位及分组情况。规定什么样的单位参加大会，分多少组。如男子、女子组，少年甲组、少年乙组等。

（3）比赛办法。定出各项参加的人数（队数），规定比赛办法包括比赛制度、记分方法等，如田径比赛每项取前6名，可以7、6、5、4、3、2、1计算得分，还可以规定全能和接力加分等，球类比赛如规定打单循环，可规定胜一场得"2"分，平一场得"1"分，失败得"0"分。同时，规定出确定名次的方法（积分相等如何判定名次），如积分相等如何判定名次、团体总分如何计算、团体取几名等。

（4）比赛项目。根据运动会的目的任务和规模规定比赛项目，如篮球、排球运动会；田径的跑、跳、投，各包括哪些小项目及器材的规格、重量、栏高、栏间距等都应分别写清，以免发生争议。

（5）参加办法。具体规定报名截止日期，报到日期，参加者的资格，如级别、年龄等的限制。

（6）奖励办法。规定出奖品的种类及授奖范围。

（7）比赛规则。规定所采用的具体规则，为防止规程下达后，规程作了修改，一般都写"采用国家体育局审定的最新××规则"。

（8）其他规定。如规定服装颜色、套数、号码、用什么牌号的球，抽签的日期、地点，注意事项（如对参加者政治思想、学业成绩和物资用品方面的要求），也可规定队旗规格。特殊项目如拔河、负重跑的简单规则，也可附在上面。

（9）大会如有表演项目，因规定表演者人数、内容、表演时间等。

（10）规程要留有余地，解释权属于组织委员会，如有未尽事宜由大会组委会随时修定补充，在正式开赛之前以《补充规定》的形式下达各参加单位。

现举规程实例加以说明。

## 全国体育运动学校田径锦标赛竞赛规程

一、主办单位

国家体育总局田径运动管理中心

二、承办单位

山东省体育局、烟台市体育局

三、竞赛时间和地点

2004年7月24日至27日在烟台市举行

四、参赛单位

全国体育运动学校

五、竞赛项目

（一）男子：（20项）100米，200米，400米，800米，1 500米，3 000米，110米栏，400米栏，2 000米障碍跑，4×100米接力，异程接力（200、800、400米），跳高，撑杆跳高，跳远，三级跳远，铅球（5公斤），铁饼（1.5公斤），链球（5公斤），标枪（700克），七项全能。

（二）女子：（19项）100米，200米，400米，800米，1 500米，3 000米，100米栏，400米栏，4×100米接力，异程接力（200、800、400米），跳高，撑杆跳高，跳远，三级跳远，铅球，铁饼，链球，标枪，五项全能。

六、参加办法

（一）以体育运动学校为单位参加。

（二）参赛运动员年龄规定：1986年出生的男、女不超过2人，其他为1987年1月1日—1988年12月31日出生的运动员。如年龄有弄虚作假，一经查出取消团体名次。

（三）每人限报两项，可兼接力。报名或确认后如不参加，须向组委会交损失费200元。

（四）报名费：每人20元；食宿费：每人每天60元。

（五）团队计分：男、女分别设10项，由各参赛单位报名时选择确认。

（六）运动员必须凭本校学生证参加。

（七）参加比赛运动员，在比赛前一学期文化课考试成绩必须达到平均及格，经医生检查身体健康。

七、竞赛办法

（一）按中国田协审定的《田径竞赛规则2002》执行。

（二）所有竞赛项目应根据竞赛日程组织比赛，未进录取名次的运动员必须参加后续名次赛，以排出8名以后的名次。

（三）田赛项目超过12人举行及格赛，及格标准由技术代表根据报名成绩拟订，取12人参加决赛。田赛远度项目未进入决赛的运动员再试跳或试投三次，排出13名以后的名次。高度项目按及格赛成绩排出13名以后的名次。

（四）根据规则第4章第142条4规定，凡不认真参加比赛者应取消其所有后续项目（包括接力）的比赛资格。

（五）检录时，运动员必须出示本人学生证，否则不能参加比赛。

（六）运动员号码由赛区统一编发。

（七）接力比赛时运动员必须穿着印有本单位名称的统一服装（比赛背心、短裤），否则不能参加比赛。

（八）比赛使用器材（除撑杆自备外）由组委会准备。

（九）对参赛运动员进行兴奋剂检查。

（十）竞赛日程附后。

八、计算方法

（一）按各单位运动员在单位中得分之和排列团体名次。

（二）单项计分分别为 9、7、6、5、4、3、2、1 分，全能项目计分加倍。破全国少年纪录加 5 分。

如团体总分相等，以获得单项第一多者名次列前，以此类推。

九、录取名次与奖励

（一）各单项录取前 8 名，前 1～3 名颁发奖牌，1～8 名颁发证书。

（二）团体名次录取前 8 名，冠军颁发奖杯，2～8 名均发奖状。

（三）体育道德风尚奖的评选方法，按国家体育总局有关规定执行。

十、报名和报到

（一）报名：按国家体育总局田径运动管理中心统一下发的报名表格式，认真录入各项内容，形成符合要求的报名表（必须有运动员注册号码、报名成绩、出生年月），打印两份，盖单位和医务部门的公章，赛前 15 天将报名表一份和报名磁盘寄到承办单位，报名表一份寄到国家体育总局田径管理中心（北京市崇文区体育馆路 5 号，电话 010－67100719，传真：67140801，邮编：100763），逾期报名（以寄出邮戳日期为准）或报名表录入不合格（如手写等），不予受理。

（二）报到：提前 2 天到承办单位报到。

赛区地址：山东省烟台大学南院体育学院

联系人：宋金虎，电话：0535－6881669，6198156，邮编：264005

（三）技术会议

比赛前两天召开技术会议，由各单位指定代表 1 人参加。宣布竞赛有关事宜及确认第一天参赛运动员名单。以后的确认请各单位于所报项目比赛前 1 天上午 10 时前，将填好的确认表交赛会编排组，不得改项和增项；过时不交确认表，将被视为运动员弃权，将从参赛表中删除。

十一、裁判员

由国家体育总局田径运动管理中心选派技术代表 2 人，技术官员 6 人和部分裁判员 4 人参加工作，其余由承办单位根据国家体育总局《体育竞赛裁判员管理办法（试行）》（体竞字【1999】153 号）选派。

十二、未尽事项由承办单位另行通知

十三、本规程解释权属国家体育总局田径运动管理中心

附件：竞赛日程

**5. 编印秩序册**

秩序册内容一般包括下列内容：
① 主席团名单；
② 组委会（筹委会）名单；
③ 组织机构及工作人员名单；
④ 仲裁委员会名单；
⑤ 裁判员名单；
⑥ 竞赛规程；
⑦ 各代表队运动员、工作人员人数统计表；
⑧ 大会活动日程安排表（包括开、闭幕式程序）；
⑨ 各项竞赛日程表；
⑩ 各项比赛记录表；
⑪ 场地平面图；
⑫ 大会注意事项。

各种比赛项目的秩序册内容不尽相同，但大同小异。根据国家体委对秩序册的规格、内容的统一要求，可有所取舍，可参阅第 6.2 节。

**6. 组织好开（闭）幕式的一般程序**

## 5.2 竞赛期间的工作

第一，各处应经常与各队取得联系，了解食宿、交通、医疗及竞赛中各方面存在的问题、意见或建议，以便及时改进工作，同时应抓紧政治思想教育工作，表扬先进，推动比赛顺利进行。

第二，竞赛处应定期召开教练员、裁判员会议，及时处理比赛中存在的问题；还可以利用休息时间组织交流经验技术讲座等活动大会。

第三，裁判组每天都要进行小结，研究当天裁判工作中存在的问题、改进的措施，同时部署第二天的工作。

第四，场地器材组每天每单元要对场地器材进行维护和管理，如及时修补地面、洒水、滚压画线等。

第五，编排记录组对成绩的记录公布要准确、及时无误，根据本组组员情况分工负责，可分为场内联系、临场编排、公告及复写、总成绩记录和团体总分记录、文件及资料整理等。在田径比赛中要做到一收到一个赛次成绩名次报告表，要立即排出下一赛次的分组分道表，复写一式三份（至少），分别送交宣告处、公告处，自留底一份存查。每一项决赛都要将结果及时填入总记录表及团体总分表，填写全能运动成绩与得分总表，比赛结果也要一式三份（至少）。每天的比赛成绩及平、破纪录人次，项目等有关资料都要当天统计清楚。如有人力，能将每天的全部比赛成绩刻印发给各队及大会各部门，即《每日成绩册》更好。

第六，保卫组要注意驻地的防火防盗及公共场所的治安及秩序工作。

第七，医疗及膳食组要特别注意饮食卫生，防止传染病及食物中毒，医疗组除日常防治疾病外，比赛时要深入现场进行医疗救护工作。

## 5.3 竞赛的结束工作

第一，各部门分别作出总结，如裁判总结、技术总结等，在此基础上，做好大会的全面总结，组织闭幕式，总结报告、宣告比赛成绩及发奖。

第二，整理文件资料，由主管部门存档，编印成绩册。

第三，组织技术报告会，优秀运动队表演赛等。

第四，安排办理离会的有关手续，如结算食宿费用、提前购买车票及市内交通车辆的安排。

第五，处理及归还器材用具。

第六，做好组织委员会的结束工作，编印好成绩册，并向上一级汇报工作。

运动会的方法及步骤可根据运动会的规模而增减，不是一成不变的，既有分工又有协作的比赛才能精彩圆满。

# 第 6 章 田径项目的编排

**本章导读**

田径项目的编排原则
田径竞赛日程的编排
田径比赛所需各种表格

田径项目在体育项目中是个大项,这是由于包括的项目多,而且参加的人员也较多。田径比赛的时间比较短,一般为3～4天,如何使不同组别的近30多个项目有机地放在3～4天内并且保证所有参赛运动员的项目不冲突,同时保证足够的休息时间,这就是编排人员要做的工作。

## 6.1 田径项目的编排原则

第一,时间原则。

(1) 净时间。所谓的净时间是指纯粹的比赛时间,是指总时间减去开、闭幕式及表演的时间。如每天比赛时间为:上午8:30—11:30(3小时),下午3:00—6:00(3小时)。比赛4天,共24小时的总时间,如果开幕式占用一个上午,闭幕式占用一个下午,那么净时间就是18个小时。

(2) 各项竞赛所需时间估计(可参见6.3节中表6-8)。

(3) 按照田径竞赛规则的规定,编排时注意同一项目各赛次之间、全能比赛各项之间的休息时间,应保证至少按最低标准留出休息时间。各项比赛任一赛次的最后一组和后继赛次或决赛的第一组之间,最短间隔时间为:200米跑及200米跑以下(含100米跑和200米跑、100米栏、110米栏、4×100米接力跑),各项为45分钟;200米跑以上至1 000米跑

（含 400 米跑、800 米跑、400 米栏、4×400 米接力跑），各项为 90 分钟；1 000 米以上（含 1 500 米跑、3 000 米跑、5 000 米跑、10 000 米跑、3 000 米障碍跑），各项不在同一天举行，马拉松跑及各项竞走，通常都是预决赛（即只有决赛），不在此限制之列。

（4）全能比赛各单项之间为 30 分钟，如有可能，第一天的最后一项与第二天的第一项之间间隔为 10 小时。

第二，兼项原则。

如有可能，按兼项的一般规律将相关项目分开编排，以减少兼项冲突。田径运动的兼项规律是由各项目之间比较相似的动作结构（如跳远和三级跳远）、功能特点（如短跑属无氧代谢，长跑属有氧代谢）和身体素质（如投掷项目以速度力量为主，长跑以耐力为主）诸方面因素决定的。合理处理兼项问题，就是将同类项目中的不同单项（如短跑类中的 100 米跑和 200 米跑；400 米跑和 400 米栏；5 000 米跑和 3 000 米障碍跑；100 米跑和 4×100 米接力跑）分开编排，避免兼项冲突，为运动员提供一个较为合理的比赛时空。一专多能是当代优秀田径运动员的特点，像卡尔·刘易斯、王军霞这样多面手的运动员愈来愈多，他们可以成功地参加多项比赛，兼项的范围很广。例如，我国女子长跑运动员"欧文斯奖"获得者王军霞，在 1993 年中连续刷新 1 500 米跑、3 000 米跑、10 000 米跑 3 项世界纪录。王军霞在径赛中的中跑、长跑、超长跑 3 个类型中，都取得了令田径专家难以想像的成就。她不愧是当代最伟大的多面手田径运动员，其兼项跨度之大是史无前例的。王军霞的壮举，对确定田径运动竞赛日程时如何合理处理兼项提出了新课题。

经常出现的合理兼项有：100 米兼 200 米，100 米兼跳远，200 米兼 400 米，跳高兼三级跳远，400 米兼 800 米，800 米兼 1 500 米，400 米兼 400 米栏，1 500 米兼 3 000 米，5 000 米兼 3 000 米障碍或 10 000 米，100 米兼 4×100 米接力，400 米兼 4×400 米接力，推铅球兼掷铁饼等。

举行田赛及格赛后隔一天再进行正式比赛。某些性质相近的项目，编排时要注意比赛的先后顺序，如先赛推铅球，后赛掷铁饼；先赛 5 000 米，后赛 10 000 米；先赛跳远，后赛三级跳远……

第三，不同组别（成年男子组、成年女子组、少年男子组、少年女子组）的同一项目的径赛，最好衔接起来进行，这样有利于起、终点的裁判工作和场地器材的布置。

第四，不同的跨栏项目比赛，不宜排列在一起进行，一般可排在每一单元的第一项或最后一项，也可排在长距离比赛的后面进行。

第五，男女项目应交叉排开，不同组别的同一田赛项目，在时间许可的情况下，也不要安排在同一场地上同时进行比赛。

第六，短距离的径赛，如 60 米和 200 米跑及 100 米跨栏等，最好是一天结束一个项目，分放在两个单元中，即上午进行一赛，下午进行二、三赛。

第七，编排竞赛秩序时，要注意把决赛项目和比赛精彩的项目分开排列，使运动场上始终保持着热烈、活跃的气氛。

第八，田赛场地的布局，应照顾全场观众，防止一端过分集中、另一端出现空场的现象。

第九，撑杆跳高的比赛时间往往拖得很长，因此估计时间时要充裕一些，一般可把比赛的时间提前，最好安排在上午进行。还要注意阳光照射的角度，勿使运动员的助跑方向正对阳光。

第十，每一单元竞赛（上、下午）的时间，尽可能使田赛和径赛同时结束，并有决赛项目，赛后安排发奖，增加场上热烈气氛。

第十一，如果长距离投掷项目安排在场内进行，为安全起见，当时最好不安排长距离的径赛项目。同组别的长投项目最好不安排在一天内。

第十二，长距离赛跑不要安排在同一天，同时还要考虑气温情况，如夏天比赛，对于长距离的项目，上午要安排得靠前一些，下午则应安排得靠后一些。

第十三，比赛是运动员之间的全面较量，人体在一天之内的承受负荷是有限的，竞赛日程的编排应特别注意运动员所承受的运动负荷量是否合理。一般来讲，比赛层次低，运动员的负荷量也相应降低。

竞赛制度要求运动员每天承受的比赛次数见表6-1。

表6-1 运动员每天承受比赛的次数表

| 运动员参加的主项 | 100米 | 200米 | 400米 | 800米 | 1500米 | 5000米 | 10000米 |
| --- | --- | --- | --- | --- | --- | --- | --- |
| 可能参加的兼项 | 200米 110米栏 4×100米接力 | 100米 或400米 4×100米接力 | 200米 或800米 4×400米接力 | 400米 或1500米 4×400米接力 | 800米 或3000米 | 3000米 或10000米 | 5000米 或3000米 |
| 应比赛次数 | 10~12 | 9~10 | 7~8 | 5~6 | 5 | 3 | 2~3 |
| 运动会比赛天数 | 3 | 3 | 3 | 3 | 3 | 3 | 3 |
| 运动员平均每天应承受的比赛次数 | 4 | ~3.17 | ~2.5 | ~1.83 | ~1.67 | ~1.00 | ~0.83 |

## 6.2　田径竞赛日程的编排

竞赛日程是教练员组织运动员参加比赛的依据，是裁判员执行裁判工作的依据，也是大会工作人员进行工作的依据。竞赛日程是大会秩序册的重要组成部分，是竞赛分项、分组秩序的依据。

编排竞赛日程工作，分为准备、分组、编印秩序册3个阶段。

田径运动员竞赛日程的编排和确定，受诸多因素的制约，主要包括会期、天数、场地条件、参赛人数、项目设置、裁判员人数及水平等。由于各级各类田径运动会的上述制约因素不同，在确定竞赛日程时，也就不可能有一个固定的模式。因此，毫不夸张地说，编排田径运动竞赛日程，其复杂性、多变性，是其他所有运动项目不可与之相比的。

竞赛日程的评估标准有其合理性，它是编排原则与实际情况相结合的具体体现。一个合理的田径运动竞赛日程，具有两个重要意义：首先，它能保证田径运动会有条不紊地进行，圆满完成竞赛任务；其次，它能供一个最佳的比赛时空，恰如其分地安排竞赛期间各项目赛次的间隔时间和兼项关系，使运动员有劳有逸，在全部参赛项目中都能创造出最佳成绩。编排工作是田径竞赛工作的重要枢纽，其工作质量直接影响到比赛是否能有秩序地顺利进行，同时也直接影响到运动员竞技水平的发挥。

## 6.2.1 编排前的准备工作

（1）学习竞赛规程及《田径竞赛规则》，了解每单位每项限报人数每人限报项数、每项取几名、记分方法及奖励办法、比赛内容、形式、参赛人数、比赛时间等一些具体情况。

（2）准备有关用具，绘印各种比赛用表（见6.3节）

（3）根据竞赛规程审查报名单，审核范围如下所述。

① 是否按规程所规定的人数报名，如规定领队2名，教练4名，工作人员2名，运动员男女各20名，只能少而不能多，如发现多报记录后与参加单位联系纠正。

② 有无"人超项"（如每人限报3项，其中有人报了4项）或"项超人"（如每项最多只能报3人，其中有某项报5人）。

③ 有无违反其他规定，如报全能运动员不能兼报单项。

④ 填写的是否为大会发给的报名表，如是自制的应留心其大小、规格、项目次序等。

⑤ 注意有无同一姓名的运动员在表中出现。

⑥ 任报项目中如有填写不清楚或涂改的，要及时记录核实后再作决定。

（4）编写运动员的号码、姓名对照表，审核后按报名顺序排列。

（5）做好统计工作，如各队参赛人数、各项目参加人数、运动员兼项情况等。

（6）了解场地、器材设备等情况（国际比赛最迟提前两年公布各种比赛器材的规格）、裁判员的人数及裁判水平；根据场地器材裁判员的配备等实际情况安排竞赛程序，要考虑到布局均匀，既不能先紧后松也不能先松后紧。

（7）根据比赛天数、作息时间，以每半天为一个比赛单元，除去开、闭幕式所用时间，计算出有多少小时可供比赛使用。

（8）填写竞赛卡片，具体做法为：根据各队报名单将运动员所参加的径赛项目姓名、单位、号码及报名成绩等，每参加一项就填写一张"径赛成绩"记录卡片，全能运动员每人填写一张，全部填写核对无误后按项分类保管，以备分组时使用。

（9）在统一编号之外，为了裁判工作方便，对长跑运动员应另准备一到两位数字的小号码布，由检录员在长跑比赛点名时，按秩序册中竞赛分组顺序分发给运动员，等比赛终了再在终点由检录员收回。

## 6.2.2 竞赛的分组

**1. 径赛**

田径规则规定,参赛运动员过多,不能在一个赛次(决赛)进行比赛时径赛项目应举行若干赛次的比赛(分组赛),举行决赛前各赛次比赛时,所有运动员必须参赛,并通过各个赛次取得决赛的资格。

1)短距离

(1)分组时尽量使每组人数均等,如不能均等,各组人数最多相差1人。

(2)预赛时,同一单位的运动员在条件许可时尽量避免排在同一组(短距离项目人多组少和长距离不分组项目除外)。有报名成绩时,根据报名成绩按"蛇行"排列的方法进行分组。当无报名成绩时,可采用表格斜线法进行分组。各项径赛赛次、组数、每组人数、录取参加后继赛次方法,应参照规则中有关规定。根据各项目的参加人数、赛次和赛次录取名次的名额、分道数(直道、弯道)及裁判员的情况,拟订分组计划表(见表6-2)。根据规则规定确定运动员分道。抄写径赛检录表(见表6-3)。

表6-2 径赛分组计划表

| 项目 | 参加人数 | 预赛 | | | 次赛 | | | 复赛 | | | 决赛 | | | 备注 |
|------|----------|------|------|--------|------|------|--------|------|------|--------|------|------|--------|------|
| | | 组数 | 共计时间 | 录取人数 | 组数 | 共计时间 | 录取人数 | 组数 | 共计时间 | 录取人数 | 组数 | 共计时间 | 录取人数 | |
| | | | | | | | | | | | | | | |
| | | | | | | | | | | | | | | |
| | | | | | | | | | | | | | | |
| | | | | | | | | | | | | | | |
| | | | | | | | | | | | | | | |

表 6-3  径赛检录表

男、女子组　　　　项目：　　　　赛次：　　　　组次：

| 道次 | 一 | 二 | 三 | 四 | 五 | 六 | 七 | 八 |
|---|---|---|---|---|---|---|---|---|
| 号码 | | | | | | | | |
| 姓名 | | | | | | | | |
| 单位 | | | | | | | | |
| 成绩 | | | | | | | | |
| 备注 | | | | | | | | |

检录长：　　　　　　　　记录员：　　　　　　　　　　年　月　日

对第一赛次进行分组时,如果没有报名成绩,可将各单位的运动员按顺序填入表(见表 6-4)内,采用斜线法分组,例如有 10 个单位的 30 名运动员参加 200 米的预赛,分组方法见表 6-5。

表 6-4  分组方法（1）

| 顺序 \ 号码 \ 单位 | 北京 | 上海 | 天津 | 武汉 | 河北 | 西安 | 成都 | 广州 | 沈阳 | 吉林 |
|---|---|---|---|---|---|---|---|---|---|---|
| | 1 | 4 | 7 | 10 | 13 | 16 | 19 | 22 | 25 | 28 |
| | 2 | 5 | 8 | 11 | 14 | 17 | 20 | 23 | 26 | 29 |
| | 3 | 6 | 9 | 12 | 15 | 18 | 21 | 24 | 27 | 30 |

表 6-5  分组方法（2）

| 组别 \ 号码 \ 道次 | 一 | 二 | 三 | 四 | 五 | 六 | 七 | 八 |
|---|---|---|---|---|---|---|---|---|
| A | 1 | 5 | 9 | 10 | 14 | 18 | 19 | 23 |
| B | 27 | 28 | 2 | 6 | 7 | 11 | 15 | 16 |
| C | 20 | 24 | 25 | 29 | 3 | 4 | 8 | 12 |
| D | 12 | 13 | 17 | 21 | 22 | 26 | 30 | |

注：当以上分组编排与编排原则不符时,可以适当调整。

当有报名成绩时,通常按报名成绩对运动员进行排序,然后采用"蛇行"排列的方法将运动员分到各组。例如有 32 名运动员参加 100 米预赛,根据报名成绩将其排为 1~32 号,然后按蛇行排列的方法分为 4 组,即

A　　1　　8　　9　　16　　17　　24　　25　　32
B　　2　　7　　10　　15　　18　　23　　26　　31

| | | | | | | | | |
|---|---|---|---|---|---|---|---|---|
| C | 3 | 6 | 11 | 14 | 19 | 22 | 27 | 30 |
| D | 4 | 5 | 12 | 13 | 20 | 21 | 28 | 29 |

分组后根据编排原则进行核查，如有问题及时调整；如出现同单位运动员同组比赛，以就近调整成绩差的运动员为原则。以上述4个组为例：如A组8号、25号为同一单位运动员时，可将25号运动员和B组26号运动员对调，如26号运动员调入A组后又和同一单位运动员一组时，可将25号运动员和C组27号或D组28号运动员对调。调整组后，由技术代表（如无技术代表可由组委会）先抽签决定4个组的组次，然后再抽签决定道次（预赛8条道一起抽签）。

上述分组抽签工作完成后，即可编制出径赛分组表，其格式如表6-6所示。

表6-6 径赛分组表

项目： 赛次： 人数： 组数： 比赛时间：

第一组

| 道次 | 1 | 2 | 3 | 4 | 5 | 6 | 7 | 8 |
|---|---|---|---|---|---|---|---|---|
| 号码 | | | | | | | | |
| 姓名 | | | | | | | | |
| 单位 | | | | | | | | |

亚洲记录：

全国记录：

注：手工编排时，需将组次、道次填写在径赛成绩记录表上。

（3）径赛项目后继赛次的分组。收到第一赛次成绩后，应按规则规定的顺序，录取参加后继赛次的运动员，并按规则对运动员进行分组。

100米至400米跑、4×400米及较短距离的各项接力，应根据运动员前一赛次的名次和成绩进行筛选，其录取顺序如下所述。

各组的第一名，按成绩排序录取：

最快的第1名；

次快的第1名；

第三快的第1名，等等。

最快的第2名；

次快的第2名；

第三快的第2名，等等。

最后按下列顺序录取：

按成绩录取的最快者；

按成绩录取的次快者；

按成绩录取的第三快者，等等。

然后将运动员按排列的序号，依照"蛇形"分布的顺序，将按序录取的运动员编入各组；抽签排定各组的比赛顺序。

当某项赛次中的一组或几组因计时器故障而没有电子计时成绩时，应将本赛次所有组别的手计时（1/100秒）成绩作为录取进入后继赛次和分组的依据。

（4）其他各项目的编排应继续使用原始成绩，只有在前面赛次中将成绩提高者才可调整。

应当注意的是，安排分组比赛时，建议尽可能考虑所有运动员的成绩资料。抽签排定的分组赛，一般应使优秀运动员能进入决赛。

（5）在预、次、复赛之后，每组至少应录取第一、二名运动员参加下一赛次的比赛，如有可能，建议每组至少应录取3人。出现成绩相等的情况外，在下一赛次录取运动员时，应根据运动员的比赛名次或成绩录取。按成绩录取时，只能采用一种计时方法。分组后，抽签排定各组的比赛顺序。

（6）道次的编排。100米至800米之间的各项径赛、4×400米及以下各项接力赛，如在一次比赛中要连续进行几个赛次时，应按下列规定抽签排定道次：第一个赛次，由每一名运动员抽签排定道次；对于后继赛次，在每轮之后对运动员进行录取和分组，然后分三次抽签排定道次：

选择排列每组前4名的运动员（或队），排定3、4、5、6道；

选择排列第五、第六名的运动员或队，抽签排定7、8道。

选择排列后两名的运动员或队，抽签排定1、2道。

应当注意的是，不足8条分道时，上述方法经过必要修改后，仍应遵循。

2）长距离

800米以上的项目和4×400米以上的接力项目及只需要一个赛次的项目，应抽签决定运动员道次或起跑位置。如属长距离项目不分组；运动员人数多时，可采用按单位抽签的办法，将同一单位运动员编成一路纵队出发。长距离项目人数过多，可分组进行，每组人数最好不超过15人。

编排1 500米和1 500米以上的不分道项目的预赛分组方法同上，只是抽签决定起跑位置顺序（从里向外排列）。

对于1 500米以上（包括1 500米）的项目，如采用分组决赛方法，可将成绩相近的运动员分在同一组，并将成绩好的运动员编在第一组进行比赛，保证不同单位的运动员条件相同，避免附加赛，最好预决赛一次完成；如人多可两条线起跑。

**2. 田赛项目分组**

1）分组原则

田赛项目一般不分组，运动员的比赛顺序由大会抽签决定。

如果参赛人数过多无法顺利进行决赛时，可举行一次及格赛。

参加及格赛的先后顺序由大会抽签决定。

抄写田赛各项目比赛顺序表，并填入田赛高度成绩记录表和田赛远度成绩记录表。

2）关于及格赛

① 制定及格标准应根据报名成绩采用"偏高递补"法。

② 录取人数，按规则规定至少应有 12 名运动员进入决赛。

③ 基层比赛运动员人数过多，可根据场地条件采用分组法或优选法。如只有一个比赛场地，可按先后进行，成绩好的安排在第二组进行，三次试跳或试掷结束后接着在同一场地进行决赛。

④ 如有条件相等的两个场地（助跑方向必须一致）可同时进行比赛，成绩好的一组可放在决赛场地上进行。

⑤ 及格赛后应重新抽签决定正式比赛顺序。及格赛成绩不能成为正式比赛成绩。

**3. 全能分组**

全能项目的分组、分道和顺序，与径赛和田赛各单项相同，只是全能项目的最后一项是把前几项成绩好的运动员放在一个组内进行比赛。径赛分道跑项目每组最好 5 人或 5 人以上，不得少于 3 人。手工编排需填写"全能项目成绩总记录表"。

## 6.2.3 编排方法

编排工作最好是在桌面（安静无风的地方）进行，用事先画好的标有比赛单元的大表格根据以下步骤和方法编排。

（1）把全能项目作为日程表的骨干，根据田径规则规定的比赛顺序，先排在必须出现的单元中；

（2）把精彩的比赛项目和运动会有特殊要求的某些比赛项目（如接力等有可能破纪录的项目，有特定要求的长距离项目等），排定在必须出现的单元时间内；

（3）在上述基础上，再排定径赛项目，先排赛次多的短距离项目，后排跨栏和其他径赛项目，在编排过程中最后安排田赛项目。

竞赛日程有多种编排方法，目前运用较普遍的方法有两种：一种是"填表法"，一种是"卡片法"。

**1. 填表法**

其方法和步骤如下所述。

① 按竞赛规程规定的比赛天数、单元、时间、组别、项目等，填写竞赛日程编排表

（见表6-7）。

② 根据竞赛规程中的参赛单位、报名要求，预计各项目的人数和赛次。

③ 先排全能后排单项项目，先排径赛后排田赛项目。在编排径赛项目时，应根据它们的动作结构、供能特点和身体素质要求类型，将其分为6类：短跑类（100～400米跑），中跑类（800～1 500米跑），长跑类（3 000～10 000米跑），跨栏跑类（直道栏和弯道栏），竞走类（5 000～50 000米竞走），接力跑类（4×100米和4×400米接力跑）。

④ 在统计栏中填上每天的决赛项数和总项数。

⑤ 根据编排原则和实际情况，核查有否漏排项目及赛次，常规兼项的项目有无冲突。

⑥ 检查无误后编排每单元各项目的比赛顺序。

⑦ 编排单元竞赛日程时，应根据预计的比赛人数及组数，参考各项比赛估算时间表，计算出各项目所需时间。按照先排全能（注意各项之间的休息时间）再排单项（注意一项各赛次之间的休息时间）的办法，排出每单元的竞赛项目。

⑧ 有决赛项目时，应预留出发奖时间。一般来说，发奖仪式应在该项决赛结束后30分钟内进行。

⑨ 将竞赛日程交技术代表、组委会和业务部门领导审核。

⑩ 经审核批准后，将竞赛日程印发各有关参赛单位。

**2. 卡片法**

（1）先根据各项竞赛分组表和各项竞赛多少的估计时间，把参加全部竞赛项目的人数、组数及每项比赛所需的时间，分别抄写在用不同颜色区分男女项目的卡片上（如用同一颜色的卡片，则应用不同颜色的笔区分男女项目）。如卡片样式：

| 男少甲 | 100米 | 预赛 | 63人 | 八组 | 40分 |

抄写卡片时，应将有预、复、决赛项目的分别赛次抄写在3张卡片上。如果不是一次抄写完毕，则容易遗漏赛次。

（2）卡片写好后，要对照分组表和全部田赛项目核对一遍，如无遗漏，即可进行比赛日程的安排。

（3）首先安排全能项目，因为全能比赛不但对完成比赛时间有限制（如男子五项全能，必须在一天内完成；男子的十项全能和女子的七项全能，必须在连续的两天内完成），而且对项目的顺序及项目之间的最低休息时间，也都有相应的规定。因此，必须首先把全能项目合理地安排在每个比赛单元内。

（4）全能项目的纸条按顺序排列于每个单元后，再按照编排竞赛日程的原则，先把径赛项目分成几天，同时参看兼项统计表，对合理的兼项要照顾，不要安排在同一时间比赛，再把每天项目的估计时间加起来，看是否能在可供比赛的时间内赛完。如有问题，则应进行调整。当每天比赛项目确定后，便把这些项目按单元分上午、下午进行混合编排。编排时要经常核对兼项统计表，如有冲突或两个赛次之间休息时间不够，应重新调整。

（5）最后排田赛项目，也要经常看兼项统计表，同时还要照顾到兼项比赛的先后顺序，如先推铅球，后掷铁饼等。

## 6.2.4 编印田径运动会秩序册

秩序册是运动竞赛组织和竞赛秩序的文字依据，是所有领队、教练员、运动员、裁判员和大会工作人员在比赛期间的工作依据，也是观众观看比赛的"节目单"。因此，不同规模的运动会都应当编印一本秩序册。大型综合性运动会除了编印总秩序册外，各个项目（如篮球、田径、游泳等）还应编印各自秩序册。高等级的田径比赛，在赛前根据各队报名单，统计运动员情况，包括项目、姓名、年龄、身高、体重、最好成绩、最近成绩等，整理出按国家/地区名称缩写排序的运动员名单，汇编总秩序册，赛中汇编《每日秩序册》。

各种比赛项目的秩序册内容不尽相同，但大同小异。根据国家体委对秩序册的规格、内容的统一要求，以田径为例，其规格为16开，一般有以下内容（其他项目的秩序册可根据此而有所取舍）。

1）封面

秩序册封面的内容有：比赛名称、地点、日期、主办单位、承办单位、赞助单位或冠军单位。凡有冠军杯的比赛，其格式如：××杯全国田径锦标赛。"秩序册"三个字要大而醒目，如运动会有会徽，还应在封面上印上会徽，封面的美术设计要精美。

2）目录

在扉页或目录之后应写明：运动会名称、主办单位、批准单位、承办单位、赞助单位或祝贺单位。

3）贺词、照片

4）组织委员会及下属各委员会（处或组）人员名单

5）技术代表、技术官员、仲裁委员会、裁判员名单

6）竞赛规程、须知、补充通知

7）赛会活动日程安排

8）竞赛日程

9）代表队名单

按单位排序，内容有：队名、领队、教练医生、运动员（号码、姓名、出生年月日、身高、体重及参赛项目）。

10）各项运动员名单

按项目将参赛运动员以报名成绩优劣依次排列。在排列径赛运动员顺序时，如遇某参赛运动员报名成绩不是电动计时成绩，应按有关规定将它换算成电动计时成绩。

11）各项竞赛分组

12）运动会各类人数统计

13）田径记录和运动员技术等级标准

14）田径场地平面图

15）广告

秩序册上可印符合国际田联规定的广告。全国田径锦标赛、冠军赛必须提供2页广告，印中国田径协会有常年合同的广告。

高等级的田径运动竞赛在竞赛过程中，每天都要印发《每日秩序册》（又称《每日分秩序册》），其内容为：
① 当日竞赛日程；
② 各项竞赛分组名单；
③ 获得后继赛次比赛的运动员名单。

## 6.3　田径比赛所需各种表格

田径比赛中所需表格见表6-7～表6-51。

表 6-7　运动员每天承受比赛的次数表

| 运动员参加的主项 | 100 米 | 200 米 | 400 米 | 800 米 | 1 500 米 | 5 000 米 | 10 000 米 |
|---|---|---|---|---|---|---|---|
| 可能参加的兼项 | 200 米<br>110 米栏<br>4×100 米接力 | 100 米<br>或 400 米<br>4×100 米接力 | 200 米<br>或 800 米<br>4×400 米接力 | 400 米<br>或 1 500 米<br>4×400 米接力 | 800 米或<br>3 000 米 | 3 000 米<br>或<br>10 000 米 | 5 000 米<br>或<br>3 000 米 |
| 应比赛次数 | 10~12 | 9~10 | 7~8 | 5~6 | 5 | 3 | 2~3 |
| 运动会比赛天数 | 3 | 3 | 3 | 3 | 3 | 3 | 3 |
| 运动员平均每天应承受的比赛次数 | 4 | ~3.17 | ~2.5 | ~1.83 | ~1.67 | ~1.00 | ~0.83 |

表 6-8　各项目比赛估计时间表

| | 项目 | 径赛每组时间田赛全赛时间 | 备注全国比赛 |
|---|---|---|---|
| 径赛 | 100、200、400 米 | 4~5 | 4~5 |
| | 800 米 | 6~8 | 6~8 |
| | 1 500 米 | 8~10 | 8~10 |
| | 3 000 米、3 000 米障碍 | 15~20 | 12~15 |
| | 5 000 米 | 20~25 | 40~50，不包括摆撤栏时间 |
| | 10 000 米 | 40~50 | 10 |
| | 100 米、110 米、400 米栏 | 5 | 10 |
| | 4×100 米接力 | 8~10 | 190~200 |
| | 4×400 米接力 | 10~15 | 20~25 |
| | 马拉松 | 200~210 | 30~35 |
| | 3 000 米竞走 | 25~30 | 55~60 |
| | 5 000 米竞走 | 40~45 | 55~60 |
| | 10 000 米竞走 | 70~75 | 110~120 |
| | 10 公里竞走 | 70~75 | 300~310 |
| | 20 公里竞走 | 120~130 | |
| | 50 公里竞走 | 310~320 | |
| 田赛 | 跳远、三级跳远、铅球 | 3~4×（总人数+8） | 3~4×（总人数+8） |
| | 跳高 | 10~12×（总人数） | 10~12×（总人数） |
| | 撑杆跳高 | 13~15×（总人数） | 13~15×（总人数） |
| | 铁饼 | 4~5×（总人数+8） | 4~5×（总人数+8） |
| | 标枪 | 4~5×（总人数+8） | 4~5×（总人数+8） |
| | 链球 | 5~6×（总人数+8） | 5~6×（总人数+8） |

注：① 不同项目换项或同项目换组时需增 5~10 分钟；

② 摆栏和撤栏时间需增加 5~10 分钟；

③ 基层比赛时间的估算可有所增减。

表6-9　100米　200米　400米　100米栏　110米栏　400米栏

| 报名人数 | 第一赛次 组数 | 录取人数 按名次 | 录取人数 按成绩 | 第二赛次 组数 | 录取人数 按名次 | 录取人数 按成绩 | 第三赛次 组数 | 录取人数 按名次 | 录取人数 按成绩 |
|---|---|---|---|---|---|---|---|---|---|
| 9~16 | 2 | 3 | 2 | | | | | | |
| 17~24 | 3 | 2 | 2 | | | | | | |
| 25~32 | 4 | 3 | 4 | 2 | 3 | 2 | | | |
| 33~40 | 5 | 4 | 4 | 3 | 2 | 2 | | | |
| 41~48 | 6 | 3 | 6 | 3 | 2 | 2 | | | |
| 49~56 | 7 | 3 | 3 | 3 | 2 | 2 | | | |
| 57~64 | 8 | 3 | 8 | 4 | 3 | 4 | 2 | 4 | |
| 65~72 | 9 | 3 | 5 | 4 | 3 | 4 | 2 | 4 | |
| 73~80 | 10 | 3 | 2 | 4 | 3 | 4 | 2 | 4 | |
| 81~88 | 11 | 3 | 7 | 5 | 3 | 1 | 2 | 4 | |
| 89~96 | 12 | 3 | 4 | 5 | 3 | 1 | 2 | 4 | |
| 97~104 | 13 | 3 | 9 | 6 | 3 | 6 | 3 | 2 | 2 |
| 105~112 | 14 | 3 | 6 | 6 | 3 | 6 | 3 | 2 | 2 |

表6-10　800米、4×100米、4×400米

| 报名人数 | 第一赛次 组数 | 录取人数 按名次 | 录取人数 按成绩 | 第二赛次 组数 | 录取人数 按名次 | 录取人数 按成绩 | 第三赛次 组数 | 录取人数 按名次 | 录取人数 按成绩 |
|---|---|---|---|---|---|---|---|---|---|
| 9~16 | 2 | 3 | 2 | | | | | | |
| 17~24 | 3 | 2 | 2 | | | | | | |
| 25~32 | 4 | 3 | 4 | 2 | 3 | 2 | | | |
| 33~40 | 5 | 4 | 4 | 3 | 2 | 2 | | | |
| 41~48 | 6 | 3 | 6 | 3 | 2 | 2 | | | |
| 49~56 | 7 | 3 | 3 | 3 | 2 | 2 | | | |
| 57~64 | 8 | 2 | 8 | 3 | 2 | 2 | | | |
| 65~72 | 9 | 3 | 5 | 4 | 3 | 4 | 3 | 2 | 2 |
| 73~80 | 10 | 3 | 2 | 4 | 3 | 4 | 3 | 2 | 2 |
| 81~88 | 11 | 3 | 7 | 5 | 3 | 1 | 3 | 2 | 2 |
| 89~96 | 12 | 3 | 4 | 5 | 3 | 1 | 3 | 2 | 2 |
| 97~104 | 13 | 3 | 9 | 6 | 3 | 6 | 3 | 2 | 2 |
| 105~112 | 14 | 3 | 6 | 6 | 3 | 6 | 3 | 2 | 2 |

表 6–11　1 500 米、3 000 米、3 000 米障碍

| 报名人数 | 第一赛次 | 录取人数 | | 第二赛次 | 录取人数 | |
|---|---|---|---|---|---|---|
| | 组数 | 按名次 | 按成绩 | 组数 | 按名次 | 按成绩 |
| 16～30 | 2 | 4 | 4 | | | |
| 31～45 | 3 | 6 | 6 | 2 | 5 | 2 |
| 46～60 | 4 | 5 | 4 | 2 | 5 | 2 |
| 61～75 | 5 | 4 | 4 | 2 | 5 | 2 |

表 6–12　5 000 米

| 报名人数 | 第一赛次 | 录取人数 | | 第二赛次 | 录取人数 | |
|---|---|---|---|---|---|---|
| | 组数 | 按名次 | 按成绩 | 组数 | 按名次 | 按成绩 |
| 20～40 | 2 | 5 | 5 | | | |
| 41～60 | 3 | 8 | 6 | 2 | 6 | 3 |
| 61～80 | 4 | 6 | 6 | 2 | 6 | 3 |
| 81～100 | 5 | 5 | 5 | 2 | 6 | 3 |

表 6–13　10 000 米

| 报名人数 | 第一赛次 | 录取人数 | |
|---|---|---|---|
| | 组数 | 按名次 | 按成绩 |
| 28～54 | 2 | 8 | 4 |
| 55～81 | 3 | 5 | 5 |
| 82～108 | 4 | 4 | 4 |

表 6–14　报名表

单位编号：　　单位名称：　　组别：　　领队：　　教练：　　填表日期：

| 会编号码 | 姓名 | 出生年月 | 100米 | 200米 | 400米 | 800米 | 1 500米 | 5 000米 | 100米栏 | …… | 铁饼 | 链球 | 七项全能 | 十项全能 | 备注 |
|---|---|---|---|---|---|---|---|---|---|---|---|---|---|---|---|
| | | | | | | | | | | | | | | | |
| | | | | | | | | | | | | | | | |
| | | | | | | | | | | | | | | | |

注：① 单位编号及会编号码大会统一填写。　　联系人：　　填表人：
　　② 按竞赛规程规定，在参加项目格中划"√"。　　医务室盖章：　　电话：
　　③ 写明运动员的最近成绩。

**表 6-15　各单位参加人数统计表**

| 单位编号 | 单位 | 运动员起止号码 | 运动员 | | | 工作人员 | | | | 总计 |
|---|---|---|---|---|---|---|---|---|---|---|
| | | | 男 | 女 | 小计 | 领队 | 教练员 | 医生 | 小计 | |
| | | | | | | | | | | |
| | | | | | | | | | | |
| | | | | | | | | | | |
| | | | | | | | | | | |

**表 6-16　接力赛成绩记录卡片**

项目　　　　　　　组别

| 单位 | | 报名成绩 | | 全国记录 | |
|---|---|---|---|---|---|
| 棒次 | 第一棒 | 第二棒 | 第三棒 | 第四棒 | 备注 |
| 号码 | | | | | |
| 姓名 | | | | | |

| 赛次 | 组次 | 道次 | 比赛成绩 | 决定成绩 | 名次 | 备注 |
|---|---|---|---|---|---|---|
| 预 | | | | | | |
| 次 | | | | | | |
| 复 | | | | | | |
| 决 | | | | | | |

总裁判长：　　　　　径赛裁判长：　　　　　计时长：　　　　　年　月　日
　　　　　　　　　　　　　　　　　　　计时员：

**表 6-17　运动员参赛确认表　（第　天）**

| 单位 | | | |
|---|---|---|---|
| 项目 | 号码 | 姓名 | 成绩 |
| | | | |
| | | | |
| | | | |
| | | | |
| 4×100 米或 4×100 米接力 | | | |

注：① 此表根据每项限报人数绘制，男女组分开绘制。
　　② 各参赛队按规定时间，将此表交编排组。

表 6-18　男子十项全能成绩记录卡片（正面）

| 号码 | | 姓名 | | 单　位 | | 报名成绩 | 全国记录 |
|---|---|---|---|---|---|---|---|
| | | | | | | | |

| | 项　　目 | 竞赛成绩 | | 每天积分 | 总分 | 名次 | 备注 |
|---|---|---|---|---|---|---|---|
| | | 成绩 | 得分 | | | | |
| 第一天 | 100 米 | | | | | | |
| | 跳远 | | | | | | |
| | 铅球 | | | | | | |
| | 跳高 | | | | | | |
| | 400 米 | | | | | | |
| 第二天 | 110 米栏 | | | | | | |
| | 铁饼 | | | | | | |
| | 撑杆跳高 | | | | | | |
| | 标枪 | | | | | | |
| | 1 500 米 | | | | | | |

总裁判：　　　田赛裁判长：　　　计时长：　　　　　年　月　日
　　　　　　　　　　　　　　　　计时员：

## 男子十项全能各单项记录卡片（背面）

| 号码 | | | 姓名 | | |
|---|---|---|---|---|---|
| 项目 | 比赛成绩 | 决定成绩 | 项目 | 比赛成绩 | 决定成绩 |
| 100 米 | | | 110 米栏 | | |
| 跳远 | | | 铁饼 | | |
| 铅球 | | | 标枪 | | |
| 400 米 | | | 1 500 米 | | |

| 跳高 | 高度 | | | | |
|---|---|---|---|---|---|
| | 试跳次数 | | | | |
| 撑杆跳高 | 高度 | | | | |
| | 试跳次数 | | | | |

表 6-19 径赛成绩记录卡片

项目　　　　　　　组别

| 　 | 号码 | 姓名 | 单位 | 报名成绩 | 全国记录 | | |
|---|---|---|---|---|---|---|---|
| 赛次 | 组次 | 道次 | 比赛成绩 | 决定成绩 | 名次 | 备注 |
| 预 | | | | | | |
| 次 | | | | | | |
| 复 | | | | | | |
| 决 | | | | | | |

总裁判：　　　　　径赛裁判长：　　　　　记时长：　　　　　年　月　日
　　　　　　　　　　　　　　　　　　　记时员：

表 6-20 各项目参赛人数统计表

| 单位<br>参加人数<br>项目 | | | | | | | |
|---|---|---|---|---|---|---|---|
| 径赛 | | | | | | | |
| 田赛 | | | | | | | |
| 全能 | | | | | | | |

**表 6-21　男、女子运动员兼项统计表**

| 项目＼人数＼项目 | 100 米 | 200 米 | …… | 跳远 | 跳高 | 铅球 | …… |
|---|---|---|---|---|---|---|---|
| 100 米 | × | | | | | | |
| 200 米 | | × | | | | | |
| …… | | | × | | | | |
| 跳远 | | | | × | | | |
| 跳高 | | | | | × | | |
| 铅球 | | | | | | × | |
| …… | | | | | | | |

**表 6-22　径赛检录表**

男、女子组　　　项目：　　　赛次：　　　组次：

| 道次 | 一 | 二 | 三 | 四 | 五 | 六 | 七 | 八 |
|---|---|---|---|---|---|---|---|---|
| 号码 | | | | | | | | |
| 姓名 | | | | | | | | |
| 单位 | | | | | | | | |
| 成绩 | | | | | | | | |
| 备注 | | | | | | | | |

**表 6-23　田赛高度项目成绩记录表**

项目　　　组别　　　赛　　　　　　　　　　年　月　日

| 号码 | 姓名 | 高度／单位 | …… | …… | 成绩 | 名次 | 备注 |
|---|---|---|---|---|---|---|---|
| | | | | | | | |
| | | | | | | | |
| | | | | | | | |

| 名次 | 号码 | 姓名 | 单位 | 成绩 | 备注 |
|---|---|---|---|---|---|
| 一 | | | | | |
| 二 | | | | | |
| 三 | | | | | |
| 四 | | | | | |
| 五 | | | | | |
| 六 | | | | | |
| 七 | | | | | |
| 八 | | | | | |

总裁判：
田赛裁判长：
跳跃主裁判：
裁判员：
记录员：
技术官员：

注：印制此表时规格为 8 开，放大表格上半部。

表 6–24　田赛远度成绩记录表

项目　　　　组别　　　　赛　　　　　　　　　　　　　　　　　　　　　年　月　日

| 号码 | 姓名 | 单位 | 比赛顺序 | | 前三次成绩 | | | | 后三次成绩 | | | 全赛最好成绩 | 名次 | 备注 |
|------|------|------|------|------|------|------|------|------|------|------|------|------|------|------|
| | | | 前3 | 后3 | 1 | 2 | 3 | 最好成绩 | 1 | 2 | 3 | | | |
| | | | | | | | | | | | | | | |
| | | | | | | | | | | | | | | |
| | | | | | | | | | | | | | | |

| 名次 | 号码 | 姓名 | 单位 | 成绩 | 备注 | |
|------|------|------|------|------|------|---|
| 一 | | | | | | 总裁判： |
| 二 | | | | | | 田赛裁判长： |
| 三 | | | | | | 跳跃主裁判： |
| 四 | | | | | | 裁判员： |
| 五 | | | | | | 记录员： |
| 六 | | | | | | |
| 七 | | | | | | 技术官员： |
| 八 | | | | | | |

注：印制此表时规格为8开，放大表格上半部。

表 6–25　全能项目成绩总记录表

| 号码 | 姓名 | 单位 | ×× | ×× | 累计 | ×× | 累计 | ×× | …… | 总分 | 名次 | 备注 |
|------|------|------|------|------|------|------|------|------|------|------|------|------|
| | | | | | | | | | | | | |
| | | | | | | | | | | | | |
| | | | | | | | | | | | | |
| | | | | | | | | | | | | |
| | | | | | | | | | | | | |

表 6–26　取得　　赛权名单

项目：　　　　　组别：

| 顺　序 | 号　码 | 姓　名 | 单　位 | 成　绩 | 备　注 |
|--------|--------|--------|--------|--------|--------|
| | | | | | |
| | | | | | |
| | | | | | |
| | | | | | |
| | | | | | |
| | | | | | |
| | | | | | |
| | | | | | |

**表6-27　男、女子单项成绩记录表**

| 名次<br>项目 | 第一名 | | | 第二名 | | | 第三名 | | | …… | 备注 |
|---|---|---|---|---|---|---|---|---|---|---|---|
| | 姓名 | 单位 | 成绩 | 姓名 | 单位 | 成绩 | 姓名 | 单位 | 成绩 | | |
| 100米 | | | | | | | | | | | |
| 200米 | | | | | | | | | | | |
| 400米 | | | | | | | | | | | |

**表6-28　男、女子团体总分表**

| 单元<br>项目<br>单位 | 第一单元 | | | 第二单元 | | | …… | 总分 | 名次 | 备注 |
|---|---|---|---|---|---|---|---|---|---|---|
| | 100米 | …… | 小计 | 200米 | …… | 小计 | | | | |
| | | | | | | | | | | |
| | | | | | | | | | | |
| | | | | | | | | | | |

**表6-29　男、女子奖牌统计表**

| 项目<br>奖牌数<br>单位 | 100米 | | | 200米 | | | 400米 | | | …… | 合计 | | | 备注 |
|---|---|---|---|---|---|---|---|---|---|---|---|---|---|---|
| | 金牌 | 银牌 | 铜牌 | 金牌 | 银牌 | 铜牌 | 金牌 | 银牌 | 铜牌 | | 金牌 | 银牌 | 铜牌 | |
| | | | | | | | | | | | | | | |
| | | | | | | | | | | | | | | |

**表6-30　破记录统计表**

| 项目 | 原记录 | 新记录 | | | | | 备注 |
|---|---|---|---|---|---|---|---|
| | | 创造者 | 单位 | 成绩 | 赛次轮次 | 时间 | |
| 100米 | | | | | | | |
| 跳远 | | | | | | | |

表 6-31  田径比赛成绩证明单

| 姓名 | | 性别 | | 出生年月 | | 民族 | | 身高 | |
|---|---|---|---|---|---|---|---|---|---|
| 项目 | | 成绩 | | | 风速 | | | 体重 | |
| 籍贯 | | 所在单位 | | | | | | | |
| 竞赛名称 | | | | | 运动等级 | | | | |
| 竞赛时间 | | | | 竞赛地点 | | | | | |

| 创造成绩时情况 | |
|---|---|

| 执行判断 | 签名 | 裁判员职务 | 裁判员级别 |
|---|---|---|---|
| | | | |
| | | | |

| 裁判长审核 | |
|---|---|

| 大会意见 | 大会盖章  年 月 日 |
|---|---|

表 6-32  运动员起跑犯规情况登记表    年  月  日

| 组别 | 项目 | 赛次 | 组次 | 枪数 | 鸣枪时间 | 犯规 | | 罚下 | | 备注 |
|---|---|---|---|---|---|---|---|---|---|---|
| | | | | | | 号码 | 道次 | 号码 | 道次 | |
| | | | | | | | | | | |
| | | | | | | | | | | |
| | | | | | | | | | | |
| | | | | | | | | | | |
| | | | | | | | | | | |

发令员：　　　　　　　　助理发令员：

表 6-33  外场径赛终点成绩记录表

项目：　　　　　组别：　　　　　名次：

| 号码 | 成绩 | 备注 |
|---|---|---|
| | | |
| | | |

计时员：

**表 6-34　外场径赛分段成绩记录表**

项目：　　　　组别：　　　　分段：

| 名次 | 号码 | 成绩 | 备注 |
| --- | --- | --- | --- |
| 1 | | | |
| 2 | | | |
| 3 | | | |

**表 6-35　5 000 米跑计时、记圈表**

号码：　　　　组别：　　　　单位：　　　　赛次：

| 已跑圈数 | 已跑距离/米 | 成绩 | 剩余圈数 |
| --- | --- | --- | --- |
| 0.5 | 200 | | 12 |
| 1.5 | 600 | | 11 |
| 2.5 | 1 000 | | 10 |
| 3.5 | 1 400 | | 9 |
| 4.5 | 1 800 | | 8 |
| 5.5 | 2 200 | | 7 |
| 6.5 | 2 600 | | 6 |
| 7.5 | 3 000 | | 5 |
| 8.5 | 3 400 | | 4 |
| 9.5 | 3 800 | | 3 |
| 10.5 | 4 200 | | 2 |
| 11.5 | 4 600 | | 1 |
| 12.5 | 5 000 | | 0 |

计时员：　　　　　　　　　　年　月　日

**表 6-36　终点名次报告表**

组别：　　　　项目：　　　　赛次：　　　　组次：

| 主看名次 | | 第　　名 | |
| --- | --- | --- | --- |
| 号码 | | 道次 | |
| 兼看名次 | | 号码 | 道次 |
| 备注 | | | |

裁判员：　　　　　　　主裁判：

**表 6-37　终点摄影计时成绩表**

组别：　　　　项目：　　　　赛次：　　　　组次：　　　　片号：

| 名次 | 号码 | 成绩 | 备注 |
| --- | --- | --- | --- |
| 1 | | | |
| 2 | | | |
| 3 | | | |
| 4 | | | |
| 5 | | | |
| 6 | | | |
| 7 | | | |
| 8 | | | |
| | | | |
| | | | |

主裁判：　　　　记录员：　　　　　　　　年　月　日

**表 6-38　1 500 米总记圈表**

组别：　　　　赛次：　　　　组次：　　　　参赛人数：

| 余圈数 | 1 | 2 | 3 | 4 | 5 | 6 | 7 | 8 | 9 | 10 | 11 | …… |
| --- | --- | --- | --- | --- | --- | --- | --- | --- | --- | --- | --- | --- |
| 3 | | | | | | | | | | | | |
| 2 | | | | | | | | | | | | |
| 1 | | | | | | | | | | | | |
| 0 | | | | | | | | | | | | |

记圈员：　　　　　　　　年　月　日　时

**表 6-39　径赛检查报告表**

组别：　　　　项目：　　　　赛次：　　　　组次：

| 犯规运动员号码（道次） | | 被影响运动员号码 | |
| --- | --- | --- | --- |
| 犯规地点 | | | |
| 犯规情况及违反规则条款 | | | |
| 检查主裁判意见 | | | |
| 径赛裁判长意见 | | | |
| 总裁判意见 | | | |

检查员：　　　　　　年　月　日　时

**表 6-40　径赛风速记录表**

| 组别 | 时间 | 项目 | 赛次 | 组次 | 测定时间（秒） | 风速（米/秒） | 备注 |
|---|---|---|---|---|---|---|---|
|  |  |  |  |  |  |  |  |
|  |  |  |  |  |  |  |  |
|  |  |  |  |  |  |  |  |
|  |  |  |  |  |  |  |  |

风速测量员：　　　　　　　　年　月　日　时

**表 6-41　女子七项全能比赛检录时间表**

| 日期 | 第一天（　月　日） | | | | 第二天（　月　日） | | |
|---|---|---|---|---|---|---|---|
| 单元 | 上午 | | 下午 | | 上午 | | 下午 |
| 项目 | 100 米栏 | 跳高 | 铅球 | 200 米 | 跳远 | 标枪 | 800 米 |
| 检录时间 |  |  |  |  |  |  |  |
| 比赛时间 |  |  |  |  |  |  |  |

**表 6-42　竞走运动员犯规判罚记录表**

比赛项目：　　　组别：　　　裁判员号码：　　　日期：

| 运动员号码 | 警告 | | 取消比赛资格 |
|---|---|---|---|
|  | 时间（M：腾空） | 时间（〈：屈膝） | 时间 M〈 |
|  |  |  |  |
|  |  |  |  |
|  |  |  |  |
|  |  |  |  |
|  |  |  |  |
|  |  |  |  |

裁判员签名：

**表 6-43　竞走技术犯规判罚总记录表**

项目：　　　日期：　　　运动会名称：

| 运动员号码 | 1 | | 2 | | 3 | | 4 | | 5 | | 6 | | … | 取消比赛资格 |
|---|---|---|---|---|---|---|---|---|---|---|---|---|---|---|
|  | M〈 | O | M〈 | O | M〈 | O | M〈 | O | M〈 | O | M〈 | O | … | 时间 |
|  |  |  |  |  |  |  |  |  |  |  |  |  |  |  |
|  |  |  |  |  |  |  |  |  |  |  |  |  |  |  |
|  |  |  |  |  |  |  |  |  |  |  |  |  |  |  |
|  |  |  |  |  |  |  |  |  |  |  |  |  |  |  |
|  |  |  |  |  |  |  |  |  |  |  |  |  |  |  |

记录员：

**表 6-44　竞走运动员犯规记录卡**

红卡
请尽快传给记录员

组别：　　　　　　　　项目：　　　　　　　　比赛时间：

裁判员号码_____

运动员号码_____

圈数或时间_____

裁判员签名_____

判罚原因

腾空 M □

屈膝 〈 □

注：根据判罚原因在相应的空格内打"×"

**表 6-45　竞走红卡显示牌**

| 号码 | 1 | 2 | 3 | 号码 | 1 | 2 | 3 | 号码 | 1 | 2 | 3 | 号码 | 1 | 2 | 3 |
|---|---|---|---|---|---|---|---|---|---|---|---|---|---|---|---|
| 1 | | | | 7 | | | | 13 | | | | 19 | | | |
| 2 | | | | 8 | | | | 14 | | | | 20 | | | |
| 3 | | | | 9 | | | | 15 | | | | 21 | | | |
| 4 | | | | 10 | | | | 16 | | | | 22 | | | |
| 5 | | | | 11 | | | | 17 | | | | 23 | | | |
| 6 | | | | 12 | | | | 18 | | | | 24 | | | |

**表 6-46　马拉松运动员出席情况统计表**

组别　　　　年　　月　　日

| 队员 | 应到人数 | 缺席运动员号码 | 实到人数 | 备注 |
|---|---|---|---|---|
| | | | | |
| | | | | |
| 总计 | | | | |

检录员：

### 表 6-47 破田径记录报告表

| 姓名 | | 性别 | | 出生年月日 | | 民族 | | 身高 | |
|---|---|---|---|---|---|---|---|---|---|
| 体重 | | 项目 | | 成绩 | | | | 原记录 | |
| 籍贯 | | 所在单位 | | | | | | 运动等级 | |
| 竞赛名称 | | | | | | 风速 | | | |
| 竞赛时间 | | | | 竞赛地点 | | | | | |
| 运动员所在单位意见 | | | | | | 负责人： | 盖章 | 年 月 | 日 |
| 运动员所在体委意见 | | | | | | 负责人： | 盖章 | 年 月 | 日 |
| 国家体委审批意见 | | | | | 审批人： | 经办人： | 盖章 | 年 月 | 日 |

注：须附"田径比赛成绩证明表"。

### 表 6-48 田径比赛成绩证明表

| 姓名 | | 性别 | | 出生年月日 | | 民族 | | 身高 | |
|---|---|---|---|---|---|---|---|---|---|
| 体重 | | 项目 | | 成绩 | | 风速 | | | |
| 籍贯 | | 所在单位 | | | 运动等级 | | | | |
| 竞赛名称 | | | | | | 运动等级 | | | |
| 竞赛时间 | | | | 竞赛地点 | | | | | |
| 创造成绩时场地、器材等情况 | | | | | | | | | |
| 执行裁判 | | 签名 | | 裁判员职务 | | | 裁判员级别 | | |
| | | | | | | | | | |
| | | | | | | | | | |
| 裁判长审核 | | | | | | | | | |
| 竞委会意见 | | | | | | | 盖章 | 年 月 | 日 |

表 6-49　兴奋剂检查通知单

运动员姓名：＿＿＿＿＿＿＿＿＿＿＿＿＿＿

号　　　码：＿＿＿＿＿＿＿＿＿＿＿＿＿＿

比 赛 日 期：＿＿＿＿＿＿＿＿＿＿＿＿＿＿

请注意：你应在赛后一小时内到兴奋剂检查站报到。否则，将取消资格。你可由一名代表队官员或者医生陪同。

你将在被监督下留尿样，请你在到达检查站前不要排尿。

通知单回执

我承认已收到了接受兴奋剂检查的通知，同意在规定时间内报到。

运动员签名：＿＿＿＿＿＿　日期：＿＿＿＿＿＿　时间：＿＿＿＿＿＿

表 6-50　兴奋剂检查表

| 运动会名称：＿＿＿＿＿＿＿＿＿＿＿＿＿＿ | 地　　　点：＿＿＿＿＿＿＿＿＿＿＿＿＿＿ |
|---|---|
| 运动员姓名：＿＿＿＿＿＿＿＿＿＿＿＿＿＿ | 单　　　位：＿＿＿＿＿＿＿＿＿＿＿＿＿＿ |
| 项　　　目：＿＿＿＿＿＿＿＿＿＿＿＿＿＿ | 运动员号码：＿＿＿＿＿＿＿＿＿＿＿＿＿＿ |
| 本项比赛时间：＿＿＿＿＿＿＿＿＿＿＿＿＿＿ | 留尿样时间：＿＿＿＿＿＿＿＿＿＿＿＿＿＿ |
| A 瓶 号 码：＿＿＿＿＿＿＿＿＿＿＿＿＿＿ | B 瓶 号 码：＿＿＿＿＿＿＿＿＿＿＿＿＿＿ |
| 留尿总量（毫升）：＿＿＿＿＿＿＿＿＿＿＿＿ | 性　　　别：＿＿＿＿＿＿＿＿＿＿＿＿＿＿ |

此前使用过何种药物：＿＿＿＿＿＿＿＿＿＿＿＿＿＿＿＿＿＿＿＿＿＿＿＿＿＿＿＿＿＿＿＿＿＿＿＿＿＿＿＿＿＿＿＿＿＿＿＿＿＿＿＿＿＿＿＿＿＿＿＿＿＿＿＿＿＿＿＿＿＿＿＿＿＿＿＿＿＿＿＿＿＿

兴奋剂检查员签名：＿＿＿＿＿＿＿＿＿＿＿＿＿＿＿＿＿＿＿＿

我声明：取样程序符合规定。符合 □　　不符合 □

运动员签名：＿＿＿＿＿＿＿＿

备注：＿＿＿＿＿＿＿＿＿＿＿＿＿＿＿＿＿＿＿＿＿＿＿＿＿＿＿＿＿＿＿＿＿＿＿＿＿＿＿＿＿＿＿＿＿＿＿＿＿＿＿＿＿＿＿＿＿＿＿＿＿＿＿＿＿＿＿＿＿＿＿＿＿＿＿＿＿＿＿＿＿＿＿＿

**表 6-51　田径赛抗议申诉书**

送仲裁委员会：

申诉单位：　　　　　　　领队或教练员：　　　　签字

　　根据规则第 146 条规定，现向仲裁委员会提交抗议审诉书，并附交申诉费 800 元。（人民币）

　　比赛时间：_____年_____月_____日_____时

　　比赛项目：_____

　　理　　由：_____

_____

　　成绩公告时间：　　　　　抗议申诉书收到时间：

　　　　　　　　　　成立：申诉费退还_____

　　裁决结果：抗议

　　　　　　　　　　否决：申诉费没收_____

　　裁决证明书签收人签字：_____

**表 6-52　裁决证明书**

送发：_____　日期_____年_____月_____日

裁决者签字：_____

　　　　　　　　　　成立，退还申诉费_____

根据下列理由抗议

　　　　　　　　　　否决，申诉费上交_____

项目：_____

理由：_____

_____

# 第 7 章 球类项目的编排

**本章导读**
- 循环制
- 淘汰制
- 混合比赛制

## 7.1 循环制

循环制（轮流比赛制）是较早为人类采用的古老的竞赛方法。循环制始于英国，原是在公园举行的一种轮流签名，以示机会均等的团体活动。所谓循环制，即每一竞技者均以除自身以外的所有参赛者轮流捉对比赛，依据全部场次的比赛结果，判定竞赛名次。这种方法较为公平合理，每一参加单位都有相遇的机会，能较合理地产生优胜者，对提高技术及普及作用较大，队数不多比赛日期长时可用此法。其缺点是场数多，时间长，需要的裁判多，在人力、物力上都不经济。

### 7.1.1 单循环

每一竞技者均与除自身以外的参赛者轮流比赛一次（包括轮空），称为"单循环赛"。比赛场数的计算为

$$场数 = \frac{队数 \times (队数 - 1)}{2}$$

比赛轮数，一般为双数队，比赛轮数比队数少一，单数队的轮数与队数相同。

**1. 传统编排方法**

用数字代表队名排出轮次及比赛场次草表。排表时把参加的队用数字"U"形排成相等的两行，然后固定任一个角上的数字不动，其余数字按逆或顺时针，每一轮向上或向下轮转一位。如果参加队为单数，例如5个队比赛，排表时以"0"代表一个队，哪一队遇到0即为轮空。

| 第一轮 | 第二轮 | 第三轮 | 第四轮 | 第五轮 |
|--------|--------|--------|--------|--------|
| 1—0    | 5—0    | 4—0    | 3—0    | 2—0    |
| 2—5    | 1—4    | 5—3    | 4—2    | 3—1    |
| 3—4    | 2—3    | 1—2    | 5—1    | 4—5    |

在排草表时，所固定的数字，必须在角上，否则在各轮内即要发生遗漏或重复现象；数字次序顺序排定后，以后各轮数字次序不能变更（变位置而不变次序）。同一草表的各轮必须用一种轮转法。轮次草表排定后即可把每一数字代表的队（抽签结果）排成正式表并公布之（见表7–1、表7–2）。

表7–1　××球比赛日程表

| 日期 | 组别 | 时间 | 队别 | 比赛队 | 裁判员 | 场地 | 雨天场地 |
|------|------|------|------|--------|--------|------|----------|
| 月　日（星期） | 少年 | 上午 | 男 |  |  |  |  |
|  |  |  | 女 |  |  |  |  |
|  | 成年 | 下午 |  |  |  |  |  |
|  |  | 晚上 |  |  |  |  |  |

单循环比赛的记分法最好用胜一场得2分，败一场得0分，平局各得1分的记分法。用分数的方法记分，横线上记比赛的比分，横线下记得分。

表7-2 循环比赛记录表

| 队名 | 甲 | 乙 | 丙 | 丁 | 戊 | 得分 | 名次 |
|---|---|---|---|---|---|---|---|
| 甲 |  | $\frac{30:15}{2}$ | $\frac{50:16}{2}$ | $\frac{42:17}{2}$ | $\frac{19:10}{2}$ | 8 | 1 |
| 乙 | $\frac{15:30}{0}$ |  | $\frac{21:10}{2}$ | $\frac{15:11}{2}$ | $\frac{32:18}{2}$ | 6 | 2 |
| 丙 | $\frac{16:50}{0}$ | $\frac{10:21}{0}$ |  | $\frac{17:12}{2}$ | $\frac{25:13}{2}$ | 4 | 3 |
| 丁 | $\frac{17:42}{0}$ | $\frac{11:15}{0}$ | $\frac{12:17}{0}$ |  | $\frac{18:16}{2}$ | 2 | 4 |
| 戊 | $\frac{10:19}{0}$ | $\frac{18:32}{0}$ | $\frac{13:25}{0}$ | $\frac{16:18}{0}$ |  | 0 | 5 |

如遇两队得分相等则可按规程规定判分名次，参见表7-3。

表7-3 按规程规定判分名次表

| | 伊朗 | 新加坡 | 中国 | 朝鲜 | 印度 | 斯里兰卡 | 胜 | 和 | 负 | 积分 | 得分 | 失球 | 净胜球 | 名次 |
|---|---|---|---|---|---|---|---|---|---|---|---|---|---|---|
| 伊朗 | * | $\frac{3:0}{2}$ | $\frac{2:2}{1}$ | $\frac{0:0}{1}$ | $\frac{2:0}{2}$ | $\frac{11:0}{2}$ | 3 | 2 | 0 | 8 | 18 | 2 | 16 | 1 |
| 新加坡 | $\frac{0:3}{0}$ | * | $\frac{1:0}{2}$ | $\frac{3:1}{2}$ | $\frac{1:0}{2}$ | $\frac{3:0}{2}$ | 4 | 0 | 1 | 8 | 8 | 4 | 4 | 2 |
| 中国 | $\frac{2:2}{1}$ | $\frac{0:1}{0}$ | * | $\frac{1:1}{1}$ | $\frac{1:0}{2}$ | $\frac{7:0}{2}$ | 2 | 2 | 1 | 6 | 11 | 4 | 7 | 3 |
| 朝鲜 | $\frac{0:0}{1}$ | $\frac{1:3}{0}$ | $\frac{1:1}{1}$ | * | $\frac{2:1}{2}$ | $\frac{7:0}{2}$ | 2 | 2 | 1 | 6 | 11 | 5 | 6 | 4 |
| 印度 | $\frac{0:2}{0}$ | $\frac{0:1}{0}$ | $\frac{0:1}{0}$ | $\frac{1:2}{0}$ | * | $\frac{4:0}{2}$ | 1 | 0 | 4 | 2 | 5 | 6 | | 5 |
| 斯里兰卡 | $\frac{0:11}{0}$ | $\frac{0:3}{0}$ | $\frac{0:7}{0}$ | $\frac{0:7}{0}$ | $\frac{0:4}{0}$ | * | 0 | 0 | 5 | 0 | 0 | 32 | | 6 |

### 2. 贝格尔编排

依据目前所掌握的资料，"贝格尔"编排法在我国最早见于《中国排球》杂志1985年第2期"贝格尔表编排法简介"一文，作者署名"元第"。文中指出，国际排联所举办的世界排球锦标赛、世界杯排球赛、奥运会排球赛及世界青年排球锦标赛，其单循环赛的编排方法与我国传统的单循环赛迥然不同，均按贝格尔表编排。此后，"贝格尔"编排在全国逐步推广。目前国内大小排球竞赛基本上都采用"贝格尔"编排法编排，且这种编排法已在其他球类项目中被广泛应用。实际上它就是一种单循环，只是排表的方法有所不同，"贝格尔"编排草表的方法是"大数两头摆，右下角提上，逆时针旋转"。

例如：6个队进行排球赛，采用"贝格尔"编排可计算场数、轮数并排出草表。

$$场数 = \frac{6 \times (6-1)}{2} = 15(场)$$

轮数：5轮

草表：
| （一） | （二） | （三） | （四） | （五） |
|---|---|---|---|---|
| 1—6 | 6—4 | 2—6 | 6—5 | 3—6 |
| 2—5 | 5—3 | 3—1 | 1—4 | 4—2 |
| 3—4 | 1—2 | 4—5 | 2—3 | 5—1 |

## 7.1.2 双循环

每一竞技者均与除自身以外的参赛者轮流比赛两次（包括轮空）称为"双循环赛"。

一次单循环完毕，再循环比赛一次，即为双循环；也可以于第一次循环完毕后，再重新抽签排表循环一次。其方法与单循环相同，只是计算比赛场数时不除以2。

场数计算公式为

$$场数 = 队数 \times (队数 - 1)$$

此法能增多比赛机会，产生的冠军更合理，但场数多，时间长，所需裁判多，在人力、物力上都不经济，很少用。（其记录表同单循环，可以把单循环记分表的记录成绩栏一分为二，上边记第一次循环成绩，下边记第二循环成绩）

## 7.1.3 分组循环

如参加队数多而比赛日期短，可采用分组循环，分组越多比赛场数越少。分组循环可以有几种不同的比赛方法，下面详细述之。

### 1. 一次分组循环

**第一种**　规定预赛取几名，然后合起来再循环打决赛，最后排出参加决赛队的全部名次；其他队只打一个分组循环不再打决赛。

**第二种** 将各组预赛同名次的队编为一个组，决赛出全部名次，例如 12 个队分 3 组；各组第 1 名合为一组决前 3 名；各组第 2 名合为一组决 4～6 名；各组第 3 名合为一组决 7～9 名；各组第 4 名合为一组决 10～12 名。

**第三种** 也可将预赛各组的第 1、2 名合起来决 1～6 名，各组的第 3、4 名合起来决 7～12 名。（12 个队分 3 组）

**第四种** 在预赛中相遇的队，如决赛相遇即不再比赛，即按两队在预赛时相遇的比赛成绩来排列名次。

**第五种** 交叉比赛法，即预赛分两个组循环，然后把第一组的第 1 名与第二组的第 2 名，第一组的第 2 名与第二组的第 1 名进行比赛，赛出两个胜队，再比赛决第 1、2 名，两个败队决第 3、4 名。预赛两组的第 3、4 名再交叉比赛，然后决赛出第 5、6 名和第 7、8 名。以下以此类推。这种方法适用于双数队，目前大型国际比赛常采用此法。

分组循环要注意把种子队尽量分开，既可使比赛精彩，又可公平合理地产生优胜队。编排方法和单循环相同。

一次分组循环法的场数计算方法按分组的队数，用单循环公式分别计算，计算的总和再加决赛场数即为比赛的总场数。这一方法排表及抽签的次数都比单循环多。

此外，分组循环也可以用图示法表示，每组有几个队即相应地画出几个角的图形，图形的每一个角代表一个队，各个角都把所有的对角线画出来，一个角上共有几条线，就是这个队所要打的场数，共分几组就画出几个同样的多边形，最后选出几个队决赛，然后再画一个与队数相等的多边形。此法在基层，特别是初中与小学应用，可以增加比赛者的兴趣，但须另附时间、场地及裁判员表，其场数等计算方法与分组循环同。

**例 7-1** 12 个队参加比赛，试分三组的图示法见图 7-1。

**解**

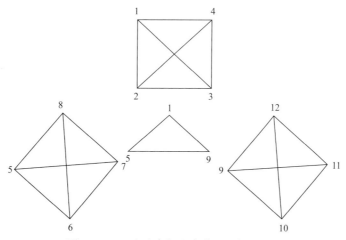

图 7-1 12 个队参加比赛分 3 组的图示法

总之,一次分组循环就是把参赛队(运动员)一次性分成若干个小组,第一阶段每个队(运动员)在各自小组内进行循环,获得一定名次的队再在第二阶段进行循环。

**例 7-2** 12 个队一次分组循环取前 6 名,试计算场数、轮数并排出草表。

**解**

分组:

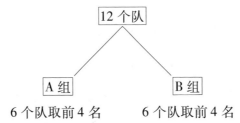

6 个队取前 4 名　　6 个队取前 4 名

第一阶段:

$$场数 = \frac{6 \times (6-1)}{2} \times 2 = 30(场)$$

$$轮数 = 5 轮$$

| 草表: | (一) | (二) | (三) | (四) | (五) |
|---|---|---|---|---|---|
| | 1—6 | 6—4 | 2—6 | 6—5 | 3—6 |
| | 2—5 | 5—3 | 3—1 | 1—4 | 4—2 |
| | 3—4 | 1—2 | 4—5 | 2—3 | 5—1 |

第二阶段:

$$场数 = \frac{8 \times (8-1)}{2} = 28(场)$$

$$轮数 = 7(轮)$$

| 草表: | (一) | (二) | (三) | (四) |
|---|---|---|---|---|
| | 1—8 | 8—5 | 2—8 | 8—6 |
| | 2—7 | 6—4 | 3—1 | 7—5 |
| | 3—6 | 7—3 | 4—7 | 1—4 |
| | 4—5 | 1—2 | 5—6 | 2—3 |
| | (五) | (六) | (七) | (八) |
| | 3—8 | 8—7 | 4—8 | 8—1 |
| | 4—2 | 1—6 | 5—3 | 2—7 |
| | 5—1 | 2—5 | 6—2 | 3—6 |
| | 6—7 | 3—4 | 7—1 | 4—5 |

总计:

$$场数 = 30 + 28 = 58(场)$$
$$轮数 = 5 + 7 = 12(轮)$$

**2. 两次分组循环**

所谓两次分组循环，就是把所有参赛队"两次分组循环"，其作法是把所参加的队分组后，再把每组分为若干个小组并取出每小组的优胜队，再作各优胜队的循环赛，最后每大组的优胜队再作总决赛。这个方法可以比一次分组循环减少很多比赛场数。

## 7.1.4　积分循环

此循环计名次的方法，是以在全赛中把共得的分数减去共失的分数，如篮球比赛某队在整个预赛过程中共得 800 分，输了 300 分，则净胜 500 分。按积分的多少选出前几队再进行单循环赛决定名次。这一方法的优点是可以始终保持比赛的紧张。

## 7.1.5　循环制名次记分方法

**1. 关于循环制竞赛的名次**

在循环制竞赛中，当参赛各方有了确定的竞赛对象，有了确定的竞赛次序，且按照确定的竞赛对象和确定的竞赛次序完成了全部比赛之后，接下来的自然应该是如何依据比赛结果判定参赛各方的竞赛名次。合理判定竞赛名次，是任何一种竞赛方法都必须妥善解决的重要课题，尤其是对于循环制这种以所有参赛者为竞赛对象完成全部场次比赛的竞赛方法来说，更是至关重要。

如前所述，对抗性竞赛的比赛结果可比性差必然导致名次判定的复杂化。实际竞赛的事实表明，各种竞赛项目在同样采用循环制这一竞赛方法时，其确定竞赛名次的办法各不相同。采用同样的竞赛方法，却采取不同的排名办法，这不仅证明了循环制竞赛名次判定的复杂性，同时反映出各种竞赛项目在循环制名次判定的复杂性，同时反映出各种竞赛项目在循环制名次判定上的不同特色和认识差异。

任何运动竞赛，都要求在比赛前明文规定所采用的竞赛方法及其确定名次办法，这是组织竞赛的必需。运动竞赛采用循环制这一竞赛方法，其确定名次的办法有两种形式：其一，在该项目竞赛的"竞赛规程"中，明确规定其循环制竞赛的确定名次办法；其二，该竞赛项目的"竞赛规则"对循环制的确定名次办法有明确规定，在竞赛规程中只指明采用规则的版本，除特殊需要外不再作具体阐释。

竞赛项目的竞赛规则，是该项目竞赛法规，在该项目的所有竞赛活动中都必须无条件执行，不仅具有高度的权威性而且具有相当的稳定性，因而凡竞赛规则中对循环制确定名次的办法通常恪守不变。运动竞赛的竞赛规程,是该次竞赛活动的法规,在该项目的该次竞赛活动中必须无条件执行,具有明显的时限。所以,凡竞赛规则中对循环制确定名次办法没有明确规定的运动项目,在竞赛活动中采用循环时,其确定名次的办法不时发生变更。

下面是对抗项类各竞赛项目的竞赛规则及对循环制确定名次办法的规定情况(见表7-4)。

表7-4 各种竞赛项目的竞赛规则及竞赛项目

| 竞赛规则 | 竞赛项目 |
| --- | --- |
| 有明确规定 | 篮球,手球,乒乓球,羽毛球,软式网球,击剑,国际式摔跤,中国式摔跤,武术散手,中国象棋,围棋,国际象棋,桥牌 |
| 无明确规定 | 足球,排球,沙滩排球,曲棍球,棒球,垒球,藤球,水球,冰球,网球,地掷球,柔道 |
| 不用循环制 | 拳击,空战模型F2D |

运动竞赛采用循环制时,其确定名次的办法有两种规定形式,这给考察循环制的确定名次办法带来一定困难。基于两种规定形式的不同属性,考察过程中首先以竞赛规则为准绳;而对于竞赛规则中无明确规定的竞赛项目,则力求以最有代表性的竞赛规程为依据,系统整理对抗性竞赛中循环制确定名次办法。

**2. 隔区对抗项簇项目记分方法**

1)排球(第10届全运会排球竞赛规程)

(1)胜一场得2分,负一场计1分,弃权取消比赛成绩。积分多者,名次列前。

(2)如遇两队或两队以上积分相等,$C$值($C$值 = $A$(胜局总数)/$B$(负局总数))高者名次列前。

(3)如$C$值仍相等,则采用$Z$值($Z$值 = $X$(总得分数)/$Y$(总失分数))高者名次列前。

(4)如$Z$值仍相等,则采用抽签办法决定名次。

2)沙滩排球(第8届全运会沙滩排球竞赛规程)

确定名次办法与排球基本相同。因此竞赛采用一局制,如两队或两队以上积分相等,$Z$

值高者，名次列前。

3）藤球（2002年全国青少年藤球锦标赛竞赛规程）

（1）胜一场得2分，负一场为0分。积分多者，名次列前。
（2）如两队积分相等，两队间比赛的胜者名次列前。
（3）如三队或三队以上积分相等，按积分相等队相互间比赛的净胜盘数、净胜局数、净胜分数决定名次，多者名次列前；如仍相等，则按同一循环全部比赛的净胜盘数、净胜局数、净胜分数决定名次，多者名次列前。

4）乒乓球（乒乓球竞赛规则2005）

（1）胜一场得2分，负一场计1分，弃权为0分。积分多者，名次列前。
（2）如两个或更多的队积分相同，按他们相互间的比赛成绩决定名次。首先计算场次分数，再根据需要计算个人比赛的场、局、分的胜负比率（胜/负），直至排定名次为止。
（3）如仍不能排出名次，则以抽签决定。

5）羽毛球（羽毛球竞赛规则1995—1998）

（1）按获胜场数决定名次，获胜场数多者名次列前。
（2）两人（对）获胜场数相等，两者间比赛的胜方名次列前。
（3）两人（对）以上获胜场数相等，则以比赛的净胜局数、净胜分数决定名次。如遇计算后还剩两人（队）成绩相等，则两者之间比赛的胜方名次列前。
（4）如仍不能排出名次，则以抽签决定。
（5）团体赛按以上体例，依盘、场、局、分顺序计算成绩。

6）网球（第10届全运会网球竞赛规程）

（1）获胜次数决定名次，获胜次数多者名次列前。
（2）如两队获胜次数相等，两队间比赛的胜者名次列前。
（3）如三队或三队以上获胜次数相等，则按以下诸条顺序依次判定名次；在同一轮次的判断名次中，只剩两个队仍然相等的情况下，按照两队之间的胜负关系决定名次。① 该队在本组全部循环中的获胜场数；② 该队在本组全部循环中的获胜盘数的百分比；③ 该队在本组全部循环中的获胜局数的百分比；④ 该队在本组全部循环中的获胜分数的百分比；⑤ 抽签。

$$百分比计算公式 = \frac{胜数}{胜数+负数} \times 100\%$$

7）软式网球（软式网球竞赛规则1995）

（1）胜一场得2分，负一场计1分，弃权为0分。积分多者名次列前。
（2）如两队积分相等，两队间比赛的胜者名次列前。
（3）如两队以上积分相等，相互间比赛的积分多者名次列前；如仍相等，则按相互间比赛的胜负场差、胜负局差、胜负分差（胜-负）决定名次。
（4）如仍不能排出名次，可采用加赛、增加比较层次、抽签等方法决定名次。

由上述隔区对抗项簇的循环制确定名次办法，可以看出，各项目确定名次均以"积分多者名次列前"，各项目确定名次的主要差别在于对"相同积分"的处理。

**3. 同场对抗项簇球类项目记分方法**

1）足球（第8届全运会足球竞赛规程）

（1）胜一场得3分，平局各得1分，负一场为0分。积分多者名次列前。
（2）如两队或两队以上积分相等，则以相互间比赛的积分、净胜球、进球总和决定名次，多者名次列前；如仍相等，则以同一循环全部比赛的净胜球，进球总和决定名次，多者名次列前。
（3）如仍相等，则抽签决定名次。

2）篮球（2004年全国传统项目学校篮球竞赛规程）

（1）胜一场得2分，负一场计1分，弃权为0分。积分多者名次列前。
（2）如两队积分相同，以两队间比赛的成绩来决定名次。
（3）如两队以上积分相同，则以积分相同队之间的比赛成绩、得失分率（得分/失分）来确定名次；如仍相同，则以这些队所有比赛的得失分率来确定名次。
（4）如仍相同，用抽签决定最终排名。
（5）技术委员会可决定弃权队在名次中降至最后；如该队再次出现弃权，则自动将名次降至最后。

3）手球（2004年第9届全运会手球预赛暨全国手球锦标赛规程）

（1）胜一场得2分，负一场为0分，弃权者取消其全部比赛成绩。积分多者名次列前。
（2）每队比赛必须决出胜负。
（3）如遇两队以上积分相等，则以相互间比赛胜负决定名次，胜者名次列前。
（4）如遇两队以上积分相等，则采用抽签的方法决定名次，由仲裁委员会代表在有关队的代表参加的情况下进行抽签决定。

4）曲棍球（第 10 届全运会曲棍球竞赛规程）

胜一场得 3 分，平一场得 1 分，负一场为 0 分。各队按积分多少决定名次，积分多者名次列前。如遇两个或两个以上队积分相等则依次按下列办法决定名次：① 本阶段单循环全部比赛获胜场次多者名次列前；② 本阶段单循环全部比赛净球数多者名次列前；③ 本阶段单循环全部比赛进球总数多者名次列前；④ 相互间胜负关系，胜者名次列前，如仍无法决出名次，则采用点球比赛办法决定名次。

5）棒球（第 10 届全运会棒球竞赛规程）

（1）胜一场得 2 分，负一场得 0 分。积分多者名次列前。
（2）单循环赛中，如遇两队积分相等，则按相互间的胜负决定名次，胜者名次列前。
（3）如遇两队以上积分相等，则按下列规定决定名次：①相互间得失分多少决定名次，少者名次列前；②所有比赛的失分多少决定名次，少者名次列前；③抽签决定名次。

6）垒球（第 10 届全运会垒球竞赛规程）

（1）分组循环赛中胜一场得 2 分，负一场得 0 分。积分多者列前。
（2）如比赛中某队在三局领先 20 分或 20 分以上，四局领先 15 分或 15 分以上，五局领先 10 分或 10 分以上时，比赛即可结束。
（3）分组循环赛中如遇两队或两队以上积分相等，按下列办法决定名次。①如两队积分相等，则依据相互间胜负决定名次，胜者名次列前。②如两队以上积分相等，则依据相互间失分多少决定名次，失分少者名次列前；如仍相等，则依据全部比赛失分多少决定名次，失分少者名次列前；如仍相等，则依据全部比赛残垒数多少决定名次，残垒数少者名次列前；如仍相等，抽签决定名次。

7）地掷球（1996 年全国地掷球锦标赛竞赛规程）

（1）胜一场得 2 分，负一场计 1 分，弃权为 0 分。积分多者名次列前。
（2）如两队积分相等，两队间比赛的胜者名次列前。
（3）如两队以上积分相等，则以相互间的胜局、总得分决定名次，多者名次列前。若遇其中两队胜局或总得分相等，则两队间比赛的胜者名次列前。
（4）如总得分仍相等，则用滚击小球比赛决定名次。

8）冰球（1996 年全国锦标赛竞赛规程）

（1）胜一场得 2 分，平一场得 1 分，负一场为 0 分。积分多者名次列前。

（2）如两队积分相等，两队间比赛的胜者名次列前。

（3）如两队以上积分相等，则以相互间比赛的积分多者名次列前；如仍相等，则以相互间比赛的净胜球、进球数、受罚时间决定名次；如仍相等，则以全部比赛的净胜球、进球数、受罚时间决定名次。

9）水球（第10届全运会水球竞赛规程）

每场比赛均须决出胜负，胜一场得2分，负一场得0分，积分多者名次列前。若两队积分相等，则两队比赛的胜队名次列前。如三队或三队以上积分相等，则积分相等的队通过互罚四米球决定名次（罚四米球顺序通过抽签决定）。

10）击剑（击剑竞赛规则1987）

（1）团体赛确定名次办法有以下2个方面。

① 胜一队得2分，平一队得1分，负队得0分。积分多者名次列前。

② 如两个或两个以上队积分相等，以个人获胜总场数减去失败总场数（$V-D$）来决定名次；若 $V-D$ 相等，击中剑数减去被击中剑数 $TD-TR$ 高者名次列前；若再相等，则被击中剑数（$TR$）少者名次列前；如仍相等，名次并列。必须区分名次时，加赛一场。

（2）个人赛确定名次办法有以下4个方面。

① 第一指数 $V/M$（胜场数/总场数）高者名次列前。

② 第一指数相等，第二指数 $TD-TR$ 高者名次列前。

③ 第二指数相等，$TR$ 少者名次列前。

④ $TR$ 相等，名次并列。必须决出名次时，并列者之间进行重赛。

11）柔道[1]

（1）胜场多者，名次列前。

（2）胜场相等，积分多者名次列前。

（3）胜场、积分相等，体重轻者名次列前；仍相等，则抽签决定名次或名次并列。

12）国际式摔跤（古典式、自由式摔跤竞赛规则，1987）

（1）获胜次数多者名次列前。

（2）累计名次分多者名次列前；如两人名次相同，则胜者名次列前。

（3）如两人名次相同，则胜者名次列前。

---

[1] 史吉玉. 中国柔道比赛曾用国的几种制度. 柔道与摔跤，1988（1）.

（4）如有两人以上获得名次相同，则按以下顺序评定名次（不按谁胜谁评定）：
① 获两肩着地胜利和技术优势多者；
② 获4∶0多者（不包括两肩着地胜利和技术优势）；
③ 获次优胜利多者；
④ 获得分胜利多者；
⑤ 获整个累计行动分多者；
⑥ 获其中一场比赛的两肩着地胜利或技术优势时间最短者；
⑦ 负其中一场比赛的两肩着地或技术优势失败时间最长者。
（5）无故弃权者，不授予名次。

13）中国式摔跤（中国式摔跤竞赛规则1987）

（1）每场比赛必须分出胜负，胜一场得2分，负一场计0分，弃权者为0分。积分多者名次列前。
（2）如两人积分相等，两人间比赛的胜者名次列前。
（3）如两人以上积分相等，则以相互间比赛的胜负确定名次；如仍相等，则按下列程序确定名次：
① 获优势胜利多者名次列前；
② 受罚少者名次列前；
③ 净得分数多者，名次列前；
④ 体重轻者名次列前。
（4）比赛场次不到一半者，其全部成绩作废，不计名次；比赛场次达到或超过一半时，按积分确定名次，未进行比赛的场次判对方获胜。

14）武术散手（武术散手竞赛规则1996）

（1）胜一场得2分，负一场为0分，平局各计1分。积分多者名次列前。
（2）如两人或两人以上积分相同，按下列顺序确定名次：
① 负局数少者列前；
② 受警告少者列前；
③ 受劝告少者列前；
④ 体重轻者列前。
（3）如仍相同，名次并列。

15）中国象棋（中国象棋竞赛规则1991）

（1）个人赛确定名次办法，有以下3个方面。

① 一场比赛的胜者计 1 分，负者为 0 分，和者各计 0.5 分。场分多者名次列前。

② 如场分相等，则按下列顺序区分名次：比较"小分"（即累计每人所胜对手的全部场分与所和对手场分的一半），小分多者名次列前；比较所得局分的总和，局分多者名次列前；比较违例情况，违例少者名次列前。

③ 如仍不能区分，则名次并列。

（2）团体赛确定名次办法，有以下 4 个方面。

① 一场比赛的胜方计 2 分，负方为 0 分，平局各计 1 分。场分多者名次列前。

② 如场分相等，则比较全部比赛所得台分，台分多者名次列前；如仍相等，则比较全部比赛所得局分；如还相等，则比较全队的违例次数，少者名次列前。

③ 如仍不能区分，则名次并列。若不宜并列，可安排加赛。

④ 参赛者退出比赛或间断弃权的处理：凡已赛对手不到应赛对手数的一半，则所有已赛成绩一概注销；凡已赛对手达到应赛对手数的一半，则已赛结果均有效，未赛的场次则对手得胜。

16）围棋（围棋竞赛规则 1998）

（1）个人赛确定名次办法，有以下 3 个方面。

① 一局比赛的胜者计 2 分，负者为 0 分，和者各计 1 分。积分高者名次列前。

② 如积分相同，按下列原则区分名次：累计个人所胜对手积分，加上所和对手积分的一半，分数高者名次列前；整个比赛的警告次数少者，名次列前。

③ 如仍相等，名次并列；若不允许并列，加赛或抽签决定名次。

（2）团体赛确定名次办法，有以下 4 个方面。

① 一场比赛的胜方计 2 分，负方计 0 分，平局各计 1 分。场分高者名次列前。

② 如场分相等，局分高者名次列前；如仍相等，第一台棋手的局分高者名次列前。以此类推，依台次进行比较。

③ 如全部成绩一样，名次并列。

④ 棋手退出比赛的处理，同中国象棋。

17）国际象棋（国际象棋竞赛规则 1994）

（1）一局比赛的胜者得 1 分，负者为 0 分，和者各计 0.5 分。比较局分总和，高者名次列前。

（2）局分相同时，如果不可能加赛，按如下办法区分名次：如局分相同，则去除各自与最低积分组对手弈战的所得分，然后比较这些同分棋手的积分，高者名次列前；如仍相同，则去除各自与次低和分组对手弈战的所得分，再比较积分。余下情况，以此类推。

18)桥牌(中国桥牌竞赛规则 1991)

(1)积分(VP)高者,名次列前。

(2)两队或两队以上积分相同时,依次比较他们在所有比赛中的 IMP 率和 TP 率;如仍相等,则依次比较他们相互间比赛的 VP 值、IMP 值和 TP 值。有关 IMP 率和 TP 率的计算分别为

$$\text{IMP 率} = \frac{\text{IMP 总胜分}}{\text{IMP 总失分}}$$

$$\text{TP 率} = \frac{\text{TP 总胜分}}{\text{TP 总失分}}$$

(3)如再相等,则加赛决定名次;若时间不许可,则抽签决定名次。

(4)连续弃权 2 场或间断弃权 3 场的队,取消比赛资格。其比赛场数若未达该循环场数之半,已得成绩均予删除。

## 7.2 淘 汰 制

淘汰制比循环制场次少,时间短,需要的裁判员也较少,多在参加比赛队数多、比赛日期短等情况下应用。

### 7.2.1 冠军淘汰制

冠军淘汰制(单淘汰制)最简单,每队失败一次即被淘汰,在参加队数多、比赛期限短时可用此法,但此法在比赛上不一定公平,较难发现各队实力。用作选拔或提倡开展某项运动时不宜采用此法。这种淘汰一般只能取冠军,如取亚军则需另行补赛。

场数的计算为

$$\text{比赛场数} = \text{参加队数} - 1$$

计算预赛队数及轮空队数的方法如下所述。

假如参加比赛的队数为"2"的乘方数(4,8,16,32 …),则比赛时无预赛及轮空队。如参加比赛的队不是"2"的乘方数,则必须有轮空队数,其计算方法是:用比赛队数大而最接近参加队数"2"的乘方数减去参加队数,所得的余数即为轮空队数。例如,参加比赛的有 7 队则轮空队数为 1(8 - 7 = 1)。"队数减去轮空队数即为预赛队数",也可以下列公式计算。

（参加队数 – 比参加队数小而又最接近参加队数"2"的乘方）×2

因此上例中的预赛队数为

预赛队数 =（7 – 4）×2 = 6（队）

编排方法如下所述。

用 1，2，3 … 数字代表队名，由上（下）向下（上）顺序排列，用直角线表示两队比赛，排出草表。表分若干段，各段可以一赛、二赛、三赛……，名次也可用预、次、复（半决赛）、决赛等名次。赛次（或叫轮次）等于"2"的乘方数，如 8 队比赛有 3 个赛次，如参加队数不是"2"的乘方数，则按比队数大而又接近队数"2"的乘方数计算赛次，如 15 个队比赛有 4 个赛次。各场比赛的时间、场地、裁判员写在两队之间的直角线内，先排表后抽签或先抽签后排表都可以；也可结合种子法先把种子队平均分布在上、下两个半区（分别排在上下两端），轮空队与预赛队差不多时也可在表内平均分配种子队。轮空队必须排在第一赛内。

图 7 – 2 给出了 10 队的比赛草表。

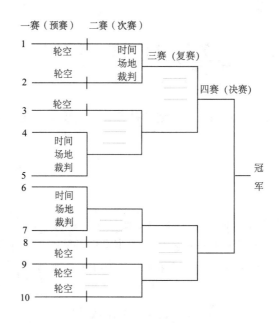

图 7 – 2  10 队比赛草表

补赛（或叫附加赛）亚军以下名次的办法有以下两种。

**第一种**　凡是只败给冠军队的队都有争亚军的权利，应组织起来再赛，决出亚军。凡是只败给亚军的队都有权争第 3 名，以此类推。例如 8 个队打冠军淘汰赛，其补赛亚军方法如图 7 – 3 所示。

**第二种** 在决赛中败给冠军的队为第 2 名；半决赛中失败的两个队，补赛一次决第 3、4 名；半决赛前失败的 4 个队再补赛决第 5～8 名。(目前的一些大型比赛采用此法比较多。此法必须对各比赛队有充分的了解，以及对种子队安排的合理，决出的第 2 名以下名次才较公平)

补赛亚军的办法应在规程中写明。

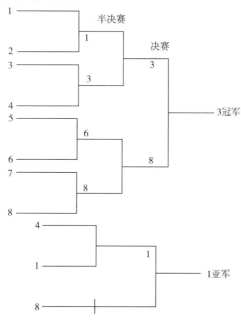

图 7 – 3 　补赛亚军图例

## 7.2.2　冠亚淘汰制

此法为直接取第 1、2 名的方法。夺冠军失败，还可以参加另一面的夺亚军比赛。

(1) 比赛场数的计算方法为

$$比赛场数 = 队数 \times 2 - 3$$

或

$$比赛场数 = (队数 - 1) + (队数 - 2)$$

其中，(队数 – 1) 为冠军部比赛场数，(队数 – 2) 为亚军部比赛场数。

(2) 计算预赛队数及轮空队数并排表。表分冠亚两部，每部再分若干赛，实线代表胜队，虚线代表败队。

(3) 冠军部计算预赛方法与冠军淘汰制相同。亚军部有时各赛都有预赛，并且有时一赛中有两次预赛，其第一赛要看参加队数，如为"2"的乘方数，即用冠军部第一赛的败队组成亚军部第一赛；否则就需用冠军部一、二两赛的败队组成亚军部第一赛。其队数如为

"2"的乘方数即可比赛；否则仍需有预赛使其成为"2"的乘方数。计算预赛队数方法与冠军部同，但应让冠军部第一赛的淘汰队先赛。如队数不足可使附近的第二赛淘汰队加入。亚军部第一赛比赛后所产生的"2"的乘方数如与冠军部第三赛所淘汰的队数合成"2"的乘方数，则使冠军部三赛淘汰队加入比赛；否则亚军部还需再预赛，使所剩队数与冠军部三赛淘汰队合成"2"的乘方数。以下各赛仿此。

（4）抽签方法与冠军淘汰法同。

以8队冠亚淘汰比赛为例。

$$比赛场数 = (8 \times 2) - 3 = 13（场）$$

8队冠亚淘汰秩序表见图7-4。

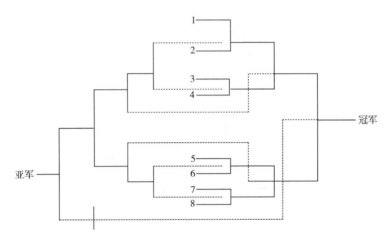

图7-4 8队冠亚淘汰秩序

### 7.2.3 冠亚两败淘汰制

冠亚两败淘汰制，又称为复式淘汰或双淘汰制，方法与冠亚淘汰基本相同，只是最后亚军与冠军还需再赛一次或两次。如图7-5中甲最后又胜乙，则甲为冠军，如乙胜甲则甲与乙仍需再赛一次，乙再胜，则乙为冠军。也就是说，一个队只失败一次并没失去夺冠军的机会，每队必须败两次才被淘汰。此法的比赛场数不固定，有时比冠亚制多一场，有时多两场。此法的优点是多一次决赛的机会。

以12队冠亚两败淘汰制为例。

$$比赛场数 = (12 \times 2) - 3 = 21 + 1（场）$$

然后再加1或2场。

$$轮空队数 = 16 - 12 = 4（队）$$

12 队冠亚两败淘汰制见图 7-5。

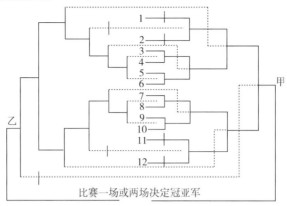

图 7-5  12 队冠亚两败淘汰制

## 7.2.4  任取淘汰制

这一方法取几名便排几段表。

$$比赛场数 = (队数 \times 名数) - 名次和$$

例如 8 队参加取 2 名，则

$$场数 = (8 \times 2) - (1 + 2) = 13$$

如取 3 名，则

$$场数 = (8 \times 3) - (1 + 2 + 3) = 18$$

这一方法如将参加的队数全部排出名次，则最后一名无需比赛即可分出，因此场数的计算方法与单循环同。例如 10 队参加时取 10 名。

$$场数 = \frac{10 \times (10 - 1)}{2} = 45$$

$$(10 \times 10) - (1 + 2 + 3 + 4 + 5 + 6 + 7 + 8 + 9 + 10) = 100 - 55 = 45$$

排表方法如下所述。

(1) 秩序表按名次为若干段（段数 = 名数），取第 1 名者为第一段，取第 2 名者为第二段……每段之中又分为若干赛，一赛、二赛、三赛 …… 最后一赛名为末赛。

(2) 各段中有比赛队与淘汰队，两者用 1, 2, 3, 4 …、一、二、三、四 …… 两种数字代表，凡单数段用 1, 2, 3, 4 … 代表比赛队，一、二、三、四 …… 代表淘汰队；凡双数段用一、二、三、四 …… 代表比赛队，1, 2, 3, 4 … 代表淘汰队。数字的顺序由第一赛至末赛继续排定。

(3) 除第一段外，其他各段一赛的比赛队为前段一、二两赛之淘汰队，以下各赛皆为前段某一赛之淘汰队。

(4) 有时某赛遇前段之淘汰队接连三赛中均只一队，如有两队可与某赛的胜队合成"2"的乘方数，即使前段三赛中的前二淘汰队加入比赛；又如遇前段接连三赛中均有二淘汰队，如有四队可与某赛胜队合成"2"的乘方数，亦可使三赛中，前两赛的四队加入比赛。

（5）各段各赛中常有预赛，计算方法与冠军淘汰制相同，唯各段第一赛的预赛，应使前段一赛淘汰队尽先参加，队数不足时，再使附近的二赛淘汰队加入。

（6）由第一赛起，每赛之后所剩的队如与前段下一赛的淘汰队合成"2"的乘方数，即使前段淘汰队加入比赛，如不能合成"2"的乘方数，则需要预赛一次，使所剩的队数能与前段淘汰队合成"2"的乘方数时，再使前段淘汰队加入比赛，其他各赛均仿此。

以 10 队参加，取前 3 名的秩序表为例。

$$比赛场数 = (10 \times 3) - (1 + 2 + 3) = 24（场）$$

10 队参加时，其秩序表见图 7-6。

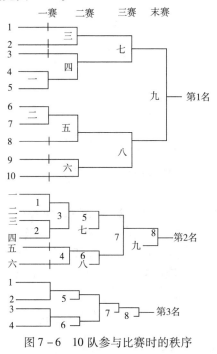

图 7-6  10 队参与比赛时的秩序

## 7.2.5 任取两败淘汰制

任取两败队淘汰制，就是将任取淘汰制加一步决赛手续，使夺取每一名次时各队均需失败两次才被淘汰，即第一段末赛之胜队不算第一，而为争取第一的准备队，为甲，第二段末赛之胜队为乙；甲与乙决赛第一名，如第一次决赛乙败，则甲为第一，乙变为争取第二名的准备队。若甲败，则需再赛一次，若甲再败，则乙为第一，（甲如打胜，仍为第一），甲变为 A。

第三段末赛为丙与 A 决赛第 2 名，若丙败，则 A 为第 2 名；丙变为准备队 B；否则若 A 失败，则需再决一次，A 若再败，则丙为第二名，A 变为 B。

总之，每段末赛胜队名为甲、乙、丙、丁等准备队，参加名次决赛。

决赛的败队名之为 A、B、C、D 等准备队，再与下段末赛的胜队决赛下一名次，决赛时上段准备队胜一次为定，下段准备队胜两次为定。

计算场数为
$$场数 = (队数 \times 名数) - (名次和) + (名数 - 1)$$
或
$$场数 = (名数 - 1) \times 2$$

以 12 队取 4 名为例。
$$场数 = (12 \times 4) - (1 + 2 + 3 + 4) + (4 - 1) \times 2 = 41(场)$$

或者为 44 场。

12 队取 4 名任取两败淘汰秩序表见图 7-7。

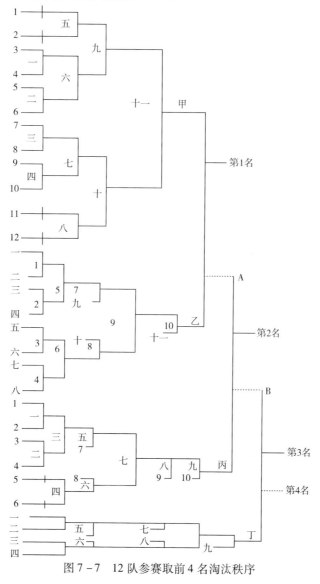

图 7-7　12 队参赛取前 4 名淘汰秩序

## 7.2.6 连败淘汰制

连败淘汰制是接连失败两次时被淘汰,只失败一次者仍继续参加比赛,只要不连败两次总有夺取冠军的希望,但队数少时不适用,4 队以下没有连败机会,5 队只有一次连败机会,5 队以上每多 1 队则多一次连败机会,因此必须是参加比赛的队在 5 队以上始能用此方法。

比赛场数为

$$场数 = (队数 - 3) \times 3$$

或

$$场数 = [(队数 - 4) \times 3] + 3$$

以 5 队参加比赛为例,则

$$场数 = (5 - 3) \times 3 = 6$$

$$场数 = [(5 - 4) \times 3] + 3 = 6(场)$$

8 队参加时,则

$$场数 = (8 - 3) \times 3 = 15(场)$$

预赛与轮空:各赛的预赛队数等于"小于参加队数的 4 的最大倍数",参加的队数减去预赛队数即为轮空队数。

如 5 队参加:小于 5 的 4 的最大倍数是 4,即 4 队预赛,一队轮空;

10 队参加:小于 10 的 4 的最大倍数是 8,即 8 队预赛,2 队轮空。

排表原则有以下 5 个方面。

(1) 用实线代表胜队,虚线代表败队。

(2) 排第一赛时由上而下,两两分配相对比赛,轮空队留在下边;排第二赛时,先使第一赛中的败队,两两分配比赛,名为败队赛。败队赛中的失败者即被淘汰,胜者加入预赛胜队中而成第二赛。第二赛是由下而上两两分配,比赛轮空队留在上边(但第一赛无轮空时,仍可由上向下排,至第三赛时再从下向上排),以下各赛仿此。

(3) 至某赛的胜队只余 4 队时即成复赛。复赛、决赛,均为一次淘汰,没有败队赛。

(4) 校对方法:

① 比赛场数,是否与按公式算出的场数相符;

② 各赛中每一对胜队比赛之后,应有实线虚线各一条;

③ 只余 4 个胜队成复赛以后,应无虚线;

④ 实线代表胜队,虚线代表败队,检查有无错误。

(5) 秩序表示例,以 8 队连败淘汰秩序见图 7-8。

$$比赛场数 = (8 - 3) \times 3 = 15(场)$$

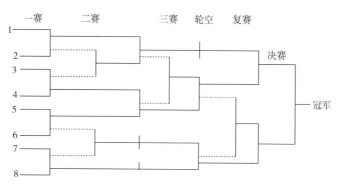

图 7-8  8 队连败淘汰秩序

## 7.2.7 抽签连败淘汰制

每赛之前都抽签重新分配比赛队，败队抽签作败队赛，败队赛的优胜者加入下一赛的优胜队中，再抽签分配下一赛，其他手续与前面相同。

此法的优点是可以变更比赛的机会（减少两队重逢的机会）；缺点是必须每赛临时公布比赛秩序，整个比赛秩序不能事前预定。

## 7.3 混合比赛制

混合比赛制，即采用两种或两种以上的比赛制度，可以适当地增多比赛机会。

如 2010 年足球世界杯比赛，进入决赛 32 个队，第一阶段分 8 个组，每组 4 队进行单循环，根据积分每组取前 2 名进入第二阶段，第二阶段采用交叉淘汰。

第一阶段，分组及排名见图 7-9。

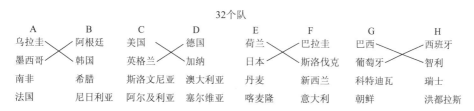

图 7-9  2010 年足球世界杯比赛第 1 阶段分组及排名

第二阶段，16 强进行交叉淘汰赛见图 7-10。

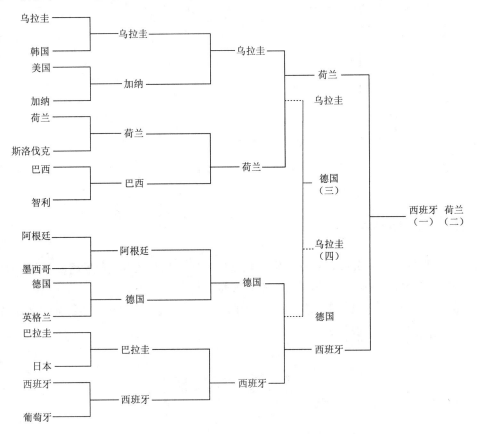

图 7-10 2010 年足球世界杯比赛第 2 阶段排名

# 第 8 章 体操竞赛秩序的编排方法

**本章导读**
- 竞技体操
- 艺术体操

根据体操项目的特点,其竞赛方法是采用轮换法。轮换法是将各比赛参加者分成若干组,在同一时间内分别进行各个项目的比赛。各自比赛完一个项目后,各组依次轮换再进行其他项目的比赛方法。轮换法的优点是竞赛时间短,缺点是比赛的条件不同,各队(人)轮换顺序有好有差,竞争气氛不浓。以现代竞技体操竞赛秩序编排方法为例,简要阐述竞赛采用轮换法项目的竞赛秩序的编排方法及特点。

## 8.1 竞技体操

### 8.1.1 体操比赛的项目、内容及比赛秩序的编排工作

**1. 比赛项目**

男子:自由体操、单杠、双杠、鞍马、吊环、跳马 6 个项目;
女子:自由体操、平衡木、高低杠、跳马 4 个项目。

**2. 比赛内容**

有规定动作比赛、自选动作比赛、规定和自选动作比赛。学校举办小型比赛时,可根据具体条件,举办其中的一项或几项比赛;有时也可在一定的规定动作中适当加入一个或几个

自选动作的比赛。

**3. 比赛的办法与评分**

正式大型体操比赛，如奥运会、世界体操锦标赛，都要进行3种比赛：团体赛（或称第一种比赛）、个人全能比赛（或称第二种比赛）和单项比赛，共设14枚金牌。团体赛中首先进行规定动作较量，这有点像学生的统一命题考试，大家都做同样的动作，看谁做得更符合国际体操联合会制定的要求；然后再进行自选动作比赛，即"自由命题考试"，每个人的成套动作编排都不一样，看谁做得更难、更新、更美、更稳健。两项比赛成绩之和（6个人中前5个人的成绩）为团体最后成绩。在过去的体操团体赛中，运动员必须完成规定和自选两套动作，以总分决定名次，但1997年以后就不是这样了。1994年8月，国际体联第69届代表大会已经宣布了规定动作的"死刑"，虽然要缓期两年半执行，但"死"是"死"定了。不难想像，未来的竞技体操比赛将成为难度的较量，高、难、新动作将层出不穷，世界体操水平前进的步伐也将因之大大加快。

团体比赛中个人成绩排在前36名的运动员参加个人全能比赛，以团体赛中个人成绩的一半作为底分，每人再做一遍自选动作，得分与底分相加，即为个人全能成绩（或称第二种比赛），可用数学式表述为

$$个人全能成绩 = \frac{团体赛全能成绩}{2} + 个人全能决赛成绩$$

个人单项决赛（或称第三种比赛）是由团体赛中每个单项成绩列前8名的选手在一起，再进行一次这一单项自选动作的比赛，也就是把原来成绩的一半作为底分，与单项比赛的得分相加，最后排出名次。评分办法可用数学式表述为

$$单项决赛成绩 = \frac{团体赛中该项总分}{2} + 该项决赛成绩$$

由此可见，团体赛直接影响着后两种比赛结果，而规定动作又被称为夺取冠军的"敲门砖"。自选动作比赛是按规定动作成绩编排出场顺序，强队和强手集中在同场比赛，比较容易对比，判定动作质量高低。而规定动作出场顺序则是由抽签排定，强手分在不同的组。体操比赛评分往往一开始打分打得严，越往后给分越高，各队干脆也就把水平高的选手放在后面出场，久而久之就成为一种惯例。先上场很难得高分，尤其在水平接近队的较量中，这种因素的影响不容忽视。

除上述3种比赛形式外，还有一种新出现的比赛形式——男女配对比赛。这是近年来在国际上新出现的一种比赛形式，目的在于友好交往，增进友谊，它已得到国际体联的承认。

在小型比赛中，一般通过团体赛就可同时评定出团体、全能、单项的成绩和名次。

**4. 编排前的工作**

在编排工作开始之前，编排人员应认真学习竞赛规程；了解比赛期限、参加单位、运动员人数，以及比赛方式和录取名次等，然后进行编排。

1）编排依据

① 符合规则规定；
② 取决于比赛的性质；
③ 有利于运动员出成绩；
④ 方便观众参观；
⑤ 结合比赛场地等具体条件。

2）编排形式

① 男女同场比赛，多用于中、小型比赛。
② 男女分场比赛，大型国际比赛，均采用此形式编排。
③ 男女分场与男女同场相结合比赛。第一、二种比赛采用男女分场，第三种比赛采用男女同场。

3）编排的方法

（1）大会安排。大会根据上次比赛成绩来排定场次，成绩差的排在前面，成绩好的排在后面。

（2）大会安排与抽签相结合。这有两种方式，一种是正式的国际比赛，在第一种比赛的第一天比赛（规定动作比赛），由抽签决定，第二天比赛（自选动作比赛）则根据成绩由大会安排，成绩差的排在前面比赛，成绩好的排在后面比赛。另一种是我国的大型比赛常采用的方式，在第一种比赛的第一天比赛，将获得分区赛的前 4 名（女）和前 6 名（男）放在最后一场，余下的队根据抽签结果进行安排。

（3）抽签。一般适用于中、小型比赛。

4）比赛天数和场数的确定

（1）正式国际、国内比赛的天数确定如表 8-1 所示。

表 8-1　正式国际、国内比赛的天数

| 日期＼时间内容 | 上　午 | 下　午 | 晚　上 |
|---|---|---|---|
| 第一天 | | 男子团体规定动作比赛 | |
| 第二天 | | 女子团体规定动作比赛 | |
| 第三天 | | 男子团体自选动作比赛 | |
| 第四天 | | 女子团体自选动作比赛 | |
| 第五天 | | 休　　息 | |
| 第六天 | | 男子全能决赛 | 女子全能决赛 |
| | | 男子单项决赛 | 女子单项决赛 |

注：国内单项决赛，一般采用男女同场于晚上进行。

场数的确定方法如下。

男子：$\dfrac{队数}{6(项)} = 场数$

女子：$\dfrac{队数}{4(项)} = 场数$

（2）中、小型比赛场数、天数的确定（以男女每场 3 个队、每天比赛 3 场为例）。

$$场数 = \dfrac{队数}{3}$$

如余 1 或 2，则场数再加 1。

$$天数 = \dfrac{场数}{2}$$

如余 1，则其中有一天要安排 3 场。

根据以上公式计算出来的场数与天数均为第一种比赛中规定动作比赛（或第一轮比赛）的编排，此结果各乘以 2，则为第一种比赛的编排。

5）各种比赛项目轮换及编组方法

（1）第一种比赛。男女同场比赛轮换表见表 8-2。

表 8-2　男女同场比赛轮换表

第　场　　　　　　　　　　　　　　　　　　　　　　　　　年　月　日

| 组别 | 项目队名\轮次 | 1 | 2 | 3 | 4 | 5 | 6 |
|---|---|---|---|---|---|---|---|
| 男子 | 甲 | 自 | 鞍 | 吊 | 跳 | 双 | 单 |
|  | 乙 | 吊 | 自 | 鞍 | 单 | 跳 | 双 |
|  | 丙 | 鞍 | 吊 | 自 | 双 | 单 | 跳 |
| 女子 | 甲 | 跳 | 高 | / | 平 | 自 | / |
|  | 乙 | / | 跳 | 高 | / | 平 | 自 |
|  | 丙 | 高 | / | 跳 | 自 | / | 平 |

男女分场比赛轮换表见表 8-3。

表 8-3（a）　男女分场比赛轮换表（1）

第　场　　　　　男子　动作比赛　　　　　月　日　时

| 项目单位\轮次 | 1 | 2 | 3 | 4 | 5 | 6 |
|---|---|---|---|---|---|---|
| 甲 | 自 | 鞍 | 吊 | 跳 | 双 | 单 |
| 乙 | 鞍 | 吊 | 跳 | 双 | 单 | 自 |
| 丙 | 吊 | 跳 | 双 | 单 | 自 | 鞍 |
| 丁 | 跳 | 双 | 单 | 自 | 鞍 | 吊 |
| 戊 | 双 | 单 | 自 | 鞍 | 吊 | 跳 |
| 己 | 单 | 自 | 鞍 | 吊 | 跳 | 双 |

表 8-3（b）　男女分场比赛轮换表（2）

第　场　　　　　女子　动作比赛　　　　　月　日　时

| 项目单位\轮次 | 1 | 2 | 3 | 4 |
|---|---|---|---|---|
| 甲 | 跳 | 高 | 平 | 自 |
| 乙 | 高 | 平 | 自 | 跳 |
| 丙 | 平 | 自 | 跳 | 高 |
| 丁 | 自 | 跳 | 高 | 平 |

项目轮换顺序有两种方法：第一种是根据上届比赛成绩，按项目常规顺序（男子，自、鞍、吊、跳、双、单；女子，跳、高、平、自）依次编排；第二种是采用与场次一次抽签决定（各队代表或裁判抽签均可），将抽签结果当场写在项目轮换表上，如表 8-4 所示。

表 8-4　第一种比赛抽签表

```
第　场                          月　日　时
  比赛项目顺序：自、鞍、吊、跳、单

       抽签人签名         代 表　　队
       抽签时间              月　日
```

（2）第二种比赛。此编组方法是将第一种比赛中全能前 36 名运动员编成 6 组：

第 1～18 名编为一、二、三组；

第 19～36 名编为四、五、六组；

第一组，由 1、4、7、10、13、16 组成；

第二组，由 2、5、8、11、14、17 组成；

第三组，由 3、6、9、12、15、18 组成；

第四组，由 19、22、25、28、31、34 组成；

第五组，由 20、23、26、29、32、35 组成；

第六组，由 21、24、27、30、33、36 组成。

项目轮换分为男女同场和男女分场两种。

① 男女同场，一般分两场，在一天内进行。一般将一、二、三组编排在晚上，四、五、六组编排在下午，如表 8-5 所示。

表 8-5　第二种比赛项目轮换表

| 时间 | | | 下午　2:30 | | | 晚上　7:00 | | |
|---|---|---|---|---|---|---|---|---|
| 场次 | | | 11 | | | 12 | | |
| 组别 | | | 四 | 五 | 六 | 一 | 二 | 三 |
| 轮次 男/女项目 | 全能前6名的名次 | | 19<br>22<br>25<br>28<br>31<br>34 | 20<br>23<br>26<br>29<br>32<br>35 | 21<br>24<br>27<br>30<br>33<br>36 | 1<br>4<br>7<br>10<br>13<br>16 | 2<br>5<br>8<br>11<br>14<br>17 | 3<br>6<br>9<br>12<br>15<br>18 |
| 自 | 跳 | | 1 | 2 | 3 | 1 | 2 | 3 |
| 鞍 | 高 | | 2 | 3 | 1 | 2 | 3 | 1 |
| 吊 | / | | 3 | 1 | 2 | 3 | 1 | 2 |
| 跳 | 平 | | 4 | 5 | 6 | 4 | 5 | 6 |
| 双 | 自 | | 5 | 6 | 4 | 5 | 6 | 4 |
| 单 | / | | 6 | 4 | 5 | 6 | 4 | 5 |

② 男女分场，男子全能决赛时，轮换方法同"男女分场比赛轮换表"（男子××动作比赛），女子轮换方法参见表8-6。

表8-6　女子轮换表

| 项目 轮次 单位 | 一 | 二 | 三 | 四 | 五 | 六 |
|---|---|---|---|---|---|---|
| 第一组 | 跳 | 高 | / | 平 | 自 | / |
| 第二组 | 高 | / | 平 | 自 | / | 跳 |
| 第三组 | / | 平 | 自 | / | 跳 | 高 |
| 第四组 | 平 | 自 | / | 跳 | 高 | / |
| 第五组 | 自 | / | 跳 | 高 | / | 平 |
| 第六组 | / | 跳 | 高 | / | 平 | 自 |

③ 项目出场次序，以第一组为例来加以说明。

男子：

| 自 | 16 | 13 | 10 | 7 | 4 | 1 | 名 |
| 鞍 | 13 | 10 | 7 | 4 | 1 | 16 | 名 |
| 吊 | 10 | 7 | 4 | 1 | 16 | 13 | 名 |
| 跳 | 7 | 4 | 1 | 16 | 13 | 10 | 名 |
| 双 | 4 | 1 | 16 | 13 | 10 | 7 | 名 |
| 单 | 1 | 16 | 13 | 10 | 7 | 4 | 名 |

女子：

| 跳 | 16 | 13 | 10 | 7 | 4 | 1 | 名 |
| 高 | 13 | 10 | 7 | 4 | 1 | 16 | 名 |
| 空 | / | / | / | / | / | / | 名 |
| 平 | 10 | 7 | 4 | 1 | 16 | 13 | 名 |
| 自 | 7 | 4 | 1 | 16 | 13 | 10 | 名 |
| 空 | / | / | / | / | / | / | 名 |

出场次序也可抽签决定。其样式如表8-7所示。

表8-7　出场次序抽签方法表

第_____组_____

运动员姓名_____

代表_____

（3）第3种比赛。在第1种比赛中，获得各项前8名的运动员参加第3种比赛，即单项决赛。

① 场次编排：一般分男、女两场，在同一天内进行，通常男子安排在下午，女子安排在晚上；根据具体情况，也可男、女同场进行。

② 比赛项目次序，如下所述。

男子：自、鞍、吊、跳、双、单；

女子：跳、高、平、自。各比赛项目次序见表8-8与表8-9。

表8-8 男、女单项决赛表（分场）

| 运动员出场次序 \ 组别 \ 项目 | 男子 | | | | | | 女子 | | | |
|---|---|---|---|---|---|---|---|---|---|---|
| | 自 | 鞍 | 吊 | 跳 | 双 | 单 | 跳 | 高 | 平 | 自 |
| 1 | | | | | | | | | | |
| 2 | | | | | | | | | | |
| 3 | | | | | | | | | | |
| 4 | | | | | | | | | | |
| 5 | | | | | | | | | | |
| 6 | | | | | | | | | | |
| 7 | | | | | | | | | | |
| 8 | | | | | | | | | | |

表8-9 单项决赛项目轮换表（同场）

| 组别 \ 轮次 | 1 | 2 | 3 | 4 | 5 | 6 |
|---|---|---|---|---|---|---|
| 男子 | 自 | 鞍 | 吊 | 跳 | 双 | 单 |
| 女子 | / | 跳 | 高 | / | 平 | 自 |

③ 运动员比赛顺序，如下所述。

第一，按6、5、4、3、2、1名的次序比赛。

第二，抽签决定：前3名抽4、5、6，后三名抽1、2、3。

## 8.1.2 秩序册的编印

可参看田径比赛秩序册的编排内容编印秩序册,但应根据竞技体操的特点对该内容有所增减。

## 8.1.3 竞技体操的场地布置

基层竞技体操的比赛场地如设在室外,应注意器械放置的方向,使运动员在比赛时面向南北方向为宜。

如果在一般体育馆内举办小型竞技体操比赛(男女同场),要注意自由体操占用面积大（12m²），应放在中间,两个长边留给跳马和平衡木,其余器械分别布置在两个短边和四个角上,布置方法最好是将支撑与悬垂项目交错排开。现举图例(见图8-1)说明。

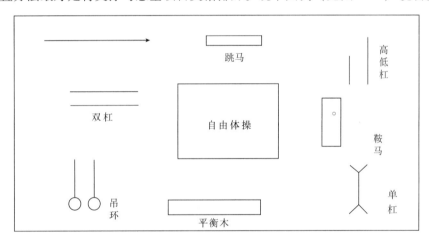

图 8-1 比赛场地的布置

## 8.2 艺术体操

艺术体操也叫韵律体操,是根据女子身体特点选用各种走、跑、跳跃、转体、平衡、波浪等动作及各种舞蹈动作,组合成套,在音乐伴奏下进行。它节奏明快、协调,富于艺术性,为女子所特有的项目,分为徒手和轻器械两种。艺术体操发展较晚,1963年开始举行第1届世界艺术体操锦标赛。1975年由国际体联艺术体操技术委员会确定绳、圈、球、棒、带 5 项器械为国际比赛项目，1980 年被列为奥运会比赛项目。我国在 70 年代以后才迅速发展起来，1983 年被列为全运会项目。

## 8.2.1 比赛项目和方法

（1）比赛项目有绳、圈、球、棒、带 5 种轻器械，比赛分为个人赛和团体赛两种。

（2）团体赛一般是由 6 名队员组成的成队比赛，比赛项目按规则规定每年由 5 项器械中轮流指定其中一项为团体赛项目，共进行两次预赛，一次决赛（大型比赛只取预赛的前 8 名参加决赛）。

（3）个人赛分为个人全能赛和个人单项决赛。

① 个人全能赛：先进行预赛，预赛 4 项成绩之和，即为个人全能成绩，不再进行个人全能决赛。

② 个人单项决赛：在全能比赛中，各个项目的前 8 名获得者且得分在 80% 以上，即可参加各单项决赛。

## 8.2.2 评分方法

每套动作从 0 分至 10 分计分（计算单位为 1/10 分）。国际比赛由 4 名裁判员评分（团体赛由两组裁判评分，一组评整套动作的组织编排分，另一组对技术动作的完成情况评分）。

（1）团体赛：第一、二两次比赛相加的平均分，即为预赛的得分，预赛分加决赛分为总得分（国际比赛只取预赛前 8 名参加决赛），按得分多少排列名次。

（2）个人全能赛：4 项比赛器械得分相加，按得分多少排列名次。

（3）个人单项决赛：所参赛的单项在全能赛（预赛）中的得分加上决赛时该单项得分，按得分多少排列名次。

## 8.2.3 竞赛秩序的编排

（1）熟悉竞赛规程的规定，如团体和个人的比赛项目是否分组，每单位允许报名的队数和人数，能否兼项、录取及奖励名额等。

（2）审查报名单，按收到的先后顺序进行编号，登记（便于查阅），审查报名资格及存在的问题。如果发现错报组别或不准兼项而报了兼项等有悖规程的现象，要及早和报名单位进行联系，予以更正。确认无误后，复写各单位报名单若干份备用。

（3）画出各单位分类人数统计表（领队，教练，运动员人数）。

（4）确定比赛程序，例如先进行团体赛（先预赛，后决赛）；团体赛完了再进行个人赛

(先预赛，后决赛），预赛 4 项成绩之和即为个人全能成绩。

根据报名的队数、人数等不同情况，也可以将团体赛和个人赛穿插进行，可以把个人比赛的 4 个项目分为两组，先赛完一组，再进行另一组。

（5）抽签工作由大会代抽（竞委会及总裁判），确定各队或个人的比赛位号。

（6）个人赛比赛秩序的编排示例，如下所述。

① 假设由 32 名运动员参赛，将其平均分为 A、B、C、D 四组。

② 假设团体赛项目为绳，则个人项目应按圈、球、棒、带的顺序进行。

③ 因参赛人数较多，在一个单元中不可能把 4 个项目全进行完，因此应将 4 个项目按顺序分为二组（圈、球、棒、带），安排在两个单元内赛完。如果参赛人数少，则可将人数分为 4 组，4 个项目安排在一个单元内赛完。

④ 下列比赛顺序表中 A'、B'、C'、D' 表示 A、B、C、D 组中比赛运动员之间的出场顺序变化，以使组与组之间及组内的出场时间、顺序等尽可能机会均等（4 项器械在一个单元赛完时，其组与组间及组内的顺序变换，也可仿此安排）。分组内的阿拉伯数字，在抽签完毕，将所抽号码按表内的安排，填入姓名、单位，即为个人赛 4 个项目的正式比赛顺序表。

（7）个人单项决赛，按规程规定通过预赛取出参加各单项决赛的运动员后，由裁判长主持抽签，确定各单项决赛的出场顺序。如果比赛秩序的编排是无休息时间或间隔时间过短的问题，中间可以加入表演，或召开联席会议重新调整出场顺序。

（8）团体赛，通过预赛取出决赛队之后，由裁判长主持，按预赛成绩排序，优者在前，差者在后，抽签确定各队的出场顺序。

个人决赛和团体决赛出场顺序的抽签结果，要迅速公布于众并通知裁判组。

（9）关于每种比赛竞赛时间的估算，又分为 3 种情况。

第一，团体赛时间的估算。

规则规定每套动作的时限为 2 分 30 秒～3 分钟，入场时间 15 秒，两组裁判（编排分与完成情况分）的评分都要逐队计算，应给 2 分钟的评分时间。因为团体赛要进行两次预赛，所以预赛用时为

$$预赛用时 = (3' + 15'' + 2') \times 2 \times 队数$$

如取 8 个队决赛，则

$$决赛用时 = (3' + 15'' + 2') \times 8$$

第二，个人赛时间的估算。

规则规定每项器械用时 1 分～1 分 30 秒，每人入场时间为 15 秒，如果是两项一组交替进行，每项各有一组裁判评分，故不必计算评分时间，共 4 项，则

$$总用时 = (1'30'' + 15'') \times 4 \times 人数$$

第三，个人单项决赛时间的估算。

如每项都取前 8 名进行决赛，则

$$总用时 = (1'30'' + 15'') \times 4 \times 8$$

### 8.2.4 安排竞赛日程

① 按估算的比赛所需时间，计算需安排几天几个单元的比赛时间。安排时要按估算时间稍留有余地，不宜将时间安排得过紧。

② 既要考虑满足观众的兴趣，又要照顾到运动员的休息间隔。为此，可以在一个比赛单元内既安排团体赛，也安排个人赛项目。如果比赛分为不同的组别，安排时也可使不同组别穿插交替进行。

③ 安排完每日每单元比赛项目的总日程表，再按每单元的比赛项目安排各个项目出场顺序的分表。

各种表格如表 8-10～表 8-14 所示。

表 8-10 艺术体操代表队登记表

单位：＿＿＿＿＿＿　领队：＿＿＿＿＿＿　教练：＿＿＿＿＿＿

| 编号 | 姓名 | 项目 | 赛区编号 | 备注 |
| --- | --- | --- | --- | --- |
|  |  |  |  |  |
|  |  |  |  |  |
|  |  |  |  |  |
|  |  |  |  |  |

总记录：　　　　　　　　　　　　　年　　月　　日

表 8-11 全能成绩登记表

| 顺序 | 姓名 | 队名 | 绳 | 圈 | 球 | 棒 | 带 | 全能总分 | 名次 | 备注 |
| --- | --- | --- | --- | --- | --- | --- | --- | --- | --- | --- |
|  |  |  |  |  |  |  |  |  |  |  |
|  |  |  |  |  |  |  |  |  |  |  |
|  |  |  |  |  |  |  |  |  |  |  |
|  |  |  |  |  |  |  |  |  |  |  |
|  |  |  |  |  |  |  |  |  |  |  |
|  |  |  |  |  |  |  |  |  |  |  |

表 8-12　裁判员评分表

| 团体 | A 分 | | B 分 | | |
|---|---|---|---|---|---|
| 个人 | 绳 | 圈 | 球 | 棒 | 带 |

队名：_____　　姓名：_____　　号码：_____

完成情况：



评分：_____

裁判员签名：_____

| 团体 | A 分 | | B 分 | | |
|---|---|---|---|---|---|
| 个人 | 绳 | 圈 | 球 | 棒 | 带 |

裁判员签名：_____

签名：_____

表 8-13　视线员记录表

单位：_____　　项目：_____
姓名：_____



人次数：_____　　机械次数：_____
扣分：_____
视线员签名：_____　　　　月　　　日

表 8-14　循环比赛场序日程表

| A 组 | 1 | 2 | 3 | 4 | 5 | 6 | 7 | 积分 | 计算 | 名次 |
|---|---|---|---|---|---|---|---|---|---|---|
| 1 山东鲁能 | | | | | | | | | | |
| 2 山西汾酒 | 2004<br>6（1）<br>8:30 | | | | | | | | | |
| 3 成都德瑞 | 20036<br>5（5）<br>19:00 | 2007<br>4（3）<br>8:30 | | | | | | | | |
| 4 上海电信<br>华东理工 | 20029<br>5（1）<br>8:30 | 20037<br>5（6）<br>19:00 | 20010<br>53（7）<br>19:00 | | | | | | | |
| 5 山东胜利<br>东胜 | 20022<br>4（5）<br>19:00 | 20009<br>3（6）<br>19:00 | 200305<br>5（2）<br>8:30 | 20003<br>3（3）<br>8:30 | | | | | | |
| 6 北京先农<br>1 队 | 20015<br>4（1）<br>8:30 | 20031<br>5（3）<br>8:30 | 20023<br>3（2）<br>8:30 | 20023<br>4（6）<br>19:00 | 20045<br>6（3）<br>8:30 | | | | | |
| 7 山西兆兴<br>肉食 | 20008<br>3（5）<br>19:00 | 20001<br>3（1）<br>8:30 | 20024<br>4（7）<br>19:00 | 20044<br>6（2）<br>8:30 | 20016<br>4（2）<br>8:30 | 20038<br>5（7）<br>19:00 | | | | |

总裁判长：_____　　　总记录长：_____　　　　　　　　　　　年　月　日

# 第 9 章 乒乓球、羽毛球、网球竞赛组织方法

**本章导读**

乒乓球、羽毛球、网球运动的特点与作用
乒乓球、羽毛球、网球竞赛的组织与筹备
乒乓球、羽毛球、网球的竞赛项目及方法
乒乓球、羽毛球运动的竞赛编排
羽毛球比赛常用表格
网球比赛常用表格

## 9.1 乒乓球、羽毛球、网球运动的特点与作用

### 9.1.1 乒乓球运动的特点与作用

乒乓球运动设备简单，运动量可以因人而异，具有广泛的适应性、趣味性和娱乐性。乒乓球运动具有灵活多变的特点，经常参加乒乓球运动，可以锻炼灵敏性和协调性，提高人体活动能力，改善心脏功能，相应提高人的整体机能水平。乒乓球运动具有很强的娱乐性和竞技性，通过比赛切磋球艺，增进友谊，同时培养人们勇敢顽强的良好心理素质和竞争拼搏的精神。

### 9.1.2 羽毛球运动的特点与作用

经常参加羽毛球运动，可以增强心血管系统和呼吸系统的功能，使人的心跳强而有力，

肺活量加大，耐久力提高。由于练习者要在很短时间内对瞬息万变的球路作出判断，进行果断反击，因此它能提高人体神经系统的灵敏性与协调性。适量的羽毛球运动能促进青少年生长发育，能培养青少年自信、果敢的优良心理素质；老年人和体弱者应以短时间、小运动量为宜，可作为保健康复的方法进行锻炼；儿童可作为活动性游戏方式进行锻炼，培养孩子不畏困难、不甘落后的品质；脑力工作者和职业劳动者利用业余时间开展羽毛球活动可以消除疲劳，提高工作效率。羽毛球运动是一项集娱乐、休闲、健身为一体的好运动。

### 9.1.3　网球运动的特点与作用

网球运动之所以成为群众性广、男女老少都喜爱的体育运动项目之一，是因为网球运动适合于不同年龄人的体力和心理、生理上的特点。网球运动主要有以下几方面锻炼价值：
① 提高判断能力和机敏素质；
② 能很好地发展身体的协调性；
③ 促进身体健康，增强身体素质；
④ 网球运动能增进友谊，改善人际关系，沟通人们思想，达到人与人之间的了解、理解、谅解、团结友好的目的；
⑤ 网球运动能培养竞赛意识。

## 9.2　乒乓球、羽毛球、网球竞赛的组织与筹备

乒乓球、羽毛球、网球同为小球，且在基层群众性较强，因此它们的竞赛组织与筹备有着许多共性。

### 9.2.1　竞赛前的筹备工作

**1. 讨论和确定组织方案**

组织竞赛活动可根据规模大小，由相应单位发起。规模小的比赛，一般由主办单位指定少数人员负责组织；规模大的比赛需要成立筹备委员会。

**2. 组织比赛机构和分工**

比赛的最高权力机构是组织委员会，具体工作机构可根据比赛规模设置，一般基层比赛

只设竞赛组和秘书组，也可以根据需要设立其他的工作组。

竞赛组负责报名、编排秩序册、聘请裁判员、准备竞赛场地等工作，包括裁判组、编排记录组、场地器材组；秘书组负责宣传、组织观众、发通知文件等工作。

**3. 制定竞赛规程**

主办单位根据比赛的目的、性质、规模、时间和场地的情况，拟定竞赛规程，在赛前尽早发给参加比赛的单位。

竞赛规程的内容包括：竞赛名称、目的、日期、地点、比赛项目、比赛办法、报名人数、报名截止日期、报到日期、奖励、采用的规则及其他特殊规定等。随同竞赛规程应附发报名表一式两份，要求逐项填写，字迹清楚，在报名日期截止以前交主办单位。

附：乒乓球竞赛规程示例

2003年中国乒乓球俱乐部甲A比赛竞赛规程

一、竞赛日期和地点

4月2日至6日，在浙江温岭市举行（第一站）；

5月7日至11日，在四川什祁市举行（第二站）；

9月3日至7日，在江西赣州市举行（第三站）。

二、参加单位

根据2002年中国乒乓球俱乐部甲A比赛，以及2002年中国乒乓球俱乐部超级联赛和甲B比赛的成绩，以下16个男队和16个女队，已获得2003年中国乒乓球俱乐部甲A比赛的报名参赛资格。

男子：
1. 四川升和药业
2. 天津729
3. 浙江义乌诚信货运
4. 河北六通1队
5. 上海圣雪绒1队
6. 八一工商银行
7. 辽宁雪佛兰
8. 汕头电信
9. 湖北烽火通信
10. 山东鲁能
11. 福建三钢闽光
12. 黑龙江宇辉明星
13. 陕西银河国梁
14. 河北六通2队

女子：
1. 四川电信
2. 山西煤炭运销
3. 香港银球
4. 牡丹上海
5. 山西汾酒
6. 浙江横店东磁
7. 武汉人福科技
8. 成都德瑞
9. 北京卓隆
10. 辽宁本钢
11. 八一工商银行
12. 山东鲁能
13. 上海电信华东理工
14. 西安雁塔

15. 上海圣雪绒 2 队　　　　　15. 山西万强
16. 安徽高新电脑　　　　　　16. 山东胜利东胜

三、比赛项目

男子团体、女子团体

四、参加办法

（一）获得本年度"甲 A 比赛"参赛资格的队所属俱乐部，必须按照《中国乒乓球俱乐部章程》和《2003 年中国乒乓球俱乐部甲 A、甲 B、乙 A、乙 B 注册通知》的有关规定，于 2003 年 3 月 1 日以前向国家体育总局乒乓球羽毛球运动管理中心办理注册手续。逾期未办理注册手续，主办单位将依据 2003 年有关比赛成绩及其他情况，接受替补队的注册和报名，逾期未办理注册手续的俱乐部将失去 2003 年甲 A 比赛的参赛资格。

（二）参赛男（女）队参加每一站比赛均可各报领队 1 名，教练员 1 名，运动员最多 5 名。

五、竞赛办法

（一）本次"甲 A 比赛"共进行三站比赛，每站比赛均采用先分组循环赛，再以相邻两个名次的队组成淘汰赛小组，并增加附加赛排出全部名次。

（二）竞赛规则：比赛执行国家体育总局最新审定的《乒乓球竞赛规则（2003—2004）》。

（三）本次比赛使用中国乒协批准的三星白色 40 毫米直径的乒乓球。

（四）每场男（女）团体赛的比赛办法。

双方选手的出场次序为

（1）A—X

（2）B—Y

（3）B/C—X/Z

（4）A—Y

（5）C—Z

（五）各参赛队的最终名次按各参赛队的总积分多少排列，总积分多者列前。计算总积分的办法如下。

（1）每站比赛的基本分：

$$每站得分 = （参赛队数 - 名次）+ 1$$

（2）每站比赛的奖励分：

获得每站比赛前 3 名的队分别获得 5 分、3 分和 2 分的奖励分。

（3）弃权场次的罚分：

凡在各站比赛第二阶段比赛中有弃权场次的队，在算出该站比赛的名次后，再向下调降 4 名，各有关队均依次调升 1 名，再计算在该站比赛的得分。

（4）各参赛队的总积分为各参赛队在三站比赛中获得的积分之和。

六、升、降级办法

2003 年甲 A 比赛结束后,获得最终名次第 1、第 2 名的两个队晋升"超级",参加 2004 年中国乒乓球俱乐部超级联赛。

名列 2003 年甲 A 比赛第 15、第 16 名的队将降级为"甲 B"。

七、编印秩序册

## 9.2.2 竞赛阶段工作

检录、公布成绩、掌握比赛进程、解答有关比赛问题,搞好赛中的编排和场次的调配工作。

## 9.2.3 赛后阶段工作

宣布比赛名次,并编印成绩册,总结和资料归档,写出比赛的书面总结。

# 9.3 乒乓球、羽毛球、网球的竞赛项目及方法

## 9.3.1 乒乓球运动竞赛项目

乒乓球比赛项目可由举办单位根据实际情况在竞赛规程中规定。一般在国内外大型的乒乓球比赛中(如全国锦标赛和世界锦标赛)应包括 7 个项目,即男子团体、女子团体、男子单打、女子单打、男子双打、女子双打和混合双打;也可根据需要设立其他项目,如少年男子单打、少年女子单打等。基层的乒乓球比赛可根据举办单位的具体条件,有选择地进行比赛。

**1. 团体赛**

乒乓球团体比赛一般采用循环制或综合制进行(如先分组循环,后淘汰等)。一场团体乒乓球赛由数场比赛组成,常用的比赛赛制有以下几种。

1)五场三胜制(五场单打)

每队可报 3~5 名运动员,每次团体比赛可以从中选择 3 名运动员出场比赛。比赛之前,双方队长应抽签决定 A、B、C(主队)和 X、Y、Z(客队)的选择,并向裁判员提交每个运动员分配到每一个字母的队伍名单。

比赛顺序是：① A 对 X
②  B 对 Y
③  C 对 Z
④  A 对 Y
⑤  B 对 X

每场比赛为 5 局 3 胜制。当一个队赢得 3 场个人比赛时，为一次团体比赛结束（世界锦标赛团体比赛的程序和形式）。

2）五场三胜制（四场单打和一场双打）

每队可报 3～5 名运动员。
比赛顺序是：① A 对 X
②  B 对 Y
③  双打
④  A 对 Y
⑤  B 对 X

3）七场四胜制（六场单打和一场双打）

每队可报 3～5 名运动员。
比赛顺序是：① A 对 Y
②  B 对 X
③  C 对 Z
④  双打
⑤  A 对 X
⑥  C 对 Y
⑦  B 对 Z

4）九场五胜制（九场单打）

每队可报 3 名运动员。
比赛顺序是：① A 对 X
②  B 对 Y
③  C 对 Z
④  B 对 X
⑤  A 对 Z
⑥  C 对 Y
⑦  B 对 Z

⑧ C 对 X
⑨ A 对 Y

**2. 单项比赛**

乒乓球单项比赛一般采用单淘汰制。除男、女单打及所有双打比赛的四分之一赛、半决赛和决赛每场采用 7 局 4 胜制外，其他比赛均采用 5 局 3 胜制。

在基层比赛中淘汰制的单打也可以采用 5 局 3 胜制。另外，根据比赛的目的和参赛人数等具体情况，单项比赛也可以采用综合制进行，但在进行循环比赛时，每场比赛应采用 5 局 3 胜制。

## 9.3.2 羽毛球竞赛项目

羽毛球运动的竞赛项目可分为单项赛和团体赛两大类。在一次比赛中还可以年龄分项目组，或以专业和业余分项目组。

1）羽毛球单项赛项目

单项赛包括男子单打、女子单打、男子双打、女子双打和混合双打 5 个项目。

2）羽毛球团体赛项目

团体赛有男子团体、女子团体和男女混合团体 3 个项目。一场羽毛球团体赛由数场比赛组成，常用的比赛赛制有以下几种。

（1）三场制  每场团体赛由两场单打和一场双打组成，比赛场序可以是单、单、双，或者是单、双、单。每队每名运动员在一场团体赛中只能出场一次单打，双打的运动员可以由单打运动员兼项，也可以规定必须由其他运动员出场。三场制的团体比赛一般是在基层比赛中采用，因为要求每队的人数较少，容易吸引较多的队参加。有时为了避免一个队只依靠一名技术水平高的运动员即可得到好的名次，竞赛主办者可以在竞赛规程中规定，在一场团体赛中一名运动员只能出场一次，即打了单打不能打双打、打了双打不能打单打。

（2）五场制  羽毛球团体赛最常采用的是五场制。每场团体赛由三场单打和两场双打组成，比赛的场序可以有许多变化，一般次序是：单、单、单、双、双；单、双、单、双、单；单、单、双、双、单。汤姆斯林杯赛和尤伯杯赛及我国全国羽毛球团体赛都是采用五场制的比赛，但是在汤姆斯林杯赛和尤伯杯赛的预赛阶段首选的比赛次序是先进行三场单打再进行两场双打，而在决赛阶段首选的比赛次序变为单、双、单、双、单。具体的比赛次序还要视运动员单打和双打的兼项情况而定。男女混合团体赛，如世界男女混合团体赛苏迪曼林杯，是由两场单打（男子单打和女子单打）及三场双打（男子双打、女子双打和混合双打）组成，它的比赛次序是由裁判长根据比赛双方出场运动员兼项的情况来决定的。

（3）多场对抗赛　在一次性的双边比赛时经常采用由若干场比赛组成的对抗赛，如友好访问比赛、交流比赛等。也有根据特殊需要而制定的比赛场数，如每年一次的全国羽毛球团体锦标赛对抗赛，每场团体赛就由9场比赛组成。

### 9.3.3　网球竞赛项目

网球比赛一般有7个项目，即男、女团体，男、女单打和双打及混合双打。国际上男子团体赛为戴维斯杯赛，它是由4单1双组成，最少每队只需两人即能赛完5场。女子团体赛被称为联合会杯赛，由2单1双组成，也可由两人完成这3场比赛。而国内团体锦标赛，则不分男女，一律采用2单1双，但这3场比赛最低限度要由3个人来完成，即2场单打选手中只能有1人兼双打。基层组织的团体赛则可根据需要而定。要想参加团体赛的人都能有上场机会，可规定不能兼项。另外还有一些团体赛，如6单3双团体赛，每名选手只能参加1单1双；再如2单1双团体赛，运动员不能兼项等。除以上团体赛外，还可组织不同类型的比赛，如夫妻双打赛、父子双打赛、母女双打赛、周末赛等，组织者可自己去举一反三。

### 9.3.4　乒乓球、羽毛球运动团体赛运动员出场名单确定的方法

乒乓球、羽毛球运动每场团体赛由谁出场？由谁出场打哪一场？对手将是谁？这些都会关系到比赛的胜负，所以在竞赛规程中一定要明确规定运动员的出场方法。

乒乓球团体赛运动员出场名单确定一般为：赛前由抽签的中签者优先选择A、B、C或X、Y、Z，由队长提供给裁判长或其代理人该队名单，并对每一名单打运动员确定一个字母所代表的相应位置。双打比赛的配对不必立即提交，直到前一场单打结束。需要连场的运动员有资格在连场的比赛之间有最多5分钟的休息时间。

羽毛球团体赛运动员出场名单确定，一般来说，有两种方法。

第一种方法是按技术水平顺序出场，即各队报名时，应将所有报名运动员按单打技术水平顺序填写，并根据规程要求按技术水平顺序填写一定数目的双打配对组合。在赛前交换出场名单时，只能按照报名后并为裁判长确认的技术水平顺序填写，不能颠倒。在国际比赛时按世界羽毛球技术水平顺序排名表确定，全国比赛时按我国羽毛球技术水平顺序排名表确定，其他比赛可以由竞赛组委会或裁判长参照以往的比赛成绩确认名队的技术水平顺序，在领队会上公布后执行。

第二种方法是不按技术水平顺序的随意排序，在每场团体赛前交换出场名单时，各队可以不受技术水平顺序约束，随意填写出场运动员。采用这种方法比赛，往往容易出现与参赛队实力不相当的比赛结果，故专业队一般不采用，而多适用于一般群众性的比赛。但在某种特定场合，也有其可行性。

## 9.3.5 乒乓球、羽毛球、网球运动常用的竞赛方法

乒乓球、羽毛球比赛采用的竞赛方法基本相似，均可根据参赛人（队）数的多少，以及比赛时间、可供使用的场地数等因素来决定采用哪一种竞赛方法。在参赛人（队）数较少时采用单循环制，这种方法对参赛者来说，比赛机会多，比赛结果也较合理；如果参赛人（队）数较多时则采用单淘汰制比较合适，但要有较合理的种子安排。一般团体赛采用单循环制较多，如世界羽毛球男女团体赛汤姆斯杯赛、尤伯杯赛及全国乒乓球比赛的团体项目都采用分组循环制，而单项比赛因参赛人数多，就大都采用单淘汰制了。

由于国际上网球比赛基本上是单项比赛，参加比赛的运动员多、场地少，但又需要在短时间内决出冠亚军。所以，绝大多数采用单淘汰制。

**1. 单循环制比赛名次排列的方法**

① 以胜次多少排列，胜次多者列前；
② 两者胜次相同的，则以两者间比赛的胜者名次列前；
③ 三者（或三者以上）胜次相同，则以他们在本阶段（组）内全部比赛的净胜场、局、分来决定，一旦在出现有两者净胜场（局、分）相同时，即以他们两者之间的胜负决定名次；
④ 如果直至三者（或三者以上）净胜分也相等时，则以抽签方法决定名次的排列。

**2. 循环、淘汰混合制**

为使参赛者既能多一些比赛机会，又不使比赛时间过长，可把单循环制和单淘汰制结合使用。

例如，有 16 人参加的比赛，采用单循环制要进行 15 轮 120 场比赛，这样场数就太多，时间太长；而用单淘汰制，就有半数人输一场即被淘汰，则比赛机会又太少。因此采用第一阶段分 4 个组，每组 4 人进行单循环赛，第二阶段由每小组的第一名共 4 人（或每小组的前两名共 8 人）进行单淘汰赛。这样每名参赛者至少打 3 场比赛，而总比赛场数也只有 31 场（或 39 场）。

在使用两阶段单循环与单淘汰混合制时，小组出线进入第二阶段的运动员可以采用抽签方法进入第二阶段的淘汰表位置，也可以定位进入淘汰表位置，如果采用第二种方法则在种子运动员进小组时就要把这因素考虑进去。

## 9.4 乒乓球、羽毛球运动的竞赛编排

乒乓球、羽毛球比赛的编排工作是将各个项目所要进行的全部比赛，在一定时间内科学合理地安排在一定数量的场地（球台）上，并按一定的秩序进行比赛，也就是确定全部比赛的日期、时间和场地（台号）。编排方案直接影响到运动队、裁判组及大会工作人员和观众，影响到场馆、交通、食宿及竞赛经费的开支等。合理的编排是比赛能否顺利进行和运动员发挥技术水平的重要保证。因此，乒乓球、羽毛球比赛的编排工作是一项十分细致而又非常重要的工作。乒乓球和羽毛球比赛编排工作既有共同点，也有因本项目的特点和习惯而存在的不同之处，但共性较多。

### 9.4.1 竞赛日程和比赛场序编排的依据

乒乓球、羽毛球竞赛日程和比赛场序编排应依据以下条件。
① 比赛的时间（天数、节数、小时数）。
② 可供使用的场地数（球台数）。
③ 运动员的合理负担量，分以下两部分描述。

在乒乓球比赛中，未经选手同意，不得安排其在 4 小时一节内参加 5 场以上 3 局 2 胜制的比赛，或安排其在 5 小时一节内参加 7 场以上 5 局 3 胜制的比赛。或安排其在一天内参加 7 场以上 5 局 3 胜制的比赛。在团体赛中，未经队长同意，不得安排一个队在一天内比赛三次以上。但在紧急情况下，竞赛管理委员会可以否决拒绝比赛的要求。

在赛前拟定编排方案时，不仅不能突破国际竞赛规程关于最大限度比赛量的规定，而且还要注意尽力降低选手在场时间和实际比赛时间的比率。同时，不应让选手连续比赛，两场比赛间要有足够的但不过分的间歇。比较理想的间歇时间为不少于一场，不多于三场。在使用多个场地比赛时，还要避免一个选手在一节比赛时间内跑两个比赛场地的现象。在单项比赛中，每个运动员一天不应安排超过 6 场比赛，而且同一项目的比赛不应超过 3 场；在一节时间里，不应安排超过 3 场比赛，同一项目的比赛不应超过两场。在团体赛中每个队一天内不应安排超过两场五场制的团体赛，一节时间里不应安排超过一次五场制的团体赛。

在羽毛球比赛中，每个运动员一天不应安排超过 6 场比赛，而且同一项目的比赛不应超过 3 场；在一节时间里，不应安排超过 3 场比赛，同一项目的比赛不应超过两场。在团体赛中每个队一天内不应安排超过两场五场制的团体赛，一节时间里不应安排超过一次五场制的团体赛。

④ 根据该次比赛的项目和运动员的技术水平估算每场比赛可能需要的时间。

## 9.4.2 竞赛日程安排的步骤

① 列出每个比赛项目的比赛轮次、场数表。
② 把每轮比赛按运动员的合理负担量平均分配到每天、每节。如不能做到平均分配，多余的轮次不能安排在决赛，而要安排在比赛开始的前几轮。
③ 把每轮中的比赛场次，安排到各场地并排出场序。

例如，某学校举行乒乓球比赛，比赛设 5 个单项。每项目的报名情况为男子单打 28 人、男子双打 16 对、女子单打 26 人、女子双打 14 对、男女混合双打 22 对，每个项目均取前 6 名。比赛可用球台 4 张，比赛时间 5 天，每天下午 3 点到 6 点。编排程序如下所述。

首先，列出各项目的比赛轮次和每轮的比赛场数，见表 9-1。

表 9-1  各项目的比赛轮次及其比赛场数

| 项目 | 人（对）数 | 总场数 | 第一轮 | 第二轮 | 第三轮 | 第四轮 | 第五轮 |
| --- | --- | --- | --- | --- | --- | --- | --- |
| 男 单 | 28 | 31 | 12 | 8 | 4 | 2（+2） | 1（+2） |
| 男 双 | 16 | 19 | 8 | 4 | 2（+2） | 1（+2） | |
| 女 单 | 26 | 29 | 10 | 8 | 4 | 2（+2） | 1（+2） |
| 女 双 | 14 | 17 | 6 | 4 | 2（+2） | 1（+2） | |
| 混 双 | 22 | 25 | 6 | 8 | 4 | 2（+2） | 1（+2） |
| 合 计 | | 121 | | | | | |

注：+2 是指加附加赛的 2 场比赛。

其次，将各项目轮次的比赛数安排到每一天，见表 9-2。

表 9-2  各项目轮次每天的比赛数安排

| 项目 | 第一天 | 第二天 | 第三天 | 第四天 | 第五天 |
| --- | --- | --- | --- | --- | --- |
| 男 单 | 第一轮 12 场 | 第二轮 8 场 | 第三轮 4 场 | 第四轮半决赛 4 场 | 第五轮决赛 3 场 |
| 女 单 | 第一轮 10 场 | 第二轮 8 场 | 第三轮 4 场 | 第四轮半决赛 4 场 | 第五轮决赛 3 场 |
| 男 双 | 第一轮 8 场 | 第二轮 4 场 | 第三轮半决赛 4 场 | 第四轮决赛 3 场 | 第五轮决赛 3 场 |
| 女 双 | | 第一轮 6 场 | 第二轮 4 场 | 第三轮半决赛 4 场 | 第四轮决赛 3 场 |
| 混 双 | 第一轮 6 场 | 第二轮 8 场 | 第三轮 4 场 | 第四轮半决赛 4 场 | 第五轮决赛 3 场 |
| 合 计 | 36 场 | 34 场 | 20 场 | 19 场 | 12 场 |

说明：最多一天要进行 36 场比赛，5 张球台平均每张球台要安排 7 场比赛，因为是基层业余的乒乓球比赛，所以第一轮平均每场比赛 20 分钟是可行的。

最后，再把每天要进行的比赛，安排到各场地。

### 9.4.3 比赛场序的编排

当确定了在一节时间里所要进行的比赛场次后,接下来的工作是将这些比赛场次进行比赛顺序编排,由于比赛时间的长短受各种因素影响不能赛前预知,如比赛项目的不同(男子项目时间长于女子项目、双打项目长于单打项目),比赛双方的技术水平高低差异(水平接近的比赛所需时间就长些。一般来说,淘汰赛的预赛阶段一场比赛时间相对比决赛阶段一场比赛的时间要短),一次比赛整体技术水平高低也是影响比赛时间长短的因素(少儿比赛、基层比赛的时间就要明显少于全国比赛和国际比赛)。因此,需要对比赛所需时间做出一个比较准确的估计。根据以往的经验来看一场乒乓球比赛大致所需时间如表 9-3 所示。

表 9-3 一场乒乓球比赛大致所需时间　　　　　　　　　　　　　分钟/场

|  | 女子单打 | | 男子单打 | | 双打项目 | |
| --- | --- | --- | --- | --- | --- | --- |
|  | 预赛阶段 | 决赛阶段 | 预赛阶段 | 决赛阶段 | 预赛阶段 | 决赛阶段 |
| 基层或少儿比赛 | 10~15 | 15 以上 | 10~20 | 20 以上 | 15 以上 | 20 以上 |
| 优秀运动员比赛 | 15~25 | 25~50 | 20~40 | 30~70 | 25 以上 | 40 以上 |

一场羽毛球比赛大致所需时间如表 9-4 所示。

表 9-4 一场羽毛球比赛大致所需时间　　　　　　　　　　　　　分钟/场

|  | 女子单打 | | 男子单打 | | 双打项目 | |
| --- | --- | --- | --- | --- | --- | --- |
|  | 预赛阶段 | 决赛阶段 | 预赛阶段 | 决赛阶段 | 预赛阶段 | 决赛阶段 |
| 基层或少儿比赛 | 10~20 | 20 以上 | 15~30 | 30 以上 | 20 以上 | 30 以上 |
| 优秀运动员比赛 | 15~30 | 30~60 | 35~45 | 30~70<br>(最长 100) | 30 以上 | 45 以上<br>(最长 100) |

比赛场序的编排常用的有两种方法:比赛定时间(或场序)、固定场地;比赛定时间(或场序)、调度场地。这里所指的比赛"定时间"实际上也只有每节第一场比赛的时间能确实执行,从第二场以后的比赛再执行时,只能是作为参考时间或作为报到时间。具体编排方法如下所述。

为了方便编排,将每个项目的每场比赛,编制成 3 位数作代号,习惯上男子单打以 1 开头、女子单打以 2 开头、男子双打以 3 开头、女子双打以 4 开头、男女混合双打以 5 开头。

图 9-1 为某次比赛的男子单打部分比赛编号在淘汰赛表中的显示位置,其他项目的编号类同,这里从略。

假设某天下午共要进行男子单打 8 场比赛(比赛代号 101~108)、女子单打 8 场比赛(比赛代号 201~208)、男子双打 4 场比赛(比赛代号 301~304)、女子双打 4 场比赛(比赛代号

401～404），总共 24 场比赛，可供比赛的场地（球台）有 4 片（张），时间 2：00—5：00。

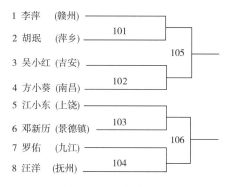

图 9-1 淘汰表（1）

**1. 固定场地的场序编排**

方法一：固定场地的场序编排，见表 9-5。

表 9-5 固定场地的场序编排

| 场序 | 时间 | 一号场 | 二号场 | 三号场 | 四号场 |
|---|---|---|---|---|---|
| 1 | 2：00 | 201 | 202 | 203 | 204 |
| 2 | 2：30 | 205 | 206 | 207 | 208 |
| 3 | 3：00 | 101 | 102 | 103 | 104 |
| 4 | 3：30 | 105 | 106 | 107 | 108 |
| 5 | 4：00 | 401 | 402 | 403 | 404 |
| 6 | 4：30 | 301 | 302 | 303 | 304 |

**2. 调度场地的场序编排**

方法二：调度场地的场序编排，见表 9-6。

表 9-6 调度场地的场序编排

| 场序 | 时间 | 一号场 | 二号场 | 三号场 | 四号场 |
|---|---|---|---|---|---|
| 1 | 12：00 | 201 | 202 | 203 | 204 |
| 2 | 2：30 | 205 | 206 | 207 | 208 |
| 3 | 3：00 | 101 | 102 | 103 | 104 |
| 4 | 3：30 | 105 | 106 | 107 | 108 |
| 5 | 4：00 | 401 | 402 | 403 | 404 |
| 6 | 4：30 | 301 | 302 | 303 | 304 |

### 3. 两种方法的说明和比较

采用方法一，比赛均在固定场地进行，以二号场为例，比赛的次序依此为 202，206，102，106，402，302。此方法的优点是运动员事先知道在哪一场地比赛；缺点是因各场比赛所耗时间不一，有可能造成某一运动员单打比赛还未结束，而双打比赛又要开始。例如，运动员李某正在进行一号场地 205 的女子单打比赛由于第一场 201 的比赛，打了三局耗时 1 小时，205 的比赛又赛成局数 1 比 1，而此时二号场地前 4 场比赛已全部结束，等着要进行有李某参加的 402 女子双打比赛。此时，就必须临时调其他场次的比赛到二号场地，因而往往由此造成整个比赛场次混乱。

如果采用方法二，即定时间（或场序）不定场地，就可以避免此情况出现。不固定场地的比赛次序，以表 9-5 为例，从 2:00 开始一号场至四号场的第一场比赛仍旧依次为 201，202，203，204。但是，如果 203 比赛先结束，接着在三号场的比赛不是 207 而是 205，也就是说，比赛的顺序是先进行 2 时的比赛接下来是 2 时半的比赛次序是从左到右，再接下来进行的是 3 时的比赛，次序也是从左到右……这意味着是一个项目结束后再开始另一项目的比赛，在编排场序时就要注意将同一项目安排完后，再排另一项目，而且男、女项目要跳档间隔开，就可最大限度地避免某一运动员连场，比赛场地也可最大限度地得到利用。

在大型比赛时，领队、教练都较有经验，采用比赛代号编排，简捷明了。在基层比赛时为避免误差，使参赛者更易看懂，除了以上采用比赛代号、另列比赛次序表外，还可在场序表上直接写上运动员姓名，也可在淘汰表中注明比赛场地、场序，如图 9-2 所示。

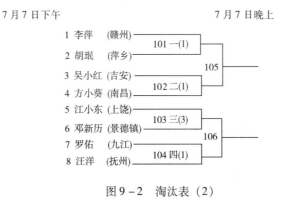

图 9-2 淘汰表（2）

### 4. 在一节时间中有运动员兼项的场区安排

当比赛进行到半决赛阶段时，往往产生运动员兼项，即同时要参加几个项目的比赛。所以，半决赛和决赛的比赛场序最好在知道比赛运动员的具体姓名后再安排，在比赛时间表中可用"待定"来表示。如有运动员在同一节时间里要兼项比赛，为避免该运动员连场和保证该运动员有合理的间隔休息时间，可采用如下的编排法。例如，在一节时间里将进行 5 场

5个单项的决赛，其中有的运动员需参加两场比赛，名单是：男子单打孙任—郑顺，男子双打洪志坚/盛夏—孙任/李博洋，女子单打陈阳—周晓，女子双打陈阳/刘诗雯—周晓/黄静文，男女混合双打洪志坚/刘诗雯—郑顺/黄静文。

第一步，先分析有哪几位运动员有兼项，并列于表9-7。

表9-7 运动员兼项的分析

| 姓名 | 男单 | 男双 | 女单 | 女双 | 混双 |
| --- | --- | --- | --- | --- | --- |
| 孙任 | + | + | | | |
| 郑顺 | + | | | | + |
| 洪志坚 | | + | | | + |
| 盛夏 | | + | | | |
| 李博洋 | | + | | | |
| 陈阳 | | | + | + | |
| 周晓 | | | + | + | |
| 刘诗雯 | | | | + | + |
| 黄静文 | | | | + | + |

第二步，从表9-7分析有运动员兼项的比赛场，如图9-3所示。

图9-3 运动员兼项的比赛场

第三步，根据兼项情况可以排出以下4种可行方案：
第一种 混双、女单、男单、女双、男双；
第二种 混双、女单、男双、女双、男单；
第三种 男双、女双、男单、女单、混双；
第四种 男单、女双、男双、女单、混双。
第四步，根据需要选择其中一个方案。

**5. 循环赛比赛场序日程表**

循环赛比赛场序日程表见表9-8。

表 9-8 循环赛比赛场序日程表

| A组 | 1 | 2 | 3 | 4 | 5 | 6 | 7 | 积分 | 计算 | 名次 |
|---|---|---|---|---|---|---|---|---|---|---|
| 1 山东鲁能 | | | | | | | | | | |
| 2 山西汾酒 | 2004<br>6 (1)<br>8:30 | | | | | | | | | |
| 3 成都德瑞 | 20036<br>5 (5)<br>19:00 | 2007<br>4 (3)<br>8:30 | | | | | | | | |
| 4 上海电信华东理工 | 20029<br>5 (1)<br>8:30 | 20037<br>5 (6)<br>19:00 | 20010<br>53 (7)<br>19:00 | | | | | | | |
| 5 山东胜利东胜 | 20022<br>4 (5)<br>19:00 | 20009<br>3 (6)<br>19:00 | 200305<br>5 (2)<br>8:30 | 20003<br>3 (3)<br>8:30 | | | | | | |
| 6 北京先农1队 | 20015<br>4 (1)<br>8:30 | 20031<br>5 (3)<br>8:30 | 20023<br>3 (2)<br>8:30 | 20023<br>4 (6)<br>19:00 | 20045<br>6 (3)<br>8:30 | | | | | |
| 7 山西兆兴肉食 | 20008<br>3 (5)<br>19:00 | 20001<br>3 (1)<br>8:30 | 20024<br>4 (7)<br>19:00 | 20044<br>6 (2)<br>8:30 | 20016<br>4 (2)<br>8:30 | 20038<br>5 (7)<br>19:00 | | | | |

### 6. 安排比赛场序时，应避免的错误

（1）重复——一场比赛安排了两个时间，即安排过后又再安排。

（2）漏场——一场比赛没有被安排在比赛时间表里。一般情况是因为有了上一种情况后比赛总场数不错而造成的。

（3）重场——一名运动员在同一时间里被安排了两场比赛。在同一时间里要进行不同项目的比赛时，就需注意兼项运动员的比赛场次安排。

（4）连场——一名运动员被安排了没有间隔时间的连续两场比赛。如在一节时间里一个项目要进行两轮比赛，或有两个项目的比赛就容易产生连场。如果一名运动员在一节时间里需进行两轮比赛，在采用固定场地安排比赛场次时，最好将这名运动员的比赛安排在同一个场地，使两场比赛之间有一至两场的间隔。

这里有必要强调，比赛场次的编排工作至少应由两人来做，并进行反复核对，才能避免差错，并可制出比赛时间台号明细表。

### 7. 比赛场序的调整

整个比赛场序编排完成后,在比赛开始前或比赛进行间,由于各种原因,还需要对比赛场序进行调整。

① 在比赛开始前,由于电视转播要求,需将某一场或某些场次的比赛安排在特定的电视转播场地和比赛时间;

② 在一轮比赛后,发现某运动员接着兼项的比赛将发生连场时,应及时调整场序;

③ 比赛进行中,特别是在按照固定场地办法安排场序时,有时由于各场地比赛进行时间相差较大可能会造成运动员连场,此时需临时调整场序。

所有已定的比赛场序,需要变动时,都必须经裁判长的授权或同意;所有比赛场序的调整,都必须尽早通知与比赛有关的教练员、运动员、裁判员、记录员及其他有关方面;凡是比赛前进行的调整,都应该出书面通知和公告。

## 9.4.4 乒乓球比赛常用表格

### 1. 团体排名表

团体排名表见表9-9。

表9-9 团体排名表(一)

| 队名_____ | |
|---|---|
| A | |
| B | |
| C | |
| 队长签名_____ | |

| 队名_____ | |
|---|---|
| X | |
| Y | |
| Z | |
| 队长签名_____ | |

### 2. 团体排名表

团体排名表见表9-10。

表9-10 团体排名表(二)

| 队名_____ | |
|---|---|
| A | |
| B | |
| 双打 | |
| 队长签名_____ | |

| 队名_____ | |
|---|---|
| X | |
| Y | |
| 双打 | |
| 队长签名_____ | |

### 3. 团体赛记分表

团体赛记分表见表 9 – 11。

表 9 – 11　团体赛记分表

| 日期 | 时间 | 地点 | 台号 | |
|---|---|---|---|---|

_____队　对_____队

| 顺序 | A/B/C | X/Y/Z | 每局比分 | | | 结果 | 裁判员签名 |
|---|---|---|---|---|---|---|---|
| | | | 1 | 2 | 3 | | |
| 1 | A | X | | | | | |
| 2 | B | Y | | | | | |
| 3 | 双打 | 双打 | | | | | |
| 4 | A | Y | | | | | |
| 5 | B | X | | | | | |

比赛结果：_____　　获胜队：_____

胜方签名：_____　　负方签名：_____

### 4. 乒乓球单项比赛记分表

乒乓球单项比赛记分表见表 9 – 12。

表 9 – 12　乒乓球单项比赛记分表

项目：男子单打　　　　　　　　　　　　　　　　　日期　　年　月　日
轮次：
位置号：

| 阶段 | 组别 | 时间 | 台号 |
|---|---|---|---|

| 局次 | 运动员姓名、单位、号码 | 运动员姓名、单位、号码 |
|---|---|---|
| 1 | | |
| 2 | | |
| 3 | | |
| 4 | | |
| 5 | | |

比赛结果：_____　　获胜者：_____　　号码：_____

胜方运动员签名：_____　　负方运动员签名：_____

裁判员签名：_____

## 9.5 羽毛球比赛常用表格

羽毛球记分表见表 9-13。

表 9-13 羽毛球记分表

比赛名称_____    　　　　对　　　　    开始_____
项目_____                                 结束_____
场号_____                                 比赛用时_____
日期_____                                 裁判员_____
　　　　　　　　　　　　　　　　　　　　　　发球裁判员_____

胜者：_____　　比分：_____　　裁判员签名：_____　　裁判长签名：_____

羽毛球团体赛出场名单表,见表9-14。

表9-14 羽毛球团体赛出场名单表

组别_____ 日期_____ 时间_____ 场号_____

_____队 对 _____队

| 顺序 | 项目 | 运动员姓名 |
|---|---|---|
| 1 | | |
| 2 | | |
| 3 | | |
| 4 | | |

队名:_____ 教练员签名:_____

羽毛球混合团体赛出场名单表,见表9-15。

表9-15 羽毛球混合团体赛出场名单表

组别_____ 日期_____ 时间_____ 场号_____

_____队 对 _____队

| 顺序 | 项目 | 运动员姓名 |
|---|---|---|
| 1 | 男子单打 | |
| 2 | 女子单打 | |
| 3 | 男子单打 | |
| 4 | 女子单打 | |
| 5 | 混合双打 | |

队名:_____ 教练员签名:_____

羽毛球团体赛记分表,见表9-16。

表9-16 羽毛球团体赛记分表

_____队 对 _____队

| 阶段 | 组别(位置号) | 日期 | 时间 | 场号 |
|---|---|---|---|---|
| | | | | |

| 姓名单位 项目 | ___队 | ___队 | 每局比分 | 每场结果 | 裁判员签名 |
|---|---|---|---|---|---|
| 1 | | | | | |
| 2 | | | | | |
| 3 | | | | | |
| 4 | | | | | |
| 5 | | | | | |

羽毛球竞赛轮、场数明细表,见表9-17。

表 9-17　羽毛球竞赛轮、场数明细表

|  |  | 1 | 2 | 3 | 4 | 5 | 6 | 7 | 合计 |
|---|---|---|---|---|---|---|---|---|---|
|  |  |  |  |  |  |  |  |  |  |

羽毛球各队人数统计表,见表9-18。

表 9-18　羽毛球各队人数统计表

| 序号 | 队名 | 运动员 | | 领队 | | 工作人员 | | 合计 | | 备注 |
|---|---|---|---|---|---|---|---|---|---|---|
|  |  | 男 | 女 | 男 | 女 | 男 | 女 | 男 | 女 |  |
| 1 |  |  |  |  |  |  |  |  |  |  |
| 2 |  |  |  |  |  |  |  |  |  |  |
| 3 |  |  |  |  |  |  |  |  |  |  |
| 4 |  |  |  |  |  |  |  |  |  |  |
| 5 |  |  |  |  |  |  |  |  |  |  |
| 6 |  |  |  |  |  |  |  |  |  |  |
| 7 |  |  |  |  |  |  |  |  |  |  |
| 8 |  |  |  |  |  |  |  |  |  |  |
| 9 |  |  |  |  |  |  |  |  |  |  |
| 10 |  |  |  |  |  |  |  |  |  |  |
| 11 |  |  |  |  |  |  |  |  |  |  |
| 12 |  |  |  |  |  |  |  |  |  |  |
| 13 |  |  |  |  |  |  |  |  |  |  |
| 14 |  |  |  |  |  |  |  |  |  |  |
| 15 |  |  |  |  |  |  |  |  |  |  |
| 合计 |  |  |  |  |  |  |  |  |  |  |

羽毛球竞赛日程方案表，见表 9 – 19。

表 9 – 19　羽毛球竞赛日程方案表

| 日期 | 男甲单 | 男甲双 | 女甲单 | 女甲双 | 男乙单 | 男乙双 | 女乙单 | 女乙双 | 男丙单 | 男丙双 | 女丙单 | 女丙双 | 混合 | 合计 | 各场地馆场数 |
|---|---|---|---|---|---|---|---|---|---|---|---|---|---|---|---|
| 15 | | | | | | | | | | | | | | | |
| 16 | | | | | | | | | | | | | | | |
| 17 | | | | | | | | | | | | | | | |
| 18 | | | | | | | | | | | | | | | |
| …… | | | | | | | | | | | | | | | |

羽毛球比赛报名汇总表，见表 9-20。

表 9-20　羽毛球比赛报名汇总表

| 顺序 | 队名 | 男单 | | | 女单 | | | 男双 | | | 女双 | | | 混双 | 领队 | 教练 | 备注 |
|---|---|---|---|---|---|---|---|---|---|---|---|---|---|---|---|---|---|
| | | 甲 | 乙 | 丙 | 甲 | 乙 | 丙 | 甲 | 乙 | 丙 | 甲 | 乙 | 丙 | | | | |
| 1 | | | | | | | | | | | | | | | | | |
| 2 | | | | | | | | | | | | | | | | | |
| 3 | | | | | | | | | | | | | | | | | |
| 4 | | | | | | | | | | | | | | | | | |
| 5 | | | | | | | | | | | | | | | | | |
| 6 | | | | | | | | | | | | | | | | | |
| 7 | | | | | | | | | | | | | | | | | |
| 8 | | | | | | | | | | | | | | | | | |
| 9 | | | | | | | | | | | | | | | | | |
| 10 | | | | | | | | | | | | | | | | | |
| 11 | | | | | | | | | | | | | | | | | |
| 12 | | | | | | | | | | | | | | | | | |
| 13 | | | | | | | | | | | | | | | | | |
| 14 | | | | | | | | | | | | | | | | | |
| 15 | | | | | | | | | | | | | | | | | |
| 16 | | | | | | | | | | | | | | | | | |
| 17 | | | | | | | | | | | | | | | | | |
| 18 | | | | | | | | | | | | | | | | | |
| 19 | | | | | | | | | | | | | | | | | |
| 20 | | | | | | | | | | | | | | | | | |
| 21 | | | | | | | | | | | | | | | | | |
| 22 | | | | | | | | | | | | | | | | | |
| 23 | | | | | | | | | | | | | | | | | |
| 24 | | | | | | | | | | | | | | | | | |
| 总计 | | | | | | | | | | | | | | | | | |

羽毛球比赛分组、轮、场地竞赛序编排表,见表9-21。

表 9-21 羽毛球比赛分组、轮、场地竞赛序编排表

| | | | | | | | | | | | | | | | | | | | | 合计场数 | 合计场地数 |
|---|---|---|---|---|---|---|---|---|---|---|---|---|---|---|---|---|---|---|---|---|---|
| 场/轮(数) | | | | | | | | | | | | | | | | | | | | | |
| 比赛者(场)号 | | | | | | | | | | | | | | | | | | | | | |
| 场序 | | | | | | | | | | | | | | | | | | | | | |
| 合计 | | | | | | | | | | | | | | | | | | | | | |

羽毛球竞赛场地汇总表,见表9-22。

表 9-22 羽毛球竞赛场地汇总表　　　　　　月　　日

| 第一场地 | | | 第二场地 | | | 第三场地 | | | 第四场地 | | |
|---|---|---|---|---|---|---|---|---|---|---|---|
| 场地 | 组别 | 比赛者 | 场地 | 组别 | 比赛者 | 场地 | 组别 | 比赛者 | 场地 | 组别 | 比赛者 |
| 1 | | | 1 | | | 1 | | | 1 | | |
| 2 | | | 2 | | | 2 | | | 2 | | |
| 3 | | | 3 | | | 3 | | | 3 | | |
| 4 | | | 4 | | | 4 | | | 4 | | |
| 5 | | | 5 | | | 5 | | | 5 | | |

羽毛球竞赛活动日程表,见表9-23。

表 9-23 羽毛球竞赛活动日程表

| 日期(星期) | 上午 8:00—12:00 | 下午 2:30—5:30 | 晚上 7:00—11:00 |
|---|---|---|---|
| | | | |
| | | | |
| | | | |
| | | | |

羽毛球比赛成绩记录表，见表9-24。

表9-24 羽毛球比赛成绩记录表

| 时间 场号 成绩 序号<br>队 名 | 1 | 2 | 3 | 4 | 获胜场次 | 名次 |
|---|---|---|---|---|---|---|
| 1 | | | | | | |
| 2 | | | | | | |
| 3 | | | | | | |
| 4 | | | | | | |

## 9.6 网球比赛常用表格

网球记分表见表9-25。

表9-25 网球记分表

| 局数 | 运动员姓名 | 第 盘<br>开始时间　结束时间<br>比　　分 | | 本盘决胜局 | 局数总计 | |
|---|---|---|---|---|---|---|
| | | | | | AB | CD |
| 1 | A | A | | | 1 | 2 |
| 2 | C | ·D　A　·D | | | 1 | 1 |
| 3 | B | A | | | 2 | 1 |
| 4 | D | | | | | |
| 5 | A | | | | | |
| 6 | C | | | | | |
| 7 | B | | | | | |
| 8 | D | | | | | |
| 9 | A | | | | | |
| 10 | C | | | | | |
| 11 | B | | | | | |
| 12 | | | | | | |
| 13 | | | | | | |
| 14 | | | | | | |

本盘获胜方_____

局数比_____

注：设A、B一对与C、D一对比赛，发球顺序为A、C、B、D，开始A、B一对在裁判员左侧。

# 第 10 章 门球、毽球、保龄球、台球竞赛组织方法

**本章导读**

门球运动的竞赛组织方法
毽球运动的竞赛组织方法
保龄球运动的竞赛组织方法
台球运动的竞赛组织方法

## 10.1 门球运动的竞赛组织方法

### 10.1.1 门球运动的特点与作用

门球运动是一种能够强身健体、愉悦精神的体育运动项目,充满趣味性而且运动量不大。门球运动的练习与比赛要求在地面平整并略带沙质的土地或草坪上进行。门球运动所使用的球是用合成树脂制成的球状体,球体表面光滑均匀。

门球运动是一项新兴的体育运动,它占用场地面积小,规则简单,器材简易,运动形式舒缓,技术容易掌握,且情趣很浓,对人的身心健康有很大的功效。近年来吸引了越来越多的人加入,其发展速度之快,在球类运动中少见。特别是老年人,对门球运动可谓情有独钟,究其原因是门球的运动形式和运动量很适合老年人的健身与娱乐;对年轻人来说,门球也是一种愉悦身心的休闲方式,尤其是对一些体质较弱或身体肥胖的人及脑力劳动者,门球更是适合他们的一种集体运动方式。

门球运动传入之初,首先在老年人中开展,现已向纵深发展,已真正成为深受全国各阶

层不同年龄段欢迎和喜爱的运动项目。

## 10.1.2 门球运动的竞赛方法和编排要求

**1. 竞赛方法**

由于门球比赛参加队数多，比赛时间短，所以多采用分阶段分组比赛，即预赛、复赛、决赛3个阶段。预赛、复赛一般采用分组单循环赛（成绩不带入决赛），而决赛则根据比赛时间、比赛场地的数量及录取名额等情况，通常采用3种竞赛方法，即单循环赛、交叉淘汰赛、单淘汰加附加赛。

**2. 编排要求**

国内各类门球比赛，都具有参赛队数多、比赛天数少的特点，所以每块场地安排的比赛场次也相应增多，一般每块场地每天要安排12场比赛。因此，根据公平竞赛的原则，在编排比赛秩序时，应注意以下编排要求。

（1）每天每队的比赛次数，以不超过4场为宜。门球比赛紧张激烈，3个阶段的比赛连续进行，中间不安排休息时间，队员要连续作战，既消耗体力，又消耗精力。实践证明，每天每队安排4场比赛较为合适。特别是组织老年人门球比赛，更要注意此项原则。

（2）各队比赛时间的安排应大体相等。门球比赛在室外进行，上午与近中午时间的阳光照射、气温及场地的湿度、地面的摩擦力，都会有很大变化，故编排时要考虑到各队上午、下午的比赛次数要大体相等。

（3）各队连场的次数要大体相等。门球比赛中，一个队连续打两场比赛（连场）的现象是正常的，有时还可能出现连续打3场比赛的情况。所以编排时，要尽量避免出现连场；在避免不了时，应尽量使各队的连场次数大体相等。

（4）比赛间隔时间应大体相等。门球比赛中，一个队的上一场比赛与下一场比赛之间间隔一段时间，如间隔1小时，也是正常现象；但应尽量使各队比赛的间隔时间大体相等。

## 10.1.3 门球比赛确定名次的办法

门球比赛决定名次的办法，也是计算各队的总积分，多者名次列前。如出现3队以上总积分相等时，则计算相等各队之间的积分和，若再相等则计算相等各队的得失分率。由于计算方法不同，具体计算步骤如下所述。

（1）计算各队的总积分，多者名次列前。

（2）若出现两个队总积分相等时，则看两队比赛的胜负，胜者名次列前。如3个队以上总积分相等时，则去掉不相等队的积分，只计算相等各队的积分和，多者名次列前。

(3) 若仍相等，则计算相等各队之间的得失分率（得失分率等于胜分之和除以负分之和），多者名次列前。

(4) 若仍相等，则计算相等各队整个阶段的得失分率，多者名次列前。

(5) 若仍相等，则计算相等各队之间的撞柱次数、进三门次数、进二门次数，多者名次列前。计算时，按顺序先计算撞柱次数。若撞柱次数相等，再计算进三门次数；进三门次数仍相等时，才计算进二门次数。

(6) 若仍相等，则按顺序计算相等各队整个阶段的撞柱次数、进三门次数、进二门次数，多者名次列前。

(7) 按上述步骤计算时，不论计算到哪一步骤，只要出现不相等的队，余下的相等各队再从步骤（2）计算起，直至计算出全部名次。

## 10.1.4 门球运动竞赛常用表格

**1. 击球顺序表**

门球击球顺序表见表 10 – 1。

表 10 – 1　门球击球顺序表

| 队名 | |
|---|---|
| | 队员 |
| 1 | |
| 3 | |
| 5 | |
| 7 | |
| 9 | |
| 替 | |
| 替 | |
| 队名 | |
| | 队员 |
| 2 | |
| 4 | |
| 6 | |
| 8 | |
| 10 | |
| 替 | |
| 替 | |

## 2. 门球记分牌

门球记分牌见表10－2。

表 10－2　门球记分牌

| 红 | | | | | 白 | | | | |
|---|---|---|---|---|---|---|---|---|---|
| 1 | | | | | 2 | | | | |
| 3 | | | | | 4 | | | | |
| 5 | | | | | 6 | | | | |
| 7 | | | | | 8 | | | | |
| 9 | | | | | 10 | | | | |
| 积分 | | | | | 积分 | | | | |

注：记分牌不得少于1.5米×1米。

## 3. 门球记分表

门球记分表见表10－3。

表 10－3　门球记分表

竞赛名称＿＿＿＿＿＿＿＿＿＿　　　　　　　　　　年　月　日

| 运动场 | | 场地 | | 场次 | |
|---|---|---|---|---|---|
| 开始时间 | | 裁判长签名 | | | |

| | 队员 | 一 | 二 | 三 | 柱 | 队小计 |
|---|---|---|---|---|---|---|
| 1 | | | | | | |
| 3 | | | | | | |
| 5 | | | | | | |
| 7 | | | | | | |
| 9 | | | | | | |
| 替 | | 队长签名 | | | 总分 | |
| 替 | | | | | | |

| | 一 | 二 | 三 | 柱 | 小计 | | 队员 | 队 |
|---|---|---|---|---|---|---|---|---|
| 2 | | | | | | 2 | | |
| 4 | | | | | | 4 | | |
| 6 | | | | | | 6 | | |
| 8 | | | | | | 8 | | |
| 10 | | | | | | 10 | | |
| 队长签名 | | | 总分 | | | 替 | | |
| | | | | | | 替 | | |

| 同分决胜 | 比分 | 决胜球号 |
|---|---|---|
| 1 3 5 7 9<br>2 4 6 8 10 | ： | 轮号 |

| 主裁判 | 副裁判 | 记录员 | 司线员 |
|---|---|---|---|
| | | | |

## 10.2　毽球运动的竞赛组织方法

### 10.2.1　毽球运动的特点与作用

毽球运动以其特有的技巧性、激烈的对抗性和快速的多变性受到广大群众特别是青少年的喜爱。它集羽毛球场地、排球规则和足球的踢法于一体，具有鲜明的民族体育特点，在我国有着广泛的群众基础。经常参加毽球运动，可以发展人们的判断和反应，以及快速移动能力，对提高身体的灵活性、柔韧性有很好的作用。近几年来，毽球运动开展得越来越广泛，竞赛也越来越频繁，竞技水平在不断提高。

### 10.2.2　毽球运动竞赛的组织与筹备

毽球运动竞赛的组织工作可分为竞赛前的筹备工作、竞赛期间的工作和竞赛的结束工作三个阶段。

**1. 竞赛前的筹备工作**

在筹备工作中，首先成立竞赛筹备小组，讨论竞赛的组织方案、竞赛规程、组织机构及竞赛主要的工作计划等问题。

（1）讨论和决定组织方案。竞赛组织方案是大会一切工作的依据，应包括以下内容。

① 竞赛的名称、目的和任务：根据举办竞赛所要达到的目的、任务和竞赛的性质来确定。

② 竞赛的规模：根据竞赛的目的、任务来确定。主要内容有主办单位、竞赛的地点和日期、参加单位和人数。

③ 竞赛的组织机构：根据需要来确定。它包括组织形式，工作人员名额，组织委员会下设的主要工作部门及负责人名单等内容。

④ 经费预算：本着勤俭节约的原则，根据实际工作需要来确定。一般包括场地修建、器材设置、奖品、交通、生活、接待和文具用费等。

（2）制定竞赛规程。竞赛规程是竞赛最基本的文件，更是竞赛的法规和依据，竞赛规程要提前发给有关单位，以便各单位有时间做好准备。

（3）准备和检查场地、器材及设备。

（4）绘制各种比赛表格。

（5）组织和培训裁判员学习规则，统一判罚尺度，并进行分工、分组和实习。

**2. 竞赛期间的工作**

① 经常对比赛场地、设备、器材进行检查和管理。

② 遇有特殊情况需要更改比赛场地、日期和时间时，应由竞赛组及时通知各队的领队、教练员或队长。

③ 裁判组在每天比赛结束后，应及时将比赛成绩交大会竞赛组和宣传组进行登记和公布。竞赛期间应及时组织裁判员进行工作总结，以便改进工作。竞赛组和秘书组应经常与各队取得联系，并召开领队、裁判员、教练员联席会议，及时处理比赛中所发生的有关问题。

**3. 竞赛的结束工作**

① 总结工作：各部门进行总结，评选先进。

② 组织大会闭幕式，进行发奖仪式。

③ 整理比赛器材、用具。

④ 做好竞赛的归档工作，并向主管机关汇报工作情况。

### 10.2.3 毽球竞赛制度与成绩计算

**1. 毽球竞赛制度**

毽球竞赛制度有淘汰制、循环制和混合制。在选用竞赛制度时应当考虑竞赛的任务、时间、经费、参赛队数、球场数量和食宿等问题。

**2. 毽球比赛的成绩计算办法**

毽球比赛胜一场得3分，负一场得1分，最后按全部比赛中得分的多少决定名次，多者列前。如遇两队或两队以上得分相等，则计算两队在全部比赛中的胜局数与负局数的比率，所得比率大则名次在前。

### 10.2.4 毽球运动竞赛常用表格

**1. 毽球比赛位置表**

毽球比赛位置表见表10-4。

表 10－4　毽球比赛位置表

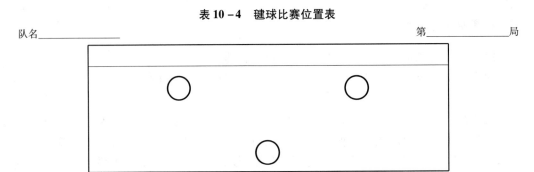

**2. 毽球循环比赛记分表**

毽球循环比赛记分表见表 10－5。

表 10－5　毽球循环比赛记分表

| A 组 队员 | | | | | | 积分 | C 值 | Z 值 | 名次 |
|---|---|---|---|---|---|---|---|---|---|
| | | | | | | | | | |
| | | | | | | | | | |
| | | | | | | | | | |
| | | | | | | | | | |
| | | | | | | | | | |

| B 组 队员 | | | | | | 积分 | C 值 | Z 值 | 名次 |
|---|---|---|---|---|---|---|---|---|---|
| | | | | | | | | | |
| | | | | | | | | | |
| | | | | | | | | | |
| | | | | | | | | | |
| | | | | | | | | | |

## 10.3　保龄球运动的竞赛组织方法

### 10.3.1　保龄球运动的特点与作用

现代保龄球运动是在木制或合成球道上，手持用特别材料制作的保龄球，以地滚的方式击倒木瓶为目的的一种室内体育运动。

保龄球对人体的心肺、四肢功能的健身功效是显而易见的。打保龄球只要姿势正确，全身 200 多块肌肉都能得到锻炼，更重要的是打保龄球有一种竞技的快感。同时，较之其他运动项目来说，现代保龄球运动具有以下的特点和作用。

① 保龄球是男女老少皆宜的一种健身运动。它可以一个人单独进行，也可以三五个好友或一家人一起进行，边休闲边竞赛，非常刺激有趣。

② 保龄球的运动量可以自行调节。根据不同年龄、不同体力和不同时间的需要，掌握不同的运动量和节奏，或大或小，或紧或松，以达到愉悦和健身的目的。

③ 保龄球运动可以锻炼意志品质，养成机警敏锐的判断能力，提高不受外界干扰和稳定的心理承受能力。特别是当今社会工作节奏大大加快，易感身心疲劳，可借助休闲，用积极的休息消除人们身心的紧张和疲劳，从这种有趣又高雅的运动中得到美的享受。

④ 保龄球是一种全天候的室内运动，不受气候、时间的限制和影响，既锻炼了身体又得到了消遣，越打越对它产生浓厚的兴趣。同时，保龄球场馆环境舒适高雅，也是进行文明社交活动的最佳场所。

### 10.3.2 保龄球竞赛制度与编排

**1. 保龄球竞赛制度**

比赛形式主要有单人赛、团体赛（也称组队赛）和综合赛 3 种。团体赛按参赛人数可分成双人赛、三人赛、五人赛 3 种，其中以 5 人一队最为常见，按性别可分成男子组、女子组和男女混合组。

参加单人赛或团体赛的参赛者每人均须打满 6 局。单人赛和双人赛均应在一天之内打完，并每打完一局换一次球道。三人赛和五人赛则可在两天之内打完，每天打 3 局。

综合赛则是将单人赛、双人赛、团体赛等各种项目组合起来进行，并计算综合得分作为决定胜负的依据。在全部比赛中，每一位球员都必须打满 24 局。

**2. 保龄球竞赛编排**

① 赛前组委会制定竞赛规程，各代表队按照规程的要求报各项比赛的参赛队员名单；
② 比赛以抽签的形式决定道次，并编排比赛顺序表；
③ 挑战赛的编排是以预赛的成绩由低到高，直至决出第一名；
④ 其他比赛以 6 局的总分来决定名次。

### 10.3.3 保龄球竞赛工作的程序

经中国保协和各级保协批准的正式保龄球比赛要遵循其竞赛工作程序。竞赛工作程序（正式）如图 10-1 所示。

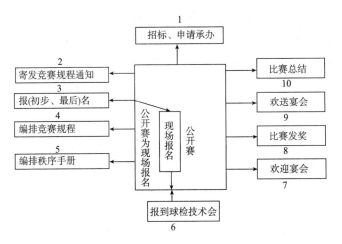

图 10-1　竞赛工作程序图

## 10.3.4　保龄球比赛常用表格

**1. 保龄球记分表**

保龄球记分表见表 10-6。

表 10-6　保龄球记分表
**Score Form**

队名　　　　　　　　　　　　　　　　　　　　　　　　　　　球道
Team　　　　　　No.　　Game　　　　　　　　　　　　　　Lane

| 比赛号<br>No. | 姓名<br>Name | 1 | 2 | 3 | 4 | 5 | 6 | 7 | 8 | 9 | 10 | 总计<br>Total |
|---|---|---|---|---|---|---|---|---|---|---|---|---|
|  |  |  |  |  |  |  |  |  |  |  |  |  |
|  |  |  |  |  |  |  |  |  |  |  |  |  |
|  |  |  |  |  |  |  |  |  |  |  |  |  |
|  |  |  |  |  |  |  |  |  |  |  |  |  |
|  |  |  |  |  |  |  |  |  |  |  |  | 结分<br>Scores |

球员签名：＿＿＿＿　　　　　　　　　　记分员签名：＿＿＿＿
Bowler's Signature　　　　　　　　　　Scorer's Signature

注：此表用于三人赛、四人队际赛、五人队际赛，手工记分，一式两联。

## 2. 单人赛

单人赛见表 10-7。

**表 10-7 单人赛**
**Singles**

队名　　　　　　　　　　　　　　　　　　　　　　　　　　　　　　　　球道
Team　　　　　　No.　　　　Game　　　　　　　　　　　　　　　　　　Lane

| 比赛号<br>No. | 姓名<br>Name | 成绩<br>Score |
|---|---|---|
|  |  |  |
|  |  | 结分<br>Scores |

球员签名：_____　　　　　　　　记分员签名：_____
Bowler's Signature：_____　　　Scorer's Signature：_____

## 3. 双人赛

双人赛见表 10-8。

**表 10-8 双人赛**
**Doubles**

队名　　　　　　　　　　　　　　　　　　　　　　　　　　　　　　　　球道
Team　　　　　　No.　　　　Game　　　　　　　　　　　　　　　　　　Lane

| 比赛号<br>No. | 姓名<br>Name | 成绩<br>Score |
|---|---|---|
|  |  |  |
|  |  |  |
|  |  | 结分<br>Scores |

球员签名：_____　　　　　　　　记分员签名：_____
Bowler's Signature：_____　　　Scorer's Signature：_____

## 4. 三人赛

三人赛见表 10-9。

表 10-9　三人赛
**Trios**

| 队名<br>Team | | No. | Game | | 球道<br>Lane | |
|---|---|---|---|---|---|---|
| 比赛号<br>No. | | 姓名<br>Name | | | 成绩<br>Score | |
|  |  |  |  |  |  |  |
|  |  |  |  |  |  |  |
|  |  |  |  | 结分<br>Scores |  |  |

球员签名：_____
Bowler's Signature：_____

记分员签名：_____
Scorer's Signature：_____

## 5. 精英决赛

精英决赛见表 10-10。

表 10-10　精英决赛
**Masters Finals**

| 队名<br>Team | | No. | Game | | 球道<br>Lane | |
|---|---|---|---|---|---|---|
| 比赛号<br>No. | | 姓名<br>Name | | | 成绩<br>Score | |
|  |  |  |  |  |  |  |
|  |  |  |  |  |  |  |
|  |  |  |  | 结分<br>Scores |  |  |

球员签名：_____
Bowler's Signature：_____

记分员签名：_____
Scorer's Signature：_____

注：此表用于电脑记分，每局比赛结束后传送记录组，一式三联。

## 6. 单人赛

单人赛见表 10-11。

表 10-11　单人赛
**Singles**

| 队名<br>Team | | No. | Game | | | | | 球道<br>Lane | |
|---|---|---|---|---|---|---|---|---|---|
| 比赛号<br>No. | 姓名<br>Name | G1 | G2 | G3 | G4 | G5 | G6 | 总计<br>Total | |
|  |  |  |  |  |  |  |  |  |  |
|  |  |  |  |  |  |  |  | 结分<br>Scores |  |

球员签名：_____
Bowler's Signature：_____

记分员签名：_____
Scorer's Signature：_____

## 7. 双人赛

双人赛见表 10-12。

表 10-12 双人赛
**Doubles**

| 队名<br>Team | No. | 球道<br>Game | | | | | | Lane | |
|---|---|---|---|---|---|---|---|---|---|
| 比赛号<br>No. | 姓名<br>Name | G1 | G2 | G3 | G4 | G5 | G6 | 总计<br>Total | |
| | | | | | | | | | |
| | | | | | | | | | |
| | 结分<br>Scores | | | | | | | | |

球员签名：_____
Bowler's Signature：_____

记分员签名：_____
Scorer's Signature：_____

## 8. 三人赛

三人赛见表 10-13。

表 10-13 三人赛
**Trios**

| 队名<br>Team | No. | 球道<br>Game | | | | | | Lane | |
|---|---|---|---|---|---|---|---|---|---|
| 比赛号<br>No. | 姓名<br>Name | G1 | G2 | G3 | G4 | G5 | G6 | 总计<br>Total | |
| | | | | | | | | | |
| | | | | | | | | | |
| | | | | | | | | | |
| | 结分<br>Scores | | | | | | | | |

球员签名：_____
Bowler's Signature：_____

记分员签名：_____
Scorer's Signature：_____

## 9. 五人队际赛

五人队际赛见表 10-14。

表 10-14　五人队际赛
**Team of Five**

| 队名<br>Team | | No. | Game | | | | | | 球道<br>Lane | |
|---|---|---|---|---|---|---|---|---|---|---|
| 比赛号<br>No. | 姓名<br>Name | G1 | G2 | G3 | G4 | G5 | G6 | | 总计<br>Total | |
| | | | | | | | | | | |
| | | | | | | | | | | |
| | | | | | | | | | | |
| | | | | | | | | | | |
| | 结分<br>Scores | | | | | | | | | |

球员签名：_____
Bowler's Signature：_____

记分员签名：_____
Scorer's Signature：_____

## 10. 单人赛

单人赛见表 10-15。

表 10-15　单人赛
**Singles**

队名　　　　　　　　　　　　　　日期
Team　　　　　　　　　　　　　　Date

| 男<br>Men | | | 女<br>Ladies | | |
|---|---|---|---|---|---|
| 序号<br>Order | 比赛号<br>No. | 姓名<br>Name | 序号<br>Order | 比赛号<br>No. | 姓名<br>Name |
| 1 | | | 1 | | |
| 2 | | | 2 | | |
| 3 | | | 3 | | |
| 4 | | | 4 | | |
| 5 | | | 5 | | |

领队签名：_____
Signature of Team Manager：_____

注：运动员报名后将不得更改。
Note：No change after registration.

## 11. 双人赛

双人赛见表 10 – 16。

**表 10 – 16  双人赛**
**Doubles**

队名　　　　　　　　　　　　　　日期
Team　　　　　　　　　　　　　　Date

| 男人 Men ||| 女人 Ladies |||
|---|---|---|---|---|---|
| 序号 Order | 比赛号 No. | 姓名 Name | 序号 Order | 比赛号 No. | 姓名 Name |
| 1 | | | 1 | | |
| 2 | | | 2 | | |
| 3 | | | 3 | | |

领队签名：_____
Signature of Team Manager：_____

## 12. 三人赛

三人赛见表 10 – 17。

**表 10 – 17  三人赛**
**Trios**

队名　　　　　　　　　　　　　　日期
Team　　　　　　　　　　　　　　Date

| 男子 Men ||| 女子 Ladies |||
|---|---|---|---|---|---|
| 序号 Order | 比赛号 No. | 姓名 Name | 序号 Order | 比赛号 No. | 姓名 Name |
| 1 | | | 1 | | |
| 2 | | | 2 | | |

领队签名：_____
Signature of Team Manager：_____

注意：运动员报名后将不得更改。
Note：No change after registration.

### 13. 五人队际赛

五人队际赛见表 10-18。

**表 10-18　五人队际赛**
**Doubles**

队名　　　　　　　　　　　　　日期
Team　　　　　　　　　　　　　Date

| 男子 Men ||| 女子 Ladies |||
|---|---|---|---|---|---|
| 序号<br>Order | 比赛号<br>No. | 姓名<br>Name | 序号<br>Order | 比赛号<br>No. | 姓名<br>Name |
| 1 | | | 1 | | |
| 2 | | | 2 | | |
| 3 | | | 3 | | |
| 4 | | | 4 | | |
| 5 | | | 5 | | |
| 替补 | | | 替补 | | |

领队签名：_____
Signature of Team Manager：_____

### 14. 球检表

球检表见表 10-19。

**表 10-19　球检表**
**Ball Control Sheet**

日期　　　_____
Date

球员姓名　_____
Bowler's Name

国家/地区　_____
Country/Are

编号
No.

| 球名　Name of Ball | | | | |
|---|---|---|---|---|
| 连续号　Serial Number | | | | |
| 球重　Cross Weight | Lbs oz | Lbs oz | Lbs oz | Lbs oz |
| 顶重　Top Weight | | | | |
| 侧重　Side Weight | | | | |
| 指重　Finger Weight | | | | |
| 硬重　Durometer Reading | | | | |
| 拇指套　Thumb Insert | | | | |
| 手指套　Finger Insert | | | | |
| 平衡孔　Balance Hole | | | | |

| 结论<br>Remarks | |
|---|---|
| 检查人<br>Certified by | |

### 15. 成绩公告

成绩公告见表 10-20～表 10-26。

**表 10-20　成绩公告（1）**
**Results**

单人赛　　　　　　　　　　　　　　　　　　　　　　　　　　　　　　　日期
Sigles　　　　　　　　　　　　　　　　　　　　　　　　　　　　　　　　Date

| 比赛号<br>No. | 姓名<br>Name | 国家/地区<br>Country/Area | G1 | G2 | G3 | G4 | G5 | G6 | 总计<br>Total | 名次<br>Position |
|---|---|---|---|---|---|---|---|---|---|---|
| | | | | | | | | | | |
| | | | | | | | | | | |
| | | | | | | | | | | |
| | | | | | | | | | | |
| | | | | | | | | | | |

**表 10-21　成绩公告（2）**
**Results**

双人赛　　　　　　　　　　　　　　　　　　　　　　　　　　　　　　　日期
Doubles　　　　　　　　　　　　　　　　　　　　　　　　　　　　　　　Date

| 比赛号<br>No. | 姓名<br>Name | 国家/地区<br>Country/Area | G1 | G2 | G3 | G4 | G5 | G6 | 总计<br>Total | 名次<br>Position |
|---|---|---|---|---|---|---|---|---|---|---|
| | | | | | | | | | | |
| | | | | | | | | | | |
| | | | | | | | | | | |
| | | | | | | | | | | |
| | | | | | | | | | | |

表 10-22　成绩公告（3）
**Results**

三人赛  
Troios

日期  
Date

| 比赛号 No. | 姓名 Name | 国家/地区 Country/Area | G1 | G2 | G3 | G4 | G5 | G6 | 总计 Total | 名次 Position |
|---|---|---|---|---|---|---|---|---|---|---|
|  |  |  |  |  |  |  |  |  |  |  |
|  |  |  |  |  |  |  |  |  |  |  |
|  |  |  |  |  |  |  |  |  |  |  |
|  |  |  |  |  |  |  |  |  |  |  |
|  |  |  |  |  |  |  |  |  |  |  |
|  |  |  |  |  |  |  |  |  |  |  |

表 10-23　成绩公告（4）
**Results**

四人队际赛  
Team of Four

日期  
Date

| 比赛号 No. | 姓名 Name | 国家/地区 Country/Area | G1 | G2 | G3 | G4 | G5 | G6 | 总计 Total | 名次 Position |
|---|---|---|---|---|---|---|---|---|---|---|
|  |  |  |  |  |  |  |  |  |  |  |
|  |  |  |  |  |  |  |  |  |  |  |
|  |  |  |  |  |  |  |  |  |  |  |
|  |  |  |  |  |  |  |  |  |  |  |
|  |  |  |  |  |  |  |  |  |  |  |
|  |  |  |  |  |  |  |  |  |  |  |
|  |  |  |  |  |  |  |  |  |  |  |
|  |  |  |  |  |  |  |  |  |  |  |

表 10-24 成绩公告（5）

**Results**

五人队际赛　　　　　　　　　　　　　　　　　　　　　　　　　　　　日期
Team of Five　　　　　　　　　　　　　　　　　　　　　　　　　　　Date

| 比赛号 No. | 姓名 Name | 国家/地区 Country/Area | G1 | G2 | G3 | G4 | G5 | G6 | 总计 Total | 名次 Position |
|---|---|---|---|---|---|---|---|---|---|---|
| | | | | | | | | | | |
| | | | | | | | | | | |
| | | | | | | | | | | |
| | | | | | | | | | | |
| | | | | | | | | | | |
| | | | | | | | | | | |
| | | | | | | | | | | |
| | | | | | | | | | | |
| | | | | | | | | | | |
| | | | | | | | | | | |
| | | | | | | | | | | |
| | | | | | | | | | | |

表 10-25 成绩公告（6）

**Results**

全能　　　　　　　　　　　　　　　　　　　　　　　　　　　　　　　日期
All Events　　　　　　　　　　　　　　　　　　　　　　　　　　　　Date

| 比赛号 No. | 姓名 Name | 国家/地区 Country/Area | 单人赛 Singles | 双人赛 Doubles | 三人赛 Trios | 五人赛际赛 Team of Five | 总计 Total | 名次 Position |
|---|---|---|---|---|---|---|---|---|
| | | | | | | | | |
| | | | | | | | | |
| | | | | | | | | |
| | | | | | | | | |
| | | | | | | | | |
| | | | | | | | | |
| | | | | | | | | |
| | | | | | | | | |
| | | | | | | | | |
| | | | | | | | | |
| | | | | | | | | |
| | | | | | | | | |
| | | | | | | | | |

注：此表用于全能项目，根据实际参赛人数比赛项目分组制表。

表 10-26　成绩公告（7）
**Results**

精英赛　　　　　　　　　　　　　　　　　　　　　　　　　　　　日期
Masters　　　　　　　　　　　　　　　　　　　　　　　　　　　　Date

| 比赛号<br>No. | 姓名<br>Name | 国家/地区<br>Country/Area | G1 | G2 | G3 | G4 | G5 | G6 | G7 | G8 | 小计<br>Sub-total | G9 | G10 | G11 | G12 | G13 | G14 | G15 | G16 | 总计<br>Total | 名次<br>Position |
|---|---|---|---|---|---|---|---|---|---|---|---|---|---|---|---|---|---|---|---|---|---|
| | | | | | | | | | | | | | | | | | | | | | |
| | | | | | | | | | | | | | | | | | | | | | |
| | | | | | | | | | | | | | | | | | | | | | |
| | | | | | | | | | | | | | | | | | | | | | |
| | | | | | | | | | | | | | | | | | | | | | |
| | | | | | | | | | | | | | | | | | | | | | |
| | | | | | | | | | | | | | | | | | | | | | |
| | | | | | | | | | | | | | | | | | | | | | |
| | | | | | | | | | | | | | | | | | | | | | |
| | | | | | | | | | | | | | | | | | | | | | |
| | | | | | | | | | | | | | | | | | | | | | |
| | | | | | | | | | | | | | | | | | | | | | |

注：以上表格制 16 横格，精英对抗赛 16 人参赛，在不同时间分两节进行，每局对抗以 300+10。

## 16. 精英总决赛

精英总决赛见表 10-27。

表 10-27　精英总决赛
**Masters Final**

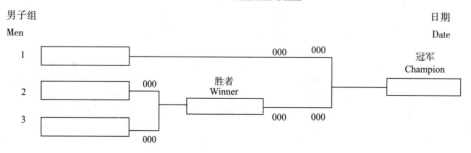

注：此表用于记录 3 人梯级挑战赛，在"000"处记录局分。

## 10.4 台球运动的竞赛组织方法

### 10.4.1 台球运动的特点与作用

台球是一项文明高雅、轻松愉快的室内体育活动，其运动量既不像田径、球类那样剧烈，也不像棋类那样文静，它是动静结合、运动量适中、老少皆宜的趣味性运动。

台球运动对人体健康有良好的作用，它还包含数学、几何、物理等科学知识，既可开发智力，训练人的思维敏锐，还可以使参与者的身心得到很好的锻炼。

### 10.4.2 台球竞赛的组织与筹备

**1. 竞赛的工作程序**

组织台球竞赛活动，根据其规模的大小，可成立不同的组织机构。基层比赛可设立竞赛组和秘书组，具体职责为竞赛组负责报名、编排秩序册、聘请裁判员、准备场地等。秘书组负责宣传教育、组织观众、发送通知文件。

组织一般性比赛可按下列程序进行：
① 制定竞赛规程；
② 编排竞赛日程；
③ 组织报名；
④ 教练员联系会议、抽签；
⑤ 印发秩序册和补充通知及各种表格；
⑥ 召集裁判员组织比赛；
⑦ 登记成绩，确定名次；
⑧ 颁奖；
⑨ 印发成绩册。

**2. 竞赛规程**

1）制定竞赛规程

主办单位根据比赛的目的、任务、性质、规模、时间和场地等具体情况制定竞赛规程，在赛前下发参赛单位。

2）制定竞赛日程

根据竞赛具体时间、比赛项目、参赛人数，科学合理地制定日程。内容包括时间、开闭幕式安排、竞赛顺序、发奖仪式等。

## 10.4.3 台球比赛项目及比赛方法

**1. 比赛项目**

目前，台球比赛项目有英式22彩球斯诺克、美式9球落袋、美式16彩球落袋3种主要比赛。台球比赛项目的确定，要根据运动员水平、比赛性质、目的、规模、场地等具体情况而定。

**2. 比赛方法**

有对抗赛、淘汰赛、循环赛等。各项比赛均可进行男子、女子的比赛。

1）对抗赛

（1）个人对抗赛　赛前由竞赛组确定胜负的办法，如1局决胜负、3局2胜或5局3胜等，然后制定每个成局分数（100分、200分、1 000分等）。不论运动员开球先后，先打满规定分数者为胜。斯诺克台球比赛中，一定要有裁判员和记分员。赛后，运动员、裁判员、记录员要签名，比赛才有效。

（2）团体对抗赛　根据竞赛规则约定的判定胜负的办法来组织比赛。例如，参赛双方各有5名队员，先将赛前编好的名单收集在一起，两队的第一号队员先进行比赛，之后按照编排的顺序依次进行，比赛结果是以双方队员获胜人数之比来确定。

2）淘汰赛

（1）单淘汰赛　先把所有参赛队或队员按比赛组织程序进行编排，由相邻的两名选手（或队）进行比赛，胜者进入下一轮。如果有种子队员或种子队，应把他们分开，不要过早相遇。

（2）双淘汰赛　方法同排球。

3）循环赛

循环赛是比赛中常采用的比赛方法，它的目的是满足各队和运动员之间能有更多的比赛机会，能反映出真实水平。具体排定方法同其他竞赛项目。

## 10.4.4 台球比赛常用表格

**1. 个人台球公开赛报名表**

个人台球公开赛报名表见表 10-28。

表 10-28 个人台球公开赛报名表

| 编号 | 姓名 | 性别 | 单位 | 区县 | 联系电话 | 斯诺克 | 美式 |
|------|------|------|------|------|----------|--------|------|
|      |      |      |      |      |          |        |      |
|      |      |      |      |      |          |        |      |
|      |      |      |      |      |          |        |      |
|      |      |      |      |      |          |        |      |

**2. 台球赛选手参赛时间通知单**

台球赛选手参赛时间通知单见表 10-29。

表 10-29 台球赛选手参赛时间通知单

×××杯台球赛选手参赛时间通知单

姓名_____　　　　报名号_____

参赛项目_____　　比赛时间　月　日　时

参赛项目_____　　比赛时间　月　日　时

**3. 竞赛日程表**

竞赛日程表见图 10-30。

表 10-30　竞赛日程表

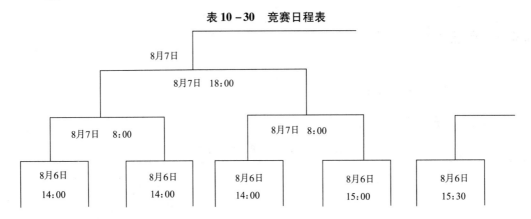

### 4. 美式十六球团体对抗赛记分表

美式十六球团体对抗赛记分表见表 10-31。

表 10-31　美式十六球团体对抗赛记分表

| 局数 | 主队名称 | | 比分 | 主队名称 | |
| --- | --- | --- | --- | --- | --- |
| | 队员 | 进球数 | | 队员 | 进球数 |
| | | | | | |
| | | | | | |
| | | | | | |
| | | | | | |
| | | | | | |
| | | | | | |
| | | | | | |
| | | | | | |
| | | | | | |
| | | | | | |
| | | | | | |
| | | | | | |
| | | | | | |
| | | | | | |
| 总成绩 | | | | | |

队长签名：_____　　　　　　　队长签名：_____
　　　　　　　　　　　　　　　　裁判员签名：_____

### 5. 美式十六球主客队团体赛记分表

美式十六球主客队团体赛记分表见表 10-32。

表 10-32　美式十六球主客队团体赛记分表

| 盘数 | 队员号 | 主队名称 | | 比分 | 客队名称 | | 队员号 |
|---|---|---|---|---|---|---|---|
| | | 队员姓名 | 进球数 | | 进球数 | 队员姓名 | |
| 一 | 1 | | | | | | 1 |
| 二 | 2 | | | | | | 2 |
| 三 | 3 | | | | | | 3 |
| 四 | 2 | | | | | | 1 |
| 五 | 1 | | | | | | 3 |
| 六 | 3 | | | | | | 2 |
| 七 | 2 | | | | | | 3 |
| 八 | 3 | | | | | | 1 |
| 九 | 1 | | | | | | 2 |

主队出场顺序　　　　　　　　　客队出场顺序

1 号队员 159　　　　　　　　　1 号队员 148

2 号队员 247　　　　　　　　　2 号队员 269　　　　　　裁判员签名：_____

3 号队员 368　　　　　　　　　3 号队员 269

## 6. 英式台球赛成绩单

英式台球赛成绩单见表 10-33。

表 10-33　英式台球赛成绩单

| 单位 | | 姓名 | | 单位 | | 姓名 | |
|---|---|---|---|---|---|---|---|
| 盘次 | 得分 | 高杆分（30 以上） | | 盘次 | 得分 | 高杆分（30 以上） | |
| 一盘 | | | | 一盘 | | | |
| 二盘 | | | | 二盘 | | | |
| 三盘 | | | | 三盘 | | | |
| 四盘 | | | | 四盘 | | | |
| 五盘 | | | | 五盘 | | | |

比赛结果：

胜方签名：_____　　　　　　裁判员签名：_____

负方签名：_____　　　　　　裁判员签名：_____

### 7. 斯诺克台球每盘成绩单

斯诺克台球每盘成绩单见表 10－34。

**表 10－34　斯诺克台球每盘成绩单**

日期：_____　　　　　　　　　　　　每局比赛开始时间：_____
运动员：_____　　　　　　　　　　　每局比赛结局时间：_____
　　　　　　　　　　　　　　　　　　　　　每局比赛消耗时间：_____
　　　　　　　　　　　　　　　　　　　　　　　　　比赛盘数：_____
　　　　　　　　　　　　　　　　　　　　　　　　　　　对方：_____

| 一击得分 | 一杆积分 | 累计分 | 一击得分 | 一杆积分 | 累计分 |
| --- | --- | --- | --- | --- | --- |
|  |  |  |  |  |  |
|  |  |  |  |  |  |
|  |  |  |  |  |  |
|  |  |  |  |  |  |
|  |  |  |  |  |  |
|  |  |  |  |  |  |
|  |  |  |  |  |  |
|  |  |  |  |  |  |
|  |  |  |  |  |  |
|  |  |  |  |  |  |
|  |  |  |  |  |  |
|  |  |  |  |  |  |
|  |  |  |  |  |  |
|  |  |  |  |  |  |
|  |  |  |  |  |  |

# 第 11 章 武术、跆拳道、健美运动竞赛组织方法

**本章导读**

武术竞赛的组织方法
跆拳道竞赛的组织方法
健美竞赛的组织方法
健美运动常用表格

## 11.1 武术竞赛的组织方法

目前武术不仅是我国的运动竞赛项目之一,而且已成为亚运会的正式比赛项目。随着武术事业的发展,武术竞赛活动的范围、频次也将不断扩大和增加。因此规范地组织不同类型的武术套路比赛,是武术竞赛科学管理中的一项重要工作。

武术竞赛分为武术套路竞赛和武术散打竞赛两部分。武术套路比赛是由运动员单人或同队多人演练武术套路,由裁判员进行评分,依据参赛运动员得分多少决定名次的一种体育比赛;而武术散打比赛是运动员双方直接进行身体对抗、相互击打的比赛。

武术竞赛的组织工作主要是:制定竞赛规程,成立竞赛组织机构,落实各项竞赛事宜,组织裁判队伍等。

### 11.1.1 武术套路比赛的组织编排方法与要求

在武术套路比赛的赛前准备工作中,竞赛编排是一项主要的工作内容,它将决定竞赛的日程和竞赛分组,在多数情况下还要决定运动员的比赛出场顺序,这是一项较为复杂而细致

的工作。

**1. 编排前的准备工作**

1）学习竞赛规程

编排人员通过学习规程，要掌握下列情况：

① 大会期限、比赛天数、活动日程安排和开幕式、闭幕式的时间等，基层单位的武术竞赛除有足够的比赛天数外，其他内容可以从略；
② 了解比赛规模，如各参赛单位的报名人数、组别、项目等；
③ 参加比赛的单位、比赛和表演的项目；
④ 各项的录取名额、计分方法及奖励办法；
⑤ 比赛场地的数量和设施情况；
⑥ 裁判员的数量和质量。

2）审查和统计工作

① 审查各单位报名单和自选套路主要动作登记表。如果发现有违反规程的地方（如运动员资格、参赛项目、年龄等），编排人员要立即报告竞赛组，使其及时与有关单位联系，要在编排前求得解决。编排人员在编排过程中发现问题，若要及时请示竞赛组。
② 做好各项统计。统计参加比赛人数和参加各比赛项目的运动员人数。

3）计算比赛所需要的时间

将各队运动员所报的各类项目的总数与该项目单项竞赛所需的时间相乘，其积的总和即为所有比赛项目所需的竞赛时间。一个运动员每一项目的竞赛时间，应包括运动员进场、退场、演练、裁判评分和示分的时间。一般长拳类和南拳类的器械项目约需 3 分钟，太极拳约需 5 分钟。

比如运动员报的拳术总数为 100 项，器械 70 项，对练 30 项，太极拳 25 项。那么，所有运动项目所需的竞赛时间为

$$100 \times 3 + 70 \times 3 + 30 \times 3 + 25 \times 5 = 725（分钟）$$

**2. 编排竞赛秩序的原则**

1）机会均等的原则

运动竞赛成绩的优劣和运动员比赛环境、条件密切相关。高等级的武术比赛，多安排在上午和晚上进行。由于受观众、灯光和平时训练习惯等因素的影响，晚上比赛的环境和条件优于白天，运动员表演的效果也比白天好。因此，在安排运动员比赛场次时，应尽量使参赛运动员上午和晚上的场次接近平衡，做到比赛机会均等。

2）服务比赛的原则

为了保证运动员赛出风格、赛出水平，竞赛秩序的安排，首先要为运动员的比赛着想，使他们得到合理休息，有劳有逸。原则上，运动员每天比赛一项，最多每天安排两项（每个单元比赛一项）。

3）兼顾裁判员和观众的原则

武术运动员比赛动作瞬息万变，裁判员必须全神贯注才能做到评分公正、准确。为使裁判员在场上注意力高度集中，每个裁判组连续工作时间不得超过两组的比赛时间。

每场比赛应安排不同项目，使观众在同一场次内，能够欣赏到不同的拳术和器械表演。

4）高手集中的原则

竞赛分组时，优秀运动员（上届获得名次者）应适当集中在一个组内（3～5 名）；太极拳、太极器械由于原分组人数较少，优秀运动员每组集中 2～3 人即可。优秀运动员分组时适当集中，一方面有利于增强竞争气氛，发挥技术水平；另一方面便于裁判组在评分时相互比较，适度平衡，使评分较为客观、公正。

**3. 编排方法**

1）绘制竞赛日程表

将所有项目所需的竞赛时间，相对平均地分到规程所规定的竞赛天数中，得出每天应完成项目的竞赛时间。如规程确定两天比赛结束，则每天的项目竞赛时间约为

$$725 \div 2 = 362.5 \text{（分钟）}$$

每天的项目竞赛时间确定后，根据每场实际工作时间计算出每天的竞赛场次，并按场地设置情况安排每天的竞赛场次，把各竞赛项目合理地分布到每一个场次和场地中。

武术套路比赛一般每场实际工作时间 3～3.5 小时。若以 3 小时计算，那么每天竞赛的场次为

$$362.5 \div (60 \times 3) \approx 2 \text{（小时）}$$

因此，每天比赛应安排两个场次。假如只有一块场地进行比赛，那么就应在上午、下午、晚上 3 个单元的时间内取两个单元时间各安排一个场次；如有两块场地，可在上述 3 个单元的时间内取某一个单元安排场次即可，最后按所定方案绘制竞赛日程表。

2）比赛项目分组

根据参赛人数，进行各比赛项目的分组。长拳类每组 10 人，太极拳类每组 5～6 人，每组比赛时间在半小时左右（含运动员进退场和裁判员评分时间在内）。如男子自选拳有 120 人报名，分为 12 组，在 12 个白纸条的顶端，各写出"男子自选拳 10 人"字样，其他各项类推。全部运动员的比赛项目，应分成多少组，就填写多少纸条。如有的项目报名者较少，

只要属同类性质就可合并，如报名峨嵋刺 5 人，双匕首 6 人，可合并为一组，在纸条顶端写上"女子传统双器峨嵋刺 5 人，双匕首 6 人"。

分组后，在每张纸条的右上方，用不同颜色的纸和笔，给各裁判组做出不同颜色的标记。如长兵器裁判组的标志用红色，在男子、女子所有枪和棍的纸条上，都用红颜色标出，以备检查时用。有些项目如自选拳术，可报长拳，也可报太极拳、南拳，要根据录取办法决定由哪个裁判组进行评判。如果太极拳、南拳单独录取，则由传统拳术组评判；反之，仍由自选拳术组评判。由哪个裁判组负责，用哪种颜色做出标记。

3）把分组条均衡地放入竞赛日程表中

这项工作主要解决各裁判组在各场地执行任务时，避免互相矛盾。具体工作时应注意以下 3 个方面。

① 裁判员在场上连续工作时间不宜超过两组。如该项组数过多，一场比赛必须超过两组时，中间则应安排一组以上的其他项目的比赛。

② 如有两块场地同时比赛时，两个场地应安排不同类型的项目。如一个场地安排长兵器，另一个场地可安排短兵器，以及男女运动员都应尽可能穿插开。每个场地安排的顺序，一般把单练排在前面，把对练和集体项目放在后面。

③ 根据分组条上的颜色标记，检查两个场地裁判组是否矛盾。两个场地的对应各组，以及对应各组的上下各一组，不应有同样的标记出现，如发现问题，应立即调整。在检查无误后，将分组条贴牢。

4）分配运动员的比赛秩序

此项工作是编排中最关键的一环。其方法就是用不同的符号（表示比赛内容）标记在运动员名单姓名的不同部位上（表示比赛的时间和场次），这样可避免运动员比赛的重场和漏项问题。其具体步骤如下所述。

（1）用工整的字体，抄一份运动员名单，其格式如表 11-1 所示。

表 11-1 运动员名单

| 福建 | 男 | 李×× | 张×× | 赵×× | 肖×× | 车×× | 孙× | |
|---|---|---|---|---|---|---|---|---|
| | 女 | 钱×× | 王×× | 赵×× | 刘×× | 欧阳× | 康×× | |
| 江苏 | 男 | 古×× | 童×× | 虞×× | 杨×× | 罗×× | 万×× | |
| | 女 | 方×× | 陈×× | 李×× | | | | |
| 湖南 | 男 | 吴×× | 张×× | 王×× | 国×× | 田×× | 刘×× | |
| | 女 | 彭×× | 宁×× | 丁×× | 曾×× | 廖×× | 王×× | |

把各单位运动员名单抄好，装订成册，即是将来的竞赛秩序分配图。

（2）根据报名单上运动员的出生年月日，在少年和儿童运动员的名字上作出方框标记，在姓名的第一个字画一方框，表示少年组；第二个字画方框为 14 岁年龄组（此组为长兵器比赛的专用组别），第三个字画方框为儿童组。若姓名只有两个字，中间空位按第二个字计算。

（3）一人掌握运动员名单和报名单（此人为主编），其他人分别掌握竞赛日程表（此人为助编）。主编者按照报名单的顺序，逐个、逐项地报出运动员的比赛内容；助编者在自己掌管的竞赛日程表中找到该组，写出运动员的单位、姓名，并向主编者报出日期、场次，主编则在运动员名单上的该运动员名字相应日期和场次的位置上，作出竞赛内容的符号。该运动员的该项比赛即编排完毕。

全国性比赛，规程规定运动员一般参加6项比赛。主编者报运动员顺序，应先报该项比赛组数少的，后报组数多的，一般是按传统拳术、传统器械、长兵器、短兵器、自选拳术的顺序报编。

主编者报出一项比赛内容，竞赛日程表中数天都有该组别时，为保证运动员的早场和晚场比赛机会均等，主编者应有选择地安排。

如成年、少年和儿童分组比赛，主编者报到不同组别的运动员时，助编者应编入相应各组，如不分组而混合录取名次时，则应混合编组。在混合编组中，如有少年、儿童和14岁年龄组的运动员，应在分组条运动员名字的右上方分别画出不同年龄组的符号（作符号只限自选套路，14岁年龄组只限自选套路的长兵器），作为裁判长计时的依据。

如某场次有某单位的集体项目时，为使该单位有集体准备的时间，该单位运动员的任何项目都不编入该场比赛。应预先在该单位、该场次作出集体项目符号。主编者所使用的符号可自行设计。

（4）校对。所有项目编排完毕后，必须进行校对。校对的方法是：主编者根据竞赛秩序分配图，念出运动员比赛项目的名称、比赛日期、场次和组别，一人看报名单，其他人检查竞赛日程分组条中的上述各项，是否一致，检查无误，即可抽签。

（5）抽签。武术竞赛中，运动员的比赛顺序直接影响着运动员的评分。武术比赛的评分和体操比赛的评分有相似之处，即两者都是由裁判员的主观印象进行评分的。裁判员在评分时，往往开始偏严，评分较低。所以，一般来说，运动员都不愿意自己的比赛顺序靠前排列。因此，在确定运动员的比赛顺序时，为避免人为的不公正，常用抽签的方法予以解决。武术竞赛规则规定："运动员的比赛顺序，应在竞赛委员会的监督下，由编排组抽签决定。如果一个运动员，出现两个以上第一个出场比赛的顺序时，则应做适当调整。"抽签的具体方法是：一个人掌握竞赛日程表，报出第一组的人数，另一人按所报人数准备好签号，然后由裁判员为各个运动员抽签，签号顺序就是运动员的比赛顺序，登记在第一组运动员单位的前方。以下各组抽签以此类推。

（6）誊写。把表格形式的竞赛日程抄写成文字形式，即按日期、场次、场地、组别的顺序抄写，运动员则按抽签后的顺序抄写。

上述编排方法，适用于大型武术比赛的编排工作。基层比赛编排程序可按原则适当简化，如竞赛秩序分配图，可直接做在报名单上；竞赛日程可不用表格形式，分组后直接用文字形式排列，各组第一名出场运动员，按各单位大致分配均等的办法。

## 11.1.2 武术散打比赛的组织编排方法与要求

编排是散打竞赛工作的重要内容之一。竞赛程序编排得是否合理，直接影响比赛的顺利进行，同时影响运动员技术水平的发挥和运动成绩的好坏。因此，编排记录人员必须以严肃认真的态度，科学、周密、准确无误地搞好这项工作。

**1. 散打竞赛的竞赛分级**

散打竞赛分团体赛和个人比赛。
散打竞赛分级为：
① 48 公斤级（≤48 公斤）；
② 52 公斤级（＞48 公斤，≤52 公斤）；
③ 56 公斤级（＞52 公斤，≤56 公斤）；
④ 60 公斤级（＞56 公斤，≤60 公斤）；
⑤ 65 公斤级（＞60 公斤，≤65 公斤）；
⑥ 70 公斤级（＞65 公斤，≤70 公斤）；
⑦ 75 公斤级（＞70 公斤，≤75 公斤）；
⑧ 80 公斤级（＞75 公斤，≤80 公斤）；
⑨ 85 公斤级（＞80 公斤，≤85 公斤）；
⑩ 90 公斤级（＞85 公斤，≤90 公斤）；
⑪ 90 公斤以上级（＞90 公斤）。

**2. 散打竞赛编排前的准备工作**

① 认真学习武术散打竞赛规则和本次赛会的竞赛规程，并且掌握竞赛性质、竞赛办法、大会期限、竞赛项目、参加办法、录取及奖励办法等情况；
② 审核报名单；
③ 统计各级别人数。

**3. 散打竞赛编排原则**

① 以竞赛规程、报名单和大会的时间为依据，根据竞赛规程中的有关规定和报名单计算竞赛实际天数是否与大会的时间吻合，若有出入，应和有关部门取得联系，进行调整；
② 同一级别、同一轮次的比赛应在同一单元进行；
③ 一名运动员一天最多安排 2 次比赛（不在同一单元）；
④ 同一单元的比赛由体重轻的级别开始；
⑤ 一个单元的比赛一般安排 15～22 场。

**4. 散打竞赛编排方法**

① 单循环比赛；
② 单败淘汰赛；
③ 双败淘汰赛。

**5. 散打竞赛确定种子的原则**

由于参加散打比赛的人数较多，一般采用淘汰赛的办法。为了避免强手之间过早相遇而被淘汰，可把一些强手确定为种子，将他们合理分开，使他们最后相遇，从而产生较合理的名次。种子的数目主要是根据各级别参加比赛的人数多少来确定。

确定种子的原则有以下 3 个方面。

① 根据全国武术散打锦标赛决定（必须取得名次的运动员）。
② 变动级别的运动员不能定为种子（如原级别 60 公斤冠军，现升为 65 公斤级，则不能定为种子）。
③ 根据各级别种子数目，按种子成绩，由第一名往后排满为止，如前面的种子选手缺席，可由后向前补充。未取得名次的运动员不能定为种子，也不能补充。

## 11.1.3 武术套路竞赛常用表格

**1. 全国武术套路锦标赛（冠军赛）报名表**

全国武术套路锦标赛（冠军赛）报名表见表 11-2。

**表 11-2 全国武术套路锦标赛（冠军赛）报名表**

单位：_____ 领队：_____ 教练：_____ 性别：_____ 医生：_____ 性别：_____

| 编号 | 姓名 | 性别 | 出生年月 | 参 赛 项 目 ||||||||||||| 对 练 ||
|---|---|---|---|---|---|---|---|---|---|---|---|---|---|---|---|---|---|
| | | | | 拳术 ||| 短器械 || 长器械 | 其他拳术 ||| 其他器械 ||| 项目 | 运动员姓名 |
| | | | | 长拳 | 太极拳 | 南拳 | 剑术 | 刀术 | 枪术 | 棍术 | 一类 | 二类 | 三类 | 单器械 | 双器械 | 软器械 | | |
| | | | | | | | | | | | | | | | | | | |
| | | | | | | | | | | | | | | | | | | |
| | | | | | | | | | | | | | | | | | | |
| | | | | | | | | | | | | | | | | | | |
| 集体项目 ||||||||| 备 注 |||||||||

国家体育总局运动管理中心制

说明：1. 凡参赛项目均可在该项目栏中画 "●"。
2. 其他拳术、其他器械、对练项目均要填写套路名称，对练项目陪练者应在姓名后注明（陪）字。

单位盖章：_____ 填报时间：_____

## 2. 全国青少年武术套路锦标赛报名表

全国青少年武术套路锦标赛报名表见表 11–3。

表 11–3  全国青少年武术套路锦标赛报名表

单位：_____  领队：_____  教练：_____  性别：_____  医生：_____  性别：_____

| 组别 | 性别 | 编号 | 姓名 | 出生年月 | 参赛项目 ||||||||| 集体项目 |
|---|---|---|---|---|---|---|---|---|---|---|---|---|---|---|
| | | | | | 拳术 |||| 短器械 || 长器械 || 对练 | 集体项目 |
| | | | | | 少年规定拳 | 长拳 | 太极拳 | 南拳 | 剑术 | 刀术 | 枪术 | 棍术 | 项目 | 运动员姓名 |
| 甲组 | 男子 | | | | | | | | | | | | | |
| | | | | | | | | | | | | | | |
| | 女子 | | | | | | | | | | | | | |
| | | | | | | | | | | | | | | |
| 乙组 | 男子 | | | | | | | | | | | | | |
| | | | | | | | | | | | | | | |
| | 女子 | | | | | | | | | | | | | |
| | | | | | | | | | | | | | | |

## 3. 全国武术太极拳锦标赛报名表

全国武术太极拳锦标赛报名表见表 11–4。

表 11–4  全国武术太极拳锦标赛报名表

单位：_____  领队：_____  教练：_____  性别：_____  医生：_____  性别：_____

| 编号 | 姓名 | 性别 | 出生年月 | 参赛项目 |||||||||||| 集体项目 |
|---|---|---|---|---|---|---|---|---|---|---|---|---|---|---|---|---|
| | | | | 太极拳竞赛套路 |||||| 42式太极剑 | 男子太极推手 ||||||| 集体项目 |
| | | | | 42式太极拳 | 24式太极拳 | 陈式太极拳 | 杨式太极拳 | 吴式太极拳 | 武式太极拳 | 孙式太极拳 | 42式太极剑 | 52公斤级 | 56公斤级 | 60公斤级 | 65公斤级 | 70公斤级 | 75公斤级 | 80公斤级 | 80以上公斤级 | 集体项目 |
| | | | | | | | | | | | | | | | | | | | | |
| | | | | | | | | | | | | | | | | | | | | |
| | | | | | | | | | | | | | | | | | | | | |
| | | | | | | | | | | | | | | | | | | | | |

国家体育总局武术运动管理中心制

说明：1. 凡参赛项目均在该项目栏中画"●"。
      2. 集体项目要填写套路名称。

单位盖章：_____  填报时间：_____

**4. 武术自选套路创新技术申报审批表**

武术自选套路创新技术申报审批表见表 11-5。

表 11-5　武术自选套路创新技术申报审批表

| 单位 | | 姓名 | | 性别 | | 项目 | | 教练动作 | | |
|---|---|---|---|---|---|---|---|---|---|---|
| 内容动作 | | | | | | | | | | |
| 动作图示 | （可另附动作连续性的照片和图片） | | | | | | | 申报单位盖章 | | |
| 难点说明 | | | | | | | | 已送动作录像 | | 是 |
| | | | | | | | | | | 否 |
| 审核结果 | 总票数 | 主任签字 | | 动作命名 | | 难度等级 | | 难度分值 | | 确定符号 |
| | 同意票 | | | | | | | | | |
| | 反对票 | | | | | | | | | |
| | 弃权票 | | | | | | | | | |
| 评审专家签名 | | | | | | | | | | |

国家体育总局武术运动管理中心制　　全国武术创新技术鉴定委员会（章）

　　　　　　　　　　　　　　　　　　　　　　　　　　　　　年　月　日

**5. 武术套路竞赛评分记录表**

武术套路竞赛评分记录表见表 11-6。

表 11－6　武术套路竞赛评分记录表

项目：　　　　　　　　　　　　　　　　　　　　　　月　日　午（晚）第　场　第　组

| 序号 | 姓名 | 单位 | 年龄组别 | 完成时间 | 动作质量评分 A 组裁判员 | | | 第一副裁 | 应得分 | 演练水平评分 B 组裁判员 | | | 裁判长 | 应得分 | 难度评分 C 组裁判员 | | | 第二副裁 | 应得分 | 裁判长评分 | 最后得分 |
|---|---|---|---|---|---|---|---|---|---|---|---|---|---|---|---|---|---|---|---|---|---|
| | | | | | 2 | 5 | 8 | | | 1 | 4 | 7 | | | 3 | 6 | 9 | | | | |
| | | | | | | | | | | | | | | | | | | | | | |
| | | | | | | | | | | | | | | | | | | | | | |
| | | | | | | | | | | | | | | | | | | | | | |
| | | | | | | | | | | | | | | | | | | | | | |
| | | | | | | | | | | | | | | | | | | | | | |
| | | | | | | | | | | | | | | | | | | | | | |

国家体育总局武术管理中心制

记录长：　　　　　　　总记录长：　　　　　　　总裁判长：

## 6. 武术锦标赛成绩总表

武术锦标赛成绩总表见表 11－7。

表 11－7　武术锦标赛成绩总表

| 单位 | 编号 | 姓名 | 参赛成绩 | | | | | | | | | | | | | | 对练 | 个人全能 | 集体项目 | 团体总分 | 团体名次 |
|---|---|---|---|---|---|---|---|---|---|---|---|---|---|---|---|---|---|---|---|---|---|
| | | | 拳术 | | | 短器械 | | 长器械 | | 其他拳术 | | | 其他器械 | | | | | | | |
| | | | 长拳 | 太极拳 | 南拳 | 剑术 | 刀术 | 枪术 | 棍术 | 一类 | 二类 | 三类 | 单器械 | 双器械 | 软器械 | | | | | |
| | | | | | | | | | | | | | | | | | | | | | |
| | | | | | | | | | | | | | | | | | | | | | |
| | | | | | | | | | | | | | | | | | | | | | |
| | | | | | | | | | | | | | | | | | | | | | |
| | | | | | | | | | | | | | | | | | | | | | |
| | | | | | | | | | | | | | | | | | | | | | |
| | | | | | | | | | | | | | | | | | | | | | |
| | | | | | | | | | | | | | | | | | | | | | |

国家体育总局武术管理中心制

注：记录成绩可在空格内同时记录得分和名次，用分隔符"/"表示，即"得分/名次"。

记录长：＿＿＿＿＿＿　　　记录员：＿＿＿＿＿＿

## 7. 各队参加人数统计表

各队参加人数统计表见表11-8。

表11-8 各队参加人数统计表

| 编号 | 队名 | 运动员 | | | 教练员 | | | 领队 | | | 工作人员 | | | 总计 | 备注 |
|---|---|---|---|---|---|---|---|---|---|---|---|---|---|---|---|
| | | 男 | 女 | 合计 | 男 | 女 | 合计 | 男 | 女 | 合计 | 男 | 女 | 合计 | | |
| 1 | | | | | | | | | | | | | | | |
| 2 | | | | | | | | | | | | | | | |
| 3 | | | | | | | | | | | | | | | |
| 4 | | | | | | | | | | | | | | | |
| 5 | | | | | | | | | | | | | | | |
| 6 | | | | | | | | | | | | | | | |
| 7 | | | | | | | | | | | | | | | |
| 8 | | | | | | | | | | | | | | | |
| 9 | | | | | | | | | | | | | | | |
| 10 | | | | | | | | | | | | | | | |
| 11 | | | | | | | | | | | | | | | |
| 12 | | | | | | | | | | | | | | | |

## 8. 武术自选套路难度登记及评分表

武术自选套路难度登记及评分表见表11-9。

表11-9 武术自选套路难度登记及评分表

| 单位 | | 姓名 | | 性别 | | 项目 | | 身高 | | 器械型号 | |
|---|---|---|---|---|---|---|---|---|---|---|---|

动作难度与连接难度图示

(1)

(2)

(3)

登记说明

按照套路出现动作难度、连接难度及创新难度的内容，按先后顺序计算好难度分值，则从左到右填入表中。

1. 难度评定统计和临场评定栏运动队不要填写。
2. 在套路行进路线上用"●"表示难度在此出现的起始位置，并注明动作符号。连接难度符号必须记在动作难度符号下面。
3. 用"△"表示起势，"〇"表示收势，"～"路线，"▲"表示方向。
4. 示例：

5. "▭"代表裁判长席。
6. 身高单位：厘米。

续表

| | | | 难度登记 | | 临场评分 | |
|---|---|---|---|---|---|---|
| (4) | | | 动作难度 | | 动作难度 | |
| | | | 连接难度 | | 连接难度 | |
| | | | 创新难度 | | 创新难度 | |
| | | | 累计难度 | | 累计难度 | |
| | | | 教练员签名: | | 裁判员签名: | |

| | | | | | | |
|---|---|---|---|---|---|---|
| 难度登记与评定表 | 1 | 难度内容 | | | | |
| | | 难度分值 | | | | |
| | | 临场评定 | | | | |
| | 2 | 难度内容 | | | | |
| | | 难度分值 | | | | |
| | | 临场评定 | | | | |
| | 3 | 难度内容 | | | | |
| | | 难度分值 | | | | |
| | | 临场评定 | | | | |
| | 4 | 难度内容 | | | | |
| | | 难度分值 | | | | |
| | | 临场评定 | | | | |

**9. 青少年套路锦标赛（甲组）成绩记录表**

青少年套路锦标赛（甲组）成绩记录表见表 11-10。

表 11-10　青少年套路锦标赛（甲组）成绩记录表

| 单位 | 性别 | 编号 | 姓名 | 竞赛成绩 | | | | | | | | 对练 | 个人全能 | 集体项目 | 团体成绩 | 团体名次 |
|---|---|---|---|---|---|---|---|---|---|---|---|---|---|---|---|---|
| | | | | 拳术 | | | 短器械 | | 长器械 | | | | | | | |
| | | | | 长拳 | 太极拳 | 南拳 | 剑术 | 刀术 | 枪术 | 棍术 | | | | | | |
| | 男子 | | | | | | | | | | | | | | | |
| | | | | | | | | | | | | | | | | |
| | | | | | | | | | | | | | | | | |
| | | | | | | | | | | | | | | | | |
| | 女子 | | | | | | | | | | | | | | | |
| | | | | | | | | | | | | | | | | |
| | | | | | | | | | | | | | | | | |

续表

| 单位 | 性别 | 编号 | 姓名 | 竞赛成绩 | | | | | | | 对练 | 个人全能 | 集体项目 | 团体成绩 | 团体名次 |
|---|---|---|---|---|---|---|---|---|---|---|---|---|---|---|---|
| | | | | 拳术 | | | 短器械 | | 长器械 | | | | | | |
| | | | | 长拳 | 太极拳 | 南拳 | 剑术 | 刀术 | 枪术 | 棍术 | | | | | |
| | 男子 | | | | | | | | | | | | | | |
| | | | | | | | | | | | | | | | |
| | | | | | | | | | | | | | | | |
| | | | | | | | | | | | | | | | |
| | 女子 | | | | | | | | | | | | | | |
| | | | | | | | | | | | | | | | |
| | | | | | | | | | | | | | | | |
| | | | | | | | | | | | | | | | |

国家体育总局武术管理中心制

注：记录成绩可在空格内同时记录得分和名次，用分隔符"/"表示，即"得分/名次"。

记录长：_____　　　记录员：_____

**10. 团体（集体项目）录取名次成绩表**

团体（集体项目）录取名次成绩表见表11－11。

表 11－11　团体（集体项目）录取成绩表

| 名　次 | 队　名 | 成　绩 | 备　注 |
|---|---|---|---|
| 一 | | | |
| 二 | | | |
| 三 | | | |
| 四 | | | |
| 五 | | | |
| 六 | | | |

国家体育总局武术运动管理中心制

记录长：_____　　　记录员：_____

**11. 青少年套路锦标赛（乙组）成绩记录表**

青少年套路锦标赛（乙组）成绩记录表见表11－12。

表 11-12　青少年套路锦标赛（乙组）成绩记录表

| 单位 | 性别 | 编号 | 姓名 | 竞赛成绩 ||||||||| 集体项目 | 团体成绩 | 团体名次 |
| | | | | 拳术 |||| 短器械 || 长器械 || | | | |
| | | | | 少年规定拳 | 长拳 | 太极拳 | 南拳 | 剑术 | 刀术 | 枪术 | 棍术 | | | |
| | 男子 | | | | | | | | | | | | | |
| | | | | | | | | | | | | | | |
| | | | | | | | | | | | | | | |
| | 女子 | | | | | | | | | | | | | |
| | | | | | | | | | | | | | | |
| | | | | | | | | | | | | | | |
| | 男子 | | | | | | | | | | | | | |
| | | | | | | | | | | | | | | |
| | | | | | | | | | | | | | | |
| | 女子 | | | | | | | | | | | | | |
| | | | | | | | | | | | | | | |
| | | | | | | | | | | | | | | |

国家体育总局武术管理中心制

注：记录成绩可在空格内同时记录得分和名次，用分隔符"/"表示，即"得分/名次"。

记录长：_____　　　记录员：_____

## 12. 单项（全能）录取名次成绩表

单项（全能）录取名次成绩表见表 11-13。

表 11-13　单项（全能）录取名次成绩表

| 项目 名次 | 一 | 二 | 三 | 四 | 五 | 六 | 备注 |
|---|---|---|---|---|---|---|---|
| 姓名 | | | | | | | |
| 队名 | | | | | | | |
| 成绩 | | | | | | | |

国家体育总局武术管理中心制

记录长：_____　　　记录员：_____

**13. 武术冠军成绩记录表**

武术冠军成绩记录表见表 11-14。

表 11-14  武术冠军成绩记录表

| 单位 | 编号 | 姓名 | 竞赛成绩 | | | | | | | | | | | | 对练 |
|---|---|---|---|---|---|---|---|---|---|---|---|---|---|---|---|
| | | | 拳术 | | | 短器械 | | 长器械 | | 其他拳术 | | | 其他器械 | | | |
| | | | 长拳 | 太极拳 | 南拳 | 剑术 | 刀术 | 枪术 | 棍术 | 一类 | 二类 | 三类 | 单器械 | 双器械 | 软器械 | |
| | | | | | | | | | | | | | | | | |
| | | | | | | | | | | | | | | | | |
| | | | | | | | | | | | | | | | | |
| | | | | | | | | | | | | | | | | |
| | | | | | | | | | | | | | | | | |
| | | | | | | | | | | | | | | | | |
| | | | | | | | | | | | | | | | | |

国家体育总局武术管理中心制

注：记录成绩可在空格内同时记录得分和名次，用分隔符"/"表示，即"得分/名次"。

记录长：_____　　　记录员：_____

**14. 团体（集体项目）录取名次成绩表**

团体（集体项目）录取名次成绩表见表 11-15。

表 11-15  团体（集体项目）录取成绩表

| 名次 | 队名 | 成绩 | 备注 |
|---|---|---|---|
| 一 | | | |
| 二 | | | |
| 三 | | | |
| 四 | | | |
| 五 | | | |
| 六 | | | |

国家体育总局武术运动管理中心制

记录长：_____　　　记录员：_____

### 15. 武术自选套路演练水平评分表

武术自选套路演练水平评分表见表 11-16。

**表 11-16　武术自选套路演练水平评分表**

| 项目 | | 姓　名 | | 单　位 | | 成　绩 | |
|---|---|---|---|---|---|---|---|
| 评分内容 | 评分因素 | 演练水平分值 | | | 临场评分记录 | | |
| 很　好 | ①级 | 2.00～1.90 | | | | | |
| | ②级 | 1.89～1.80 | | | | | |
| | ③级 | 1.79～1.70 | | | | | |
| 一　般 | ④级 | 1.60～1.50 | | | | | |
| | ⑤级 | 1.49～1.40 | | | | | |
| | ⑥级 | 1.39～1.30 | | | | | |
| 较　差 | ⑦级 | 1.20～1.10 | | | | | |
| | ⑧级 | 1.09～1.00 | | | | | |
| | ⑨级 | 0.99～0.90 | | | | | |
| 应得分 | | | | | | | |

国家体育总局武术运动管理中心套路部制

### 16. 其他项目动作质量、演练水平评分表

其他项目动作质量、演练水平评分表见表 11-17。

**表 11-17　其他项目动作质量、演练水平评分表**

| 项目 | | 姓　名 | | 单　位 | | 成　绩 | |
|---|---|---|---|---|---|---|---|
| 评分内容 | 评分因素 | 演练水平分值 | | | 临场评分记录 | | |
| 很　好 | ①级 | 5.0～4.75 | | | | | |
| | ②级 | 4.74～4.45 | | | | | |
| | ③级 | 4.44～4.15 | | | | | |
| 一　般 | ④级 | 4.00～3.75 | | | | | |
| | ⑤级 | 3.74～3.45 | | | | | |
| | ⑥级 | 3.44～3.15 | | | | | |
| 较　差 | ⑦级 | 3.00～2.75 | | | | | |
| | ⑧级 | 2.74～2.45 | | | | | |
| | ⑨级 | 2.44～2.15 | | | | | |
| 应得分 | | | | | | | |

国家体育总局武术运动管理中心套路部制

A 组/B 组　　　裁判员：＿＿＿＿

## 11.2 跆拳道竞赛的组织方法

跆拳道是一项利用拳和脚进行搏击的对抗性运动。它通过竞赛、品势和功力检验等运动形式，使练习者增强体质，掌握技战术，并培养坚韧不拔的意志品质。

### 11.2.1 跆拳道竞赛的准备工作

**1. 制定竞赛规程**

竞赛规程是举办跆拳道竞赛的指导性文件，是所有参加运动队必须共同遵守的章程。主办单位必须根据竞赛目的、任务、性质、规模等具体情况制定竞赛规程。竞赛规程一般应在赛前 3 个月发出，以确保参赛各队有充分的准备时间。

**2. 赛程安排原则**

① 根据赛会比赛时间规定、项目级别多少、各级别参赛人数，科学、合理地安排赛程；
② 不论参赛人数多少，同一级别的所有比赛原则上应在一天内结束；
③ 有利于运动员的体力恢复，有利于竞赛进程和竞赛效果。

**3. 制定竞赛日程**

① 抽签及称量体重安排；
② 适应性训练时间和竞赛时间（每天两节或三节）安排；
③ 开幕式安排；
④ 发奖和闭幕式安排。

**4. 编制秩序册（参赛队报到时下发）**

1）编制秩序册要求

① 在报名截止日期后开始编制；
② 经反复核实，准确无误，印刷美观；
③ 可根据需要刊印赞助商广告，但不可喧宾夺主。

2）秩序册主要内容

① 贺词（可不设）；

② 竞赛规程；
③ 组委会及组织机构名单；
④ 仲裁委员会名单；
⑤ 裁判组名单；
⑥ 各代表队名单；
⑦ 大会活动及竞赛日程；
⑧ 其他有关内容。

**5. 组织领队、教练员、裁判员联席会**

① 向各参赛队提出大会要求和有关规定；
② 最后确认参赛运动员名单；
③ 通报有关情况，就各队提出的问题交换意见。

**6. 裁判员、教练员赛前培训**

竞赛规则如有变动，一般由主办单位于赛前3个月举办裁判员、教练员学习班，举办方法和形式由主办单位视竞赛性质、规模而定。大会指定裁判员须提前报到，进行赛前培训及实习等准备工作。

## 11.2.2 跆拳道竞赛种类和程序

**1. 竞赛种类**

竞赛可分为锦标赛、冠军赛、段位赛、精英赛、大奖赛、巡回赛、邀请赛、对抗赛、擂台赛等，以及俱乐部、道馆学校之间的各类形式不同的比赛。竞赛规模根据各种情况可以是国际的、全国的、省际及队际之间的，但原则上应符合竞赛规则要求。跆拳道竞赛主要分团体赛和个人赛，通常采用单败淘汰赛制或循环赛制。

**2. 竞赛项目**

男子（kg）： 54  62  67  72  78  84  ＋84
女子（kg）： 47  51  55  59  63  67  72  ＋72

**3. 竞赛程序**

根据竞赛的性质、规模、条件的不同，组织者进行合理、科学、系统的竞赛组织工作，力求做到高效、简练、易于操作。以下为基本竞赛程序。

（1）确定比赛性质、规模、时间、地点等。

（2）制定竞赛规程。
（3）向参赛队发通知或邀请函。
（4）报名（一式两份，至主办和承办单位）。
（5）安排赛程，编排秩序册。
（6）落实场地、器材等，做好赛前准备工作。
（7）选派裁判员，并安排赛前培训。
（8）参赛队报到。
（9）组织召开联席会议，通知有关事宜。
（10）安排组织抽签。
（11）安排各队赛前训练、裁判实习。
（12）编排比赛场次，安排场地。
（13）必要时，适时举行开幕式、入场式。
（14）按赛程进入比赛阶段：
① 称量体重；
② 每场比赛具体程序按规则要求进行；
③ 记录并公布比赛成绩；
④ 产生下一轮比赛秩序。
（15）计分和录取名次。
（16）闭幕式及颁奖仪式。
（17）裁判工作总结。
（18）印制发放竞赛成绩册。
（19）参赛队及裁判离会。

**4. 记分与录取**

1）世锦赛、世界杯及亚锦赛计分方法

① 前3名分别奖励金、银、铜牌；
② 体重合格者计1分；
③ 每获胜一场计4分；
④ 获得金牌计7分；
⑤ 获得银牌计3分；
⑥ 获得铜牌计1分。
根据参赛人数、技术水平、经费条件等可自行制定奖励办法。

2）全国锦标赛和全运会等的录取和奖励办法

① 参赛人数少于 4 人，此级别取消比赛。
② 参赛人数少于 6 人，录取前 2 名。
③ 参赛人数少于 8 人，录取前 4 名。
④ 参赛人数 8 人以上，录取前 6 名或前 8 名。
⑤ 前 3 名分别奖励金、银、铜牌。
⑥ 奖励团体前 3 名，录取前 6 名时，第 1 名计 7 分、第 2 名计 5 分、并列第 3 名各记 3.5 分、并列第 5 名各计 1.5 分；录取前 8 名时，第 1 名计 9 分、第 2 名计 7 分、并列第 3 名各记 5.5 分、并列第 5 名各计 2.5 分。

5. 关于名次的判定原则

第一，获胜场次多者名次列前。
第二，若获胜场数相同，则按失利场的比赛情况判定。
（1）平分败，若同为平分，则：
　　① 比分高者列前；
　　② 净得分者列前；
　　③ 扣分少者列前；
　　④ 抽签。
（2）比分败，若同为比分败，则：
　　① 分差少者列前；
　　② 得分多者列前；
　　③ 失分少者列前；
　　④ 净得分多者列前；
　　⑤ 扣分少者列前；
　　⑥ 抽签。
（3）裁判员终止比赛，若为此种情况，则：
　　① 受伤；
　　② 实力悬殊；
　　③ 比赛时间长者列前。
（4）弃权，若均为弃权，则比赛时间长者列前。
（5）犯规败，若均为此种情况，则比赛时间长者列前。
（6）KO 败，若均为 KO 败，则比赛时间长者列前。
（7）失格胜。
应当注意的是，若因故意或严重不道德行为被取消比赛资格，除取消已获奖牌、名次外,还将由大会组委会研究处以全国通报,停赛一年或终身停赛。

## 11.2.3 跆拳道竞赛常用表格

### 1. 更换运动员申请表

更换运动员申请表见表 11-18。

**表 11-18 更换运动员申请表**

单位:_____　　　领队:_____　　　教练:_____

| 级　　别 | 原报名运动员 | 更换运动员 | 更换原因 |
|---|---|---|---|
|  |  |  |  |
|  |  |  |  |

总裁判长签字:_____

### 2. 跆拳道竞赛报名表

跆拳道竞赛报名表见表 11-19。

**表 11-19 跆拳道竞赛报名表**

单位:_____　　　领队:_____　　　教练:_____
联系人:_____　　　电话:_____　　　传真:_____
通信地址:_____　　　　　　　　　　　　邮编:_____

| 序　号 | 级　别 | 姓　名 | 出生年月 | 段　位 | 注册号 | 备　注 |
|---|---|---|---|---|---|---|
|  |  |  |  |  |  |  |
|  |  |  |  |  |  |  |
|  |  |  |  |  |  |  |
|  |  |  |  |  |  |  |
|  |  |  |  |  |  |  |
|  |  |  |  |  |  |  |
|  |  |  |  |  |  |  |

盖　章
年 月 日

## 3. 运动员抽签登记表

运动员抽签登记表见表 11-20。

**表 11-20　运动员抽签登记表**

级别：_____

| 姓　名 | 单　位 | 签　号 | 备　注 |
|---|---|---|---|
|  |  |  |  |
|  |  |  |  |
|  |  |  |  |

记录长签字：_____

## 4. 比赛记录表

比赛记录表见表 11-21。

**表 11-21　比赛记录表**

日期：_____

体重级别（Weight Div）：_____　　　比赛场次（Match No.）：_____

| 青　方（CHUNG） | | | 局　数 (Hoejeom) | 红　方（HONG） | | |
|---|---|---|---|---|---|---|
| 警　告 (Kyonggo) | 扣　分 (Gamjeom) | 得　分 (Deukjeom) | | 得　分 (Deukjeom) | 扣　分 (Gamjeom) | 警　告 (Kyomggo) |
|  |  |  | 1 |  |  |  |
|  |  |  | 2 |  |  |  |
|  |  |  | 3 |  |  |  |
|  |  |  | 总　分 (Total) |  |  |  |
|  |  |  | 胜　负 (Result) |  |  |  |

K.O 胜　　　R.S.C 胜　　　判定胜　　　弃权胜　　　失格胜　　　犯规胜

签字（Referee's Name）：_____

## 5. 副裁判计分表

副裁判计分表见表 11-22。

**表 11-22　副裁判计分表**

日期（DATE）：_____

体重级别（Weigeht Div）：_____　　　　　　　　比赛场次（Match No.）：_____

| 青　方（CHUNG） | | 局　数 | 红　方（HONG） | |
|---|---|---|---|---|
| 扣　分<br>（Gamjeom） | 得　分<br>（Deukjom） | （Hoejeom） | 得　分<br>（Deukjeom） | 扣　分<br>（Gamjeom） |
| | | 1 | | |
| | | 2 | | |
| | | 3 | | |
| | | 总　分<br>（Total） | | |

裁判记录（Judge's Name）：_____　　　　　　位置（Position）：_____

## 6. 申诉申请表

申诉申请表见表 11-23。

**表 11-23　申诉申请表**

| 单　位 | 领　队 | 教　练 |
|---|---|---|

申诉内容：

　　　　　　　　　　　　　　　　　　　　　　　　　　　　　年　月　日

# 11.3　健美竞赛的组织方法

　　健美比赛是开展健美运动的重要手段，通过比赛可吸引更多健美运动爱好者，并鼓舞群众参加健美或健身活动，提高民族的健康水平。通过竞赛还可以向广大群众宣传健美运动的基本知识、基本技术、从事健美运动的意义和作用，促进健美运动技术水平不断的提高，培养广大群众对健美运动的正确认识和坚持锻炼，努力提高健美水平的意志，培养他们乐观、奋进的道德情操。

## 11.3.1 健美竞赛通则

**1. 竞赛类别**

健美竞赛分健美和健身小姐比赛两类，其类别为：健美锦标赛、健美冠军赛、健身小姐赛。

**2. 竞赛项目**

① 健美比赛分男子个人、女子个人、混合双人比赛和集体造型表演赛；
② 健身小姐比赛分健美形体、健身操、健身知识问答比赛。

**3. 运动员年龄分组**

1）健美

① 青年组 21 周岁以下；
② 成年组 21 周岁以上；
③ 元老组 45 岁以上。

2）健身小姐

① 青年组 35 周岁以下；
② 成年组 35 周岁以上。

**4. 竞赛级别、参赛资格及人数**

1）竞赛分级

（1）健美男子成年组：
　　① 羽量级，体重 60 kg 以下；
　　② 雏量级，体重 60.01～65 kg；
　　③ 轻量级，体重 65.01～70 kg；
　　④ 次中量级，体重 70.01～75 kg；
　　⑤ 轻中量级，体重 75.01～80 kg；
　　⑥ 中量级，体重 80.01～85 kg；
　　⑦ 轻重量级，体重 85.01～90 kg；
　　⑧ 重量级，体重 90 kg 以上。

（2）健美女子成年组：
　　① 羽量级，体重 46 kg 以下；
　　② 雏量级，体重 46.01～49 kg；
　　③ 轻量级，体重 49.01～52 kg；
　　④ 次中量级，体重 52.01～55 kg；
　　⑤ 中量级，55.01～58 kg；
　　⑥ 重量级，体重 58 kg 以上。
（3）健美男子青年组：
　　① 轻量级，体重 65 kg 以下；
　　② 中量级，体重 65.01～70 kg；
　　③ 重量级，体重 70 kg 以上。
（4）健美混合双人、集体造型表演赛不分体重级别。
（5）健身小姐比赛按身高分为 1.60 m 以下级和 1.60 m 以上级。

2）参赛人数

① 健美比赛每队可报男子 8 人，女子 6 人；青年组每队可报 3 人。
② 参加各级别比赛的人数每队不超过 3 人。
③ 混合双人比赛每队限报 1 对。
④ 承办单位可另组一队参赛，只计个人名次。
⑤ 健身小姐比赛每队限报 10 人。

3）参赛资格

① 参加青年组和健身小姐比赛的运动员需持本人身份证；
② 参赛运动员必须是身体健康、发育正常、形态良好、道德品质优秀并经过专项系统训练者。

### 11.3.2　健美比赛团体名次及团体总分计算方法

**1. 团体名次**

以各队参赛运动员在各项目比赛中所获得的名次计分，并以所得总分多少来决定团体名次，积分多者名次列前。如遇积分相等，以获得第一名多的队列前。必要时可计算第 2 名、第 3 名……。如果均相等时，则名次并列。

**2. 团体总分计算方法**

① 取前 6 名时，按 7、5、4、3、2、1 计分。即第 1 名得 7 分，第 2 名得 5 分，以此类推。

② 取前 10 名时，按 12、9、8、7、6、5、4、3、2、1 计分。即第 1 名得 12 分，第 2 名得 9 分，以此类推。

③ 取前 15 名时，按 16、14、13、12、11、10、9、8、7、6、5、4、3、2、1 计分。即第 1 名得 16 分，第 2 名得 14 分，以此类推。

**3. 健美比赛的组织编排方法与要求**

1）健美正规比赛的组织编排方法与要求

正规比赛是指省级、全国或国际性具有一定规模的比赛。这种比赛一般由主办单位根据竞赛计划于数月前向参加单位发出竞赛规程，以便使参加单位做好各方面的准备。

健美竞赛规程应包括：竞赛名称、竞赛目的、竞赛日期、地点、参加单位、规定的项目及条件、参加办法、名次评定、录取名次的数量和奖励办法、报名和接待办法及其他有关规定和注意事项，并由大会组织委员会于开赛前一定时间，调集裁判、分工，由编排记录组审核运动员报名单，按竞赛项目及年龄、性别、体重、级别；编排出各级比赛日程，并同其他有关材料编集成秩序册、送交复印。组委会还要组织裁判学习及赛前实习，准备好场地、器材用具，做好各种宣传工作及组织观众等事宜，迎接比赛的到来。

2）基层健美比赛的组织编排方法与要求

中等规模的比赛，如地区或市级的比赛，均可参照上述省级比赛的原则进行，自己有优势的地方更应发挥；也可根据参加比赛人数的多少，有重点地抓住工作，并结合工作需要和人力、物力的可能，适当精简机构，缩短大会时间，节约开支，使比赛既简便又庄重、热烈、新颖，以收到显著效果为目的，而不是追求形式。

基层小型比赛也可以不设组织委员会，而只设"裁判组"，裁判人员也可适当减少，如执行裁判（或称评分裁判）组 5 人；编排记录（含奖品）组 2～3 人；检录组 2～3 人；计时、播音组 2 人；报告、宣传组 1 人；场地后勤组 2 人。

由编排记录组审核运动员报名单，按竞赛项目级性别、年龄、体重、级别编排出各级的比赛场次并编好日程。还根据赛前联席会议的有关规定，处理升降级和弃权运动员的更正名单。

## 11.4 健美运动常用表格

**1. 淘汰赛表**

淘汰赛表见表 11-24。

表 11-24  淘汰赛表

比赛：_____  级别：_____
地点：_____  日期：_____

| 号码 | 选择 | 号码 | 选择 |
|------|------|------|------|
|      |      |      |      |
|      |      |      |      |
|      |      |      |      |
|      |      |      |      |
|      |      |      |      |
|      |      |      |      |
|      |      |      |      |
|      |      |      |      |
|      |      |      |      |
|      |      |      |      |
|      |      |      |      |
|      |      |      |      |
|      |      |      |      |
|      |      |      |      |
|      |      |      |      |

请在 15 名最好的选手的号码后标上"×"

裁判员签名：_____
国家：_____

**2. 淘汰赛统计员计分表**

淘汰赛统计员计分表见表 11-25。

**表 11-25　淘汰赛统计员计分表**

比赛_____　　级别_____

地点_____　　日期_____

| 运动员号码 | 裁判员姓名 | | | | | | | | | 总计 | 运动员号码 | 裁判员姓名 | | | | | | | | | 总计 |
|---|---|---|---|---|---|---|---|---|---|---|---|---|---|---|---|---|---|---|---|---|---|
| | 1 | 2 | 3 | 4 | 5 | 6 | 7 | 8 | 9 | | | 1 | 2 | 3 | 4 | 5 | 6 | 7 | 8 | 9 | |
| | | | | | | | | | | | | | | | | | | | | | |
| | | | | | | | | | | | | | | | | | | | | | |
| | | | | | | | | | | | | | | | | | | | | | |
| | | | | | | | | | | | | | | | | | | | | | |
| | | | | | | | | | | | | | | | | | | | | | |
| | | | | | | | | | | | | | | | | | | | | | |
| | | | | | | | | | | | | | | | | | | | | | |
| | | | | | | | | | | | | | | | | | | | | | |
| | | | | | | | | | | | | | | | | | | | | | |
| | | | | | | | | | | | | | | | | | | | | | |
| | | | | | | | | | | | | | | | | | | | | | |
| | | | | | | | | | | | | | | | | | | | | | |
| | | | | | | | | | | | | | | | | | | | | | |
| | | | | | | | | | | | | | | | | | | | | | |
| | | | | | | | | | | | | | | | | | | | | | |
| | | | | | | | | | | | | | | | | | | | | | |
| | | | | | | | | | | | | | | | | | | | | | |
| | | | | | | | | | | | | | | | | | | | | | |
| | | | | | | | | | | | | | | | | | | | | | |
| | | | | | | | | | | | | | | | | | | | | | |

### 3. 预赛裁判员计分表

预赛裁判员计分表见表 11-26。

**表 11-26　预赛裁判员计分表**

比赛：_____　　　　级别：_____

| 号　码 | 名　次 |
|---|---|
|  |  |
|  |  |
|  |  |
|  |  |
|  |  |
|  |  |
|  |  |
|  |  |
|  |  |
|  |  |
|  |  |
|  |  |
|  |  |
|  |  |

签字：_____　　　国家：_____

### 4. 裁判员个人记录表

裁判员个人记录表见表 11-27。

**表 11-27　裁判员个人记录表**

比赛：_____　级别：_____　地点：_____　日期：_____

| 运动员号码 | 淘　汰　赛 | 规定动作比赛 | 自　由　动　作 | 规　定　动　作 |
|---|---|---|---|---|
|  |  |  |  |  |
|  |  |  |  |  |
|  |  |  |  |  |
|  |  |  |  |  |
|  |  |  |  |  |
|  |  |  |  |  |
|  |  |  |  |  |
|  |  |  |  |  |

## 5. 统计员评分表

统计员评分表见表 11-28。

**表 11-28　统计员评分表**

比赛：_____　　级别：_____　　裁判员委员会主席签字：_____　　日期：_____

裁判员委员会秘书签字：_____　　日期：_____

| 运动员号码 | 姓名 | 国家 | 裁判员姓名 | 预赛 | | | | | | 副分 | 分次 | 决赛 | | | | | | 副分 | 最后得分 | 最后名次 |
|---|---|---|---|---|---|---|---|---|---|---|---|---|---|---|---|---|---|---|---|---|
| | | | | | | | | | | | | | | | | | | | | |

评分方法：去掉每轮比赛的两个最高分和两个最低分，将其他分数相加即为该轮的总分。

## 6. 团体造型评分表

团体造型评分表见表 11-29。

**表 11-29　团体造型评分表**

比赛：_____　　级别：_____　　地点：_____　　日期：_____

第一名 _____

第二名 _____

第三名 _____

签　字 _____

国　家 _____

## 7. 团体造型统计员评分表

团体造型统计员评分表见表 11-30。

**表 11-30　团体造型统计员评分表**

比赛：_____　级别：_____　地点：_____　日期：_____

| 记分方法：<br>第 1 名记 3 分<br>第 2 名记 2 分<br>第 3 名记 1 分<br>国　家 | 裁判员姓名 | | | | | | | 总　计 | 名　次 |
|---|---|---|---|---|---|---|---|---|---|
|  |  |  |  |  |  |  |  |  |  |
|  |  |  |  |  |  |  |  |  |  |
|  |  |  |  |  |  |  |  |  |  |
|  |  |  |  |  |  |  |  |  |  |
|  |  |  |  |  |  |  |  |  |  |
|  |  |  |  |  |  |  |  |  |  |
|  |  |  |  |  |  |  |  |  |  |
|  |  |  |  |  |  |  |  |  |  |
|  |  |  |  |  |  |  |  |  |  |
|  |  |  |  |  |  |  |  |  |  |
|  |  |  |  |  |  |  |  |  |  |

## 8. 决赛评分表

决赛评分表见表 11-31。

**表 11-31　决赛评分表**

比赛：_____　级别：_____　地点：_____　日期：_____

| 号　码 | 姓　名 | 国　家 | 名　次 |
|---|---|---|---|
|  |  |  |  |
|  |  |  |  |
|  |  |  |  |
|  |  |  |  |
|  |  |  |  |

签字：_____　国家：_____

### 9. 锦标赛各级别评分表

锦标赛各级别评分表见表 11–32。

**表 11–32  锦标赛各级别评分表**

比赛：_____  级别：_____  地点：_____  日期：_____

表 11–32（a）    羽量级（65 公斤以下，包括 65 公斤）

| 名　次 | 运动员号码 | 姓　名 | 国　家 | 得　分 |
| --- | --- | --- | --- | --- |
| 一 |  |  |  | 16 |
| 二 |  |  |  | 12 |
| 三 |  |  |  | 9 |
| 四 |  |  |  | 7 |
| 五 |  |  |  | 6 |
| 六 |  |  |  | 5 |
| 七 |  |  |  | 4 |
| 八 |  |  |  | 3 |
| 九 |  |  |  | 2 |
| 十 |  |  |  | 1 |

表 11–32（b）    轻量级（65～70 公斤，包括 70 公斤）

| 名　次 | 运动员号码 | 姓　名 | 国　家 | 得　分 |
| --- | --- | --- | --- | --- |
| 一 |  |  |  | 16 |
| 二 |  |  |  | 12 |
| 三 |  |  |  | 9 |
| 四 |  |  |  | 7 |
| 五 |  |  |  | 6 |
| 六 |  |  |  | 5 |
| 七 |  |  |  | 4 |
| 八 |  |  |  | 3 |
| 九 |  |  |  | 2 |
| 十 |  |  |  | 1 |

表 11-32（c） 次中量级（70～75公斤，包括75公斤）

| 名次 | 运动员号码 | 姓名 | 国家 | 得分 |
|---|---|---|---|---|
| 一 | | | | 16 |
| 二 | | | | 12 |
| 三 | | | | 9 |
| 四 | | | | 7 |
| 五 | | | | 6 |
| 六 | | | | 5 |
| 七 | | | | 4 |
| 八 | | | | 3 |
| 九 | | | | 2 |
| 十 | | | | 1 |

表 11-32（d） 中量级（75～80公斤，包括80公斤）

| 名次 | 运动员号码 | 姓名 | 国家 | 得分 |
|---|---|---|---|---|
| 一 | | | | 16 |
| 二 | | | | 12 |
| 三 | | | | 9 |
| 四 | | | | 7 |
| 五 | | | | 6 |
| 六 | | | | 5 |
| 七 | | | | 4 |
| 八 | | | | 3 |
| 九 | | | | 2 |
| 十 | | | | 1 |

表 11-32（e）　　轻重量级（80～90公斤，包括90公斤）

| 名　次 | 运动员号码 | 姓　名 | 国　家 | 得　分 |
|---|---|---|---|---|
| 一 |  |  |  | 16 |
| 二 |  |  |  | 12 |
| 三 |  |  |  | 9 |
| 四 |  |  |  | 7 |
| 五 |  |  |  | 6 |
| 六 |  |  |  | 5 |
| 七 |  |  |  | 4 |
| 八 |  |  |  | 3 |
| 九 |  |  |  | 2 |
| 十 |  |  |  | 1 |

表 11-32（f）　　重量级（90公斤以上）

| 名　次 | 运动员号码 | 姓　名 | 国　家 | 得　分 |
|---|---|---|---|---|
| 一 |  |  |  | 16 |
| 二 |  |  |  | 12 |
| 三 |  |  |  | 9 |
| 四 |  |  |  | 7 |
| 五 |  |  |  | 6 |
| 六 |  |  |  | 5 |
| 七 |  |  |  | 4 |
| 八 |  |  |  | 3 |
| 九 |  |  |  | 2 |
| 十 |  |  |  | 1 |

裁判组主席签字：_____　　国家：_____

裁判组秘书签字：_____　　国家：_____

国际健联签字：_____　　国家：_____

**10. 锦标赛最后名次计分表**

锦标赛最后名次计分表见表 11-33。

表 11-33　锦标赛最后名次计分表

比赛_____　级别_____　地点_____　日期_____

| | 国　家 | 各队得分 | | | | | | | | | 总　计 | 名　次 |
|---|---|---|---|---|---|---|---|---|---|---|---|---|
| | | 16 | 12 | 9 | 7 | 6 | 5 | 4 | 3 | 2 | 1 | | |
| 1 | | | | | | | | | | | | | |
| 2 | | | | | | | | | | | | | |
| 3 | | | | | | | | | | | | | |
| 4 | | | | | | | | | | | | | |
| 5 | | | | | | | | | | | | | |
| 6 | | | | | | | | | | | | | |
| 7 | | | | | | | | | | | | | |
| 8 | | | | | | | | | | | | | |
| 9 | | | | | | | | | | | | | |
| 10 | | | | | | | | | | | | | |
| 11 | | | | | | | | | | | | | |
| 12 | | | | | | | | | | | | | |
| 13 | | | | | | | | | | | | | |
| 14 | | | | | | | | | | | | | |

获奖选手

| 名　次 | 国　家 | 总　分 |
|---|---|---|
| 一 | | |
| 二 | | |
| 三 | | |

# 参考文献

[1] 王玮琳. 运动竞赛学. 北京：中国经济出版社，2004.
[2] 全国体育学院教材委员会. 体育史. 北京：人民教育出版社，1989.
[3] 王蒲. 运动竞赛方法研究. 北京：人民体育出版社，2001.
[4] 中国田径协会审定. 2002田径竞赛规则. 北京：人民体育出版社，2002.
[5] 袁合，廖福祥，袁学军，等. 实用运动竞赛. 北京：人民体育出版社，1996.
[6] 魏伟. 球类运动竞赛指导. 天津：天津大学出版社，2000.
[7] 程嘉炎. 球类运动竞赛法. 北京：人民体育出版社，2003.
[8] 王德伟. 学校田径运动会策划与组织. 西安：西安交通大学出版社，2007.